Die Reform des

Reichsstrafgesetzbuchs.

Kritische Besprechung des Vorentwurfs zu einem Strafgesetzbuch für das Deutsche Reich unter vergleichender Berücksichtigung des österreichischen und schweizerischen Vorentwurfs.

Unter Mitwirkung von

Professor Dr. L. v. Bar, Göttingen Professor Dr. A. Graf zu Dohna, Königsberg Professor Dr. R. Frank, Tübingen Professor Dr. J. Goldschmidt, Berlin Wirklicher Geheimer Rat Dr. O. Hamm, Bonn Senatspräsident Dr. P. Koffka, Berlin Professor Dr. Ed. Kohlrausch, Königsberg Kammergerichtsrat Dr. E. Kronecker, Berlin Professor Dr. K. v. Lilienthal, Heidelberg Rechtsanwalt Dr. S. Löwenstein, Berlin Professor Dr. M. E. Mayer, Straßburg i. E. Professor Dr. W. Mittermaier, Gießen Professor Dr. F. Oetker, Würzburg Erster Staatsanwalt K. Olbricht, Lüneburg Staatsanwaltschaftsrat Dr. Fr. Preiser, Leipzig Oberlandesgerichtsrat W. Rosenberg, Colmar i. E. Wirklicher Geheimer Rat, Professor Dr. A. Wach, Leipzig Staatsanwalt Dr. E. Wulffen, Dresden

herausgegeben von

Dr. P. F. Aschrott,
Landgerichtsdirektor a. D.

und

Dr. Franz von Liszt,
Professor der Rechte.

Band I: Allgemeiner Teil.

(Zweite Hälfte.)

Berlin 1910.

J. Guttentag, Verlagsbuchhandlung,

G. m. b. H.

Nähere Inhaltsangabe befindet sich auf Seite 2 und 3 des Umschlages.

J. Guttentag, Verlagsbuchhandlung, G. m. b. H., Berlin W. 35.

Reform des Reichsstrafgesetzbuches.

Inhalt.

Band I.

(Fortsetzung auf Umschlagseite 3.)

Die Reform des
Reichsstrafgesetzbuchs.

Kritische Besprechung des Vorentwurfs zu einem Strafgesetzbuch für das Deutsche Reich unter vergleichender Berücksichtigung des österreichischen und schweizerischen Vorentwurfs.

Unter Mitwirkung von

Professor Dr. L. v. Bar, Göttingen Professor Dr. A. Graf zu Dohna, Königsberg Professor Dr. R. Frank, Tübingen Professor Dr. J. Goldschmidt, Berlin Wirklicher Geheimer Rat Dr. O. Hamm, Bonn Senatspräsident Dr. P. Koffka, Berlin Professor Dr. Ed. Kohlrausch, Königsberg Kammergerichtsrat Dr. E. Kronecker, Berlin Professor Dr. K. v. Lilienthal, Heidelberg Rechtsanwalt Dr. S. Löwenstein, Berlin Professor Dr. M. E. Mayer, Straßburg i. E. Professor Dr. W. Mittermaier, Gießen Professor Dr. F. Oetker, Würzburg Erster Staatsanwalt K. Olbricht, Lüneburg Staatsanwaltschaftsrat Dr. Fr. Preiser, Leipzig Oberlandesgerichtsrat W. Rosenberg, Colmar i. E. Wirklicher Geheimer Rat, Professor Dr. A. Wach, Leipzig Staatsanwalt Dr. E. Wulffen, Dresden

herausgegeben von

Dr. P. F. Aschrott, Landgerichtsdirektor a. D.

und

Dr. Franz von Liszt, Professor der Rechte.

Band I: Allgemeiner Teil.

Berlin 1910.

J. Guttentag, Verlagsbuchhandlung,

G. m. b. H.

Vorwort.

Am 1. Mai 1906 trat zufolge Verfügung des Staatssekretärs des Reichs-Justizamts Dr. Nieberding eine Kommission von praktischen Juristen unter dem Vorsitze des preußischen Ministerialdirektors Wirkl. Geh. Rat Dr. Lucas mit dem Auftrage zusammen, einen formulierten Vorentwurf zu einem neuen deutschen Strafgesetzbuche nebst Begründung auszuarbeiten. Nachdem die Kommission ihre Aufgabe über Erwarten schnell erledigt hatte, erfolgte auf Anordnung Nieberdings Ende Oktober 1909 die Veröffentlichung des Vorentwurfs mit dem ausdrücklichen Bemerken, daß die Regierungen sowie die Reichs-Justizverwaltung zu den Ansichten und Vorschlägen der Kommission noch keine Stellung genommen hätten; der Entwurf sollte zunächst der öffentlichen Beurteilung unterbreitet werden.

Damit erwuchs für alle diejenigen, denen eine Reform unseres Strafrechts am Herzen lag, die bedeutsame Aufgabe, sich zu den Kommissionsarbeiten kritisch zu äußern. Aber es bestand zugleich die Gefahr, daß sich die kritischen Besprechungen zersplittern würden, daß die Kritik lückenhaft und ungleichmäßig ausfallen würde, daß einzelne Fragen in den Vordergrund geschoben und vielfach erörtert, andere Fragen dagegen vernachlässigt würden.

Dieser Gefahr glaubten die Unterzeichneten durch die Herausgabe eines Sammelwerks entgegentreten zu sollen, eines Werks, in dem alle Bestimmungen des Entwurfs einer kritischen Erörterung durch eine Gesamtkritik unterzogen wurden.

Dabei wollten wir zugleich noch einen weiteren Zweck verfolgen. Kurze Zeit vor der Veröffentlichung des deutschen Entwurfs waren zwei andere Strafgesetzentwürfe erschienen: im Juli 1909 der zu einem schweizerischen Strafgesetzbuch und im September 1909 der zu einem österreichischen Strafgesetzbuch. Es drängte sich uns der Gedanke auf, daß eine vergleichende Erörterung der drei Entwürfe, die trotz aller Verschiedenheiten im einzelnen doch viel Ähnlichkeit in den Grundgedanken zeigten, auf die Arbeit des einen wie des anderen Landes fördernd und befruchtend einwirken würde. Wenn bei unserem Werke die kritische Besprechung des *DVE.* natürlich im Vordergrunde stehen mußte, so sollten deshalb auch die beiden anderen Entwürfe vergleichend berücksichtigt werden.

Dies der Plan unseres Werks, für das wir Mitarbeiter aus den Kreisen der Theoretiker wie der Praktiker aller juristischen Berufszweige (Richter, Staatsanwälte, Rechtsanwälte) herangezogen haben. Bei der Auswahl der Mitarbeiter war für uns allein der Gesichtspunkt maßgebend, für jedes Arbeitsgebiet einen tüchtigen Sachkenner zu gewinnen; auf die wissenschaftliche oder gar die politische Richtung des Betreffenden haben wir dabei gar keine Rücksicht genommen. Und schon ein flüchtiger Blick in das Werk wird erkennen lassen, daß tatsächlich Herren der verschiedensten Richtungen hier zusammengearbeitet haben.

Bei der Stellung, welche die Herren Mitarbeiter in Wissenschaft und Praxis einnehmen, war es selbstverständlich, daß einem jeden in seinen Ausführungen volle Freiheit gelassen wurde. Ein jeder hat für den Inhalt seiner Arbeit mit seinem Namen einzutreten. Wir als Herausgeber haben nur darauf hinzuwirken gesucht, daß in den Arbeiten vor allem Richtlinien für die weitere Behandlung der Strafrechtsreform gegeben würden, während wir andrerseits bezüglich des geschichtlichen und rechtsvergleichenden Materials unsere Mitarbeiter darauf hingewiesen haben, daß dieses bereits in dem großen Werke „Vergleichende Darstellung des deutschen und ausländischen Strafrechtes" gesammelt und kritisch gesichtet vorliege. Es haben sich denn auch alle Mitarbeiter in ihren historischen und rechtsvergleichenden Ausführungen beschränkt, indem sie dabei auf die „Vergleichende Darstellung" Bezug genommen haben; nur hierdurch ist es möglich gewesen, den Umfang unseres Werks in angemessenen Grenzen zu halten. Wir möchten dabei nicht unerwähnt lassen, daß wir grundsätzlich denjenigen Herren, die an der „Vergleichenden Darstellung" mitgewirkt haben, in unserem Werke andere Arbeitsgebiete übertragen haben, als sie dort bearbeitet hatten. Wir glaubten dies tun zu sollen, um eine möglichste Vielseitigkeit der vertretenen Anschauungen zu erzielen.

Was die systematische Einteilung des Werks betrifft, so haben wir uns dabei möglichst dem *DVE.* angeschlossen. Einige Abweichungen davon waren allerdings erforderlich; einmal aus der sachlichen Erwägung, daß innerlich Zusammenhängendes am besten auch zusammen behandelt würde, und sodann aus mehr persönlichen Gründen: einem jeden Mitarbeiter sollte ein in sich möglichst abgeschlossenes Arbeitsgebiet gegeben werden, für das er als der geeignete Sachkenner erschien, dabei aber durften an die Arbeitskraft des einzelnen keine zu großen Ansprüche gestellt werden, damit sich das von vornherein in bestimmte Aussicht genommene baldige Erscheinen des Werkes verwirklichen ließ. Soweit in unserem Werke Abweichungen von der Systematik des Entwurfs vorkommen, finden sie hierin ihre Erklärung. Wir verwahren uns ausdrücklich gegen die Annahme, als ob wir durch die Abgrenzung der Arbeitsgebiete unsererseits Stellung zu der Systematik des Entwurfs hätten nehmen wollen. Diese Stellungnahme konnte vielmehr den einzelnen Mitarbeitern überlassen bleiben, dies um so mehr, als die Technik des Entwurfs in der einleitenden Arbeit eine besondere kritische Erörterung gefunden hat.

Die sämtlichen Arbeiten sind spätestens im Laufe des Monats April 1910 — einige schon etwas früher — abgeschlossen, so daß alles nach diesem Zeitpunkt Erschienene nicht berücksichtigt worden ist. So haben denn auch die erst vor Kurzem veröffentlichten „Erläuternden Bemerkungen zum Vorentwurfe eines österreichischen Strafgesetzbuches" keine Beachtung mehr finden können; es ist dies zu bedauern, da manche Besonderheiten des österreichischen Entwurfs durch die „Erläuternden Bemerkungen" in ein helleres Licht gestellt werden.

Wir übergeben dies Werk der Öffentlichkeit mit dem Wunsche: es möge zu seinem Teile dazu beitragen, daß dem deutschen Volke ein modernen Anschauungen entsprechendes neues Strafgesetzbuch erstehe! Der Vorentwurf hat dafür nach unserer Ansicht eine im großen Ganzen geeignete Grundlage geliefert.

Berlin, im Juli 1910.

Dr. Aschrott. Dr. v. Liszt.

Inhalt.

Band I:

Abkürzungen.

Bezüglich der Art der Abkürzungen ist den bekannten Vorschlägen des deutschen Juristentags gefolgt. Die gebräuchlichen Lehrbücher und Kommentare von Binding, Frank, v. Liszt, Meyer-Allfeld, Olshausen sind regelmäßig nur mit dem Namen des Verfassers angeführt. Sodann sind folgende besondere Abkürzungen gebraucht:

DVE. = Vorentwurf zu einem deutschen Strafgesetzbuch.
VEBegr. = Begründung zu dem *DVE.*
ÖVE. = Vorentwurf zu einem österreichischen Strafgesetzbuch.
SchVE. = Vorentwurf zu einem schweizerischen Strafgesetzbuch.
Vergl. Darst. = Vergleichende Darstellung des deutschen und ausländischen Strafrechts.
Allg. T. = Allgemeiner Teil.
Bes. T. = Besonderer Teil.

V.

Strafausschließungs- und Milderungsgründe.

Von

Dr. Reinhard Frank,

Professor der Rechte in Tübingen.

§ 1.
Allgemeines.

I. Schon das bayrische StGB. von 1813 enthielt ein Kapitel mit der Überschrift „Von Gründen, welche die Strafbarkeit aufheben", in dem es von der Zurechnung, vom Ausschluß der Rechtswidrigkeit und von der Strafaufhebung handelte. Seitdem finden sich Titel mit ähnlichen Rubriken und ähnlichem Inhalt in mehreren Strafgesetzbüchern. Die Form „Gründe, welche die Strafe ausschließen oder mildern" wählte zum erstenmal das preußische von 1851; ihm schloß sich das RStGB. an, aber der Inhalt des gleichmäßig überschriebenen Abschnitts blieb nicht mehr derselbe, insofern die Materien der Verjährung und des Strafantrags ausgeschieden und ausdrückliche Bestimmungen über Vorsatz, Fahrlässigkeit und Notstand aufgenommen wurden. Der Entwurf faßt die Überschrift kürzer als „Strafausschließungs- und Milderungsgründe" und fährt in der Bereinigung des Inhalts dadurch fort, daß er Vorsatz und Fahrlässigkeit unter der Überschrift „Die Schuld" in dem vorhergehenden dritten Abschnitt behandelt.

In der Tat unterliegt die Systematik des geltenden Rechts dem Bedenken, daß sie um der Gleichheit des äußeren Ergebnisses willen Erscheinungen zusammenfaßt, deren innere Verschiedenheit nicht nur aus theoretischen, sondern auch aus praktischen Gründen beachtet werden muß. Denn die Ausschließung der Strafe kann auf verschiedenen Ursachen beruhen. Fehlt es der Handlung an der Rechtswidrigkeit (§ 53) oder an der Schuld (§§ 51, 59), so liegt nur der äußere Anschein einer strafbaren Handlung vor, und die Bezeichnung „Strafausschließungsgründe" hält in diesen Fällen der Kritik deshalb nicht stand, weil es keinen Sinn hat, beim Mangel einer strafbaren Handlung von Ausschluß der Strafe zu reden. Nur dann hat der Begriff des „Strafausschließungsgrundes" innere Berechtigung, wenn der Tatbestand eines Deliktes erfüllt ist und lediglich aus besonderen (persönlichen) Gründen keine Bestrafung stattfindet. Hierher rechnet die herrschende Lehre aus dem vierten Abschnitt die Fälle der Strafunmündigkeit und des mangelnden

Unterscheidungsvermögens. Wenn mit Recht, so vereinigt der Abschnitt mindestens drei Erscheinungen, deren innere Verschiedenheit namentlich dann zutage tritt, wenn es sich um die rechtliche Beurteilung der Mitwirkung einer dritten Person handelt.

Der Entwurf will nun die Einheitlichkeit dadurch herbeiführen, daß er keinem der im vierten Abschnitt behandelten Strafausschließungsgründe die Kraft zugesteht, den Begriff des Verbrechens zu negieren. Sie sollen durchweg die Strafe nur in der Person dessen ausschließen, bei dem sie vorliegen. Um zu diesem Ziel zu gelangen, stellt die Begr. (S. 224) ausdrücklich den Satz auf, daß auch der Unzurechnungsfähige schuldhaft handeln könne. Diesem Gedanken entspricht die Behandlung der Schuld und der Unzurechnungsfähigkeit in zwei verschiedenen Abschnitten.

Es kann nicht bestritten werden, daß die Theorie diesem Standpunkt vorgearbeitet hatte, schon ehe ihn v. Lilienthal de lege ferenda empfahl. So behauptet Olshausen Anm. 12 zu § 51, der Unzurechnungsfähige könne mit dem erforderlichen Dolus handeln, und in Anm. 13 folgert er daraus die Möglichkeit einer strafbaren Teilnahme an der Tat des Unzurechnungsfähigen[1]). Auch v. Liszt ist hierher zu rechnen. Wenn dieser im § 36 seines Lehrbuchs die Schuld bestimmt als die „aus der begangenen Tat erkennbare Mangelhaftigkeit der für das gesellschaftliche Leben im Staate erforderlichen sozialen Gesinnung“, so spricht er auch dem Unzurechnungsfähigen die Schuldfähigkeit und zutreffendenfalls die Schuld selbst zu. Denn daß es einer unzurechnungsfähigen Person an der sozialen Gesinnung fehlen kann, ist ebenso klar wie ihre Fähigkeit, diesen Mangel durch die Tat zu bekunden. Nun will freilich v. Liszt an diese Konsequenz nicht heran; denn am Schluß seines § 37 erklärt er Schuld ohne Zurechnungsfähigkeit für unmöglich, und in der Zeitschrift für die gesamte Strafrechtswissenschaft *XXX. 252 ff.* macht er energisch Front gegen den oben mitgeteilten Standpunkt des Entwurfs.

Und bei dieser Opposition, der sich auch Binding anschließt[2]), ist v. Liszt im Recht. Man kann sehr wohl mit v. Lilienthal[3]) und Olshausen sagen, der Unzurechnungsfähige handle vorsätzlich oder fahrlässig, sofern man diese Begriffe in

---

[1]) Unverständlich daher die Bemerkung Oetkers in GerS. *LXXII. 164*: „Nur im vulgären Sinne spricht man vom Vorsatz eines Unzurechnungsfähigen; für den Juristen ist mit Schuldunfähigkeit auch Vorsatzunfähigkeit gegeben.“

[2]) GerS. *LXXVI. 31.*

[3]) *Vergl. Darst. Allg. T. V. 38.*

rein psychologischem Sinne faßt. Was man aber nicht sagen kann, ist, daß er schuldhaft handle. Denn zur Schuld gehört eben die Zurechnungsfähigkeit; ihre Verneinung schließt logischerweise die der Schuld in sich[1]).

Die ganze Verwirrung ist eine Folge des Dogmas, daß die Schuld nichts anderes sei als der Gattungsbegriff für Vorsatz und Fahrlässigkeit und daß sie außer diesen Unterbegriffen nichts enthalte[2]). Unschädlich ist dieses Dogma nur dann, wenn man, wie es Binding und wohl auch Oetker tut, die Zurechnungsfähigkeit in die Begriffe des Vorsatzes und der Fahrlässigkeit mit hereinzieht. Versteht man aber diese Begriffe im Sinne der natürlichen, zunächst nur durch psychologische und nicht durch ethische oder juristische Erwägungen bestimmten Auffassung, so muß man entweder die bei den Artbegriffen vernachlässigte Zurechnungsfähigkeit in den Begriff der Schuld aufnehmen, oder aber zu unhaltbaren Ergebnissen gelangen. Ein solches ist der Satz von der Schuldfähigkeit des Unzurechnungsfähigen[3]).

Seine Aufstellung im Entwurf erklärt sich, wie schon bemerkt, daraus, daß er den Ausgangspunkt für die Behandlung der Teilnahmelehre bilden soll. Um nämlich dem unbefriedigenden Ergebnis auszuweichen, daß die Beteiligung an der Tat eines Geisteskranken nicht als Teilnahme, sondern je nach Umständen als mittelbare Täterschaft oder vielleicht überhaupt nicht (?) bestraft werden kann, will der Entwurf die Tat des Unzurechnungsfähigen dem Begriff der strafbaren Handlung unterordnen und damit die Konstruktion strafbarer Teilnahme ermöglichen. Ob sich eine

---

[1]) Ich habe das näher ausgeführt in meiner Schrift: Über den Aufbau des Schuldbegriffs (1907). Inzwischen ist mir beigetreten Friedrich, Die Bestrafung der Motive (1910) S. 145. Dagegen schreibt Oetker a. a. O.: „Der Zurechnungsfähigkeit bedarf es für alle Handlungen im Rechtssinne, nicht nur auf dem Strafrechtsgebiet, nicht nur für schuldhaft strafrechtlich erhebliche Handlungen. Die Zurechnungsfähigkeit kann daher nicht zur Schuld ‚gehören'." Der zweite Satz klingt ebenso, wie wenn man sagen wollte: Sauerstoff kann nicht zum Wasser gehören, weil er auch in andern Verbindungen auftritt. Aber auch mit dem ersten Satze weiß ich nichts anzufangen, so oft er auch aufgestellt werden mag. Daß das Tun eines Unzurechnungsfähigen rechtliche Folgen erzeugen kann, ist doch wohl zweifellos; ob man es als „Handlung" bezeichnet oder nicht, ist lediglich Geschmackssache.

[2]) Dagegen meine soeben zitierte Schrift.

[3]) Soweit ich sehe, fordern alle juristischen Beurteiler des Entwurfs die Beseitigung dieses Satzes. Vgl. Mittermaier i. d. Ztschr. f. d. ges. Strafrechtswiss. *XXX*. 628.

klare, das natürliche Rechtsempfinden befriedigende Lösung nicht auch auf andere Weise erreichen läßt, habe ich hier nicht zu untersuchen. Ich verweise in dieser Beziehung auf Bindings Abhandlung im 74. Bande des Gerichtssaal und bemerke für meine Person nur, daß ich mich mehr und mehr zu einem Gegner der Lehre von der akzessorischen Natur der Teilnahme entwickelt habe. Denn sie weist jedenfalls das Unbefriedigende auf, daß Strafbarkeit oder Straflosigkeit der einen Person abhängt von dem, was die andere tut oder unterläßt[1]). Wie immer aber das Teilnahmeproblem gelöst wird: der Satz von der Schuldfähigkeit des Unzurechnungsfähigen muß gestrichen werden. Das bedeutet für den Entwurf, daß alle Stellen, welche die Zurechnungsfähigkeit betreffen, aus dem vierten Abschnitt zu entfernen und an die Spitze des von der Schuld handelnden dritten zu stellen sind.

Hierher zähle ich auch den die absolute Strafunmündigkeit betreffenden § 68. Ob die Bestimmungen über die Jugendlichen (§§ 69, 70) in diesem oder in anderem Zusammenhang auftreten sollen, wird sich teils nach ihrem definitiven Inhalt, teils nach Zweckmäßigkeitserwägungen beurteilen.

II. Auch hinsichtlich der in dem vierten Abschnitt behandelten Lehre von der Notwehr und dem Notstand bestehen systematische Bedenken.

Zunächst fragt es sich, ob und inwiefern sie überhaupt im StGB. zu behandeln sind, nachdem sie schon im BGB. eine Stelle gefunden haben. Bei der Notwehr geht die Begründung auf diese Frage ein. Sie entscheidet sich für Aufnahme in das StGB., weil die Behandlung der Notwehr für dieses eine selbständige Aufgabe bilde und sich alle ausländischen Strafgesetzbücher mit ihr befassen.

Dieser letzteren Erwägung würde indessen nur dann eine gewisse Beweiskraft zukommen, wenn zuvor die Stellung des ausländischen Zivilrechts klargelegt wäre. Nachdem aber das BGB. in § 227 ausdrücklich sagt: „Eine durch Notwehr gebotene

---

[1]) S. dazu meine Abhdlg. über den Versuch i. d. *Vergl. Darst. Allg. T.* S. 185—186. Daß ich den eigentlichen Mangel der Akzessorietätslehre richtig erkannt habe, hebt wiederholt Hagerup hervor. S. dens. i. d. Ztschr. f. d. ges. Strafrechtswissenschaft *XXIX. 614 ff.* und *XXX. 755 ff.* Ich habe a. a. O. angeregt, die Tätigkeit des Anstifters und des Gehilfen schlechthin als Versuch zu bestrafen, ohne Rücksicht auf das, was der als Haupttäter ins Auge Gefaßte tut — oder aber die Anstifter- und Gehilfentätigkeit unter ganz selbständige Strafdrohungen zu stellen und auf diese Weise von der Haupttat unabhängig zu machen. Festnageln aber möchte ich mich auf diese Anregungen nicht.

Handlung ist nicht rechtswidrig", halte ich die Erklärung des Entwurfs (§ 66): „Nicht strafbar ist, wer in Notwehr handelt", geradezu für gefährlich. Eine Existenzberechtigung hätte sie nur dann, wenn der Notwehrbegriff in beiden Gesetzbüchern nicht der gleiche wäre. Tatsächlich aber übernimmt der zweite Satz des § 66 Wort für Wort den zweiten Absatz des § 227, so wie ihn dieser bekanntlich dem § 53 des geltenden StGB. entlehnt hat.

Das Gefährliche dieses Vorgehens ergibt sich aus folgenden Erwägungen.

Wer die ältere Literatur über den Notstand kennt, weiß, wie lebhaft früher über die strafrechtliche Bedeutung des zivilrechtlichen Notstands gestritten wurde. Längere Zeit herrschte die Meinung vor, daß eine wegen zivilrechtlichen Notstands erlaubte Handlung doch strafbar bleiben könne; denn man legte der Erlaubnis nur Bedeutung für das bürgerliche Recht bei. Auch heutzutage finden sich noch Anklänge an jene ältere Lehre; im ganzen aber ist sie überwunden: es wird heute fast allgemein anerkannt, daß, wenn in irgendeinem Rechtsgebiet eine Handlung für nicht rechtswidrig erklärt wird, sie auch nicht bestraft werden kann, es sei denn, daß ausnahmsweise der Ausschluß der Rechtswidrigkeit nur den Ausschluß spezieller Folgen des Unrechts bedeuten soll.

In dem Augenblick nun, in dem das StGB. sagt, eine bestimmte der im BGB. für nicht rechtswidrig erklärten Handlungen sei straflos, ergibt sich vermöge des argumentum e contrario die Strafbarkeit aller andern für nicht rechtswidrig erklärten Handlungen, und die glücklich abgetane Frage, ob der Kapitän, der in Seenot Sachen über Bord wirft, nicht wegen Sachbeschädigung bestraft werden kann, taucht ebenso aus der Versenkung empor wie die andere, ob der Postillon, dem das Postgesetz § 17 bei Unpassierbarkeit der Straße das Fahren über fremde Grundstücke gestattet, unter die feldpolizeilichen Strafbestimmungen fällt.

Genau mit demselben Recht, mit dem der Entwurf die Notwehr behandelt, hätte er übrigens auch die Bestimmungen des BGB. über Selbsthilfe (§§ 229 ff.) wiederholen müssen. Da er es nicht tut, so wird er Anlaß zu der Frage geben, ob die nach bürgerlichem Rechte erlaubten Selbsthilfehandlungen nicht doch bestraft werden können.

Will man derartige Unklarheiten und innere Widersprüche vermeiden, so ist der erste Absatz des §§ 66 zu streichen und nur der zweite in das neue StGB. aufzunehmen.

Ähnlich liegen die Verhältnisse auf dem Gebiete des Notstands: auch hier ist davon auszugehen, daß die Straflosigkeit der durch das BGB. §§ 228, 904 und andere privatrechtliche Bestimmungen gedeckten Fälle nicht mehr besonders hervorgehoben werden darf.

Nun steht ja allerdings die Begründung auf dem hier vertretenen Standpunkte: „Die Rechtswidrigkeit und damit die Strafbarkeit fällt weg, weil das bürgerliche Recht die Handlung für erlaubt erklärt.“ Fehlt die Rechtswidrigkeit, „so kann von Strafbarkeit keine Rede sein“ (S. 247). Zum Ausschluß des oben erwähnten argumentum e contrario wird aber diese Bemerkung nicht genügen. Es kann nur beseitigt werden durch einen allgemein gehaltenen Satz, der übrigens auch dann erwünscht wäre, wenn sich der Entwurf einer Wiederholung einzelner anderwärts festgesetzter Rechtfertigungsgründe enthielte. Im Anschluß an den schweizerischen Entwurf von 1908 § 25 ließe sich etwa sagen:

> Eine Handlung, die das Gesetz oder eine Amts- oder Berufspflicht unter gewissen Voraussetzungen gebietet oder erlaubt, ist beim Vorliegen dieser Voraussetzungen nicht strafbar.

Damit wäre gleichzeitig ausgesprochen, daß es sich bei Fällen dieser Art um eine Straflosigkeit der Tat als solcher handelt und von einem nur persönlich wirkenden Strafausschließungsgrunde keine Rede sein kann. Wenn die Begr. alles auf diesen Begriff reduzieren will, so übersieht sie, daß die Annahme von „Schuldausschließungsgründen“ oder — wie in Fällen der letzteren Art richtiger zu sagen wäre — von „Rechtfertigungsgründen“ unabweisbar durch die Logik wie durch das praktische Bedürfnis geboten wird. Sehr richtig deckt denn auch v. Liszt folgende absolut unerträgliche Konsequenz des Entwurfs auf: „Wenn der von B. rechtswidrig angegriffene A. in äußerster Lebensgefahr schwebt und C., der dies sieht, dem A. zuruft: ‚Schieß los‘, so kann C. wegen Anstiftung zur vorsätzlichen, vielleicht überlegten Tötung verurteilt werden; und wenn er dem sich verteidigenden A. dem Revolver hinreicht, ist er der strafbaren Teilnahme an Mord oder Totschlag schuldig[1].“

III. Nach den bis jetzt gemachten Ausführungen bleiben für den 4. Abschnitt nur der vorher erwähnte allgemeine aus dem schweizerischen Entwurf entlehnte Satz und vereinzelte Bestimmungen aus dem Gebiete der Notwehr und des Notstandes. Letztere deshalb, weil auch bei Überschreitung der Notwehr unter Umständen Straflosigkeit begründet ist und weil der Notstandsbegriff sich nicht ganz mit dem des bürgerlichen Rechts deckt.

---

[1]) Ztschr. f. d. ges. Strafrechtswissenschaft *XXX. 266.*

Aber auch bezüglich des überschießenden Teils wird Klarheit darüber geschaffen werden müssen, weshalb der im Notstand Befindliche straflos bleiben soll. Mit dem beliebten Begriffe des „persönlichen Strafausschließungsgrundes“ ist die Frage nicht hinreichend beantwortet. Vielmehr muß sich aus dem Gesetze ergeben, ob der Notstand rechtferigt oder nur entschuldigt. Klarheit hierüber ist schon zur Entscheidung der Frage erforderlich, ob die Notstandshandlung durch Notwehrhandlung zurückgeschlagen werden darf.

Die Antwort auf diese Frage wird nun freilich erteilt; nur steht sie nicht da, wo man sie sucht, d. h. nicht in dem vorgeschlagenen Gesetzestext, sondern in der Begründung. Diese erklärt S. 249 ausdrücklich die Notstandshandlung für eine rechtmäßige und schließt daher die Notwehr gegen Notstandshandlungen aus. So werden denn die Verfasser des Entwurfs genötigt, auf S. 249 einen Unterschied anzuerkennen, den sie S. 224 leugnen: sie müssen von Umständen sprechen, die nicht nur der Strafbarkeit des Täters, sondern auch der Tat entgegenstehen.

Sobald man das Bedürfnis dieser Unterscheidung anerkennt, stellt sich der gesamte 4. Abschnitt im Entwurf als ebenso ungerechtfertigt da wie im geltenden StGB. Im Sinne seiner Verfasser wenigstens enthält er Erscheinungen von tief innerer Verschiedenheit, die unbedingt in der Form systematischer Trennung zum Ausdruck gebracht werden muß.

Der oben am Schluß von II als wünschenswert bezeichnete Satz hätte seine Stelle in einem Abschnitt mit der Überschrift „Rechtfertigungsgründe“ zu finden, und in diesem Zusammenhang könnte auch behandelt werden, was über den Notwehrexzeß zu sagen ist. Ebenso würde es in diesen Abschnitt gehören, wenn etwa der Gesetzgeber gewisse Notstandshandlungen über das BGB. und andere nichtstrafrechtliche Gesetze hinaus als nicht rechtswidrig bezeichnen will.

---

§ 2.

Unzurechnungsfähigkeit und verminderte Zurechnungsfähigkeit wegen geistiger Mängel.

A. Die Begriffe.

I. Gleich dem geltenden StGB. findet der Entwurf das Wesen der Unzurechnungsfähigkeit in dem durch gewisse geistige Mängel verursachten Ausschluß der freien Willensbestimmung. Die

Unzurechnungsfähigkeit wird also nicht, wie es der biologischen Methode entsprechen würde, durch gesetzlich bezeichnete geistige Mängel für sich allein begründet, andererseits aber auch nicht durch eine auf beliebige Weise verursachte Willensunfreiheit (psychologische Methode), sondern eben nur durch eine solche Willensunfreiheit, die auf ganz bestimmten psychologischen Defekten beruht. Diese im Sinne der gemischten Methode erfolgende Regelung hält die Begr. deshalb für die beste, weil sie ein Zusammenarbeiten der Juristen mit den Medizinern am meisten verbürge und namentlich den letzteren die Entscheidung nicht allein überlasse.

Für die kritische Betrachtung empfiehlt es sich, mit dem kausierten Moment, also dem Ausschluß der freien Willensbestimmung, zu beginnen. Daß durch die Beibehaltung dieses Begriffs der Streit des Determinismus und des Indeterminismus nicht entschieden werden solle, hebt die Begr. ausdrücklich hervor. Sie verbindet mit der freien Willensbestimmung nur den Sinn des gewöhnlichen Lebens. Aber die Erfahrung zeigt, daß es schwere Bedenken hat, wenn in dem Gesetzbuch von freier Willensbestimmung gesprochen wird. Denn da sie in die naturwissenschaftlich-medizinische Weltanschauung nicht hineinpaßt, so wird der Psychiater stets geneigt sein, mit der Bejahung der Geisteskrankheit die Willensfreiheit zu verneinen[1]), und der Richter wird sich nur ausnahmsweise mit einem solchen Gutachten in Widerspruch setzen. Ein Zusammenarbeiten zwischen dem Richter und Sachverständigen in dem Sinne, daß sich der erstere über ein bloß rezeptives Verstehen erhebt, ist nur dann möglich, wenn an Stelle der Willensfreiheit ein Begriff tritt, der dem Gedankenkreise beider angehört.

Dies könnte zunächst durch rein theoretische, außergesetzliche Verständigung erreicht werden. Aber eine solche gilt immer nur von Person zu Person; sie bindet nicht, und solange der Begriff der Willensfreiheit im Gesetzbuch auftritt, bleibt er der subjektiven Skepsis preisgegeben.

Seine Umformung muß also im Gesetz selbst erfolgen. Als meist gebrauchte Ersatzformel stellt sich die von Liszt empfohlene „normale Determinierbarkeit“ dar, d. h. die „normale Bestimmbarkeit durch Motive“. Dem Gebrauche dieser Wendung aber steht ihre Unbestimmtheit entgegen[2]). Der Gesetzgeber hat also zu

---

[1]) Vgl. Cramer, Gerichtliche Psychiatrie 4. Aufl. S. 44 u. 45.

[2]) Daß die Lisztsche Formel nur eine Nominaldefinition enthält, aber erst nach Umwandlung in die Realdefinition brauchbar wird, haben unab-

sagen, was zur normalen Determinierbarkeit gehört. Hier zeigt der österreichische Entwurf den richtigen Weg, indem er im § 3 vorschlägt:

> Nicht strafbar ist, wer zur Zeit der Tat wegen Geisteskrankheit, Geistesschwäche oder Bewußtseinsstörung nicht die Fähigkeit besaß, das Unrecht seiner Tat einzusehen oder seinen Willen dieser Einsicht gemäß zu bestimmen[1]).

Einer Übernahme dieser Fassung in dem hervorgehobenen Teil würde wohl nur das Bedenken entgegenstehen, daß sie immerhin mit dem Begriffe des Willens operiert, den bekanntlich eine bestimmte psychologische, auch unter den Medizinern vertretene Richtung für eine Illusion erklärt. Aus diesem Grunde wohl schlägt Aschaffenburg vor, zu sagen: oder dieser Einsicht gemäß zu handeln[2]). Dem läßt sich aber entgegenhalten, daß in dem „Handeln" das „Wollen" inbegriffen ist. Außerdem kommt es meist nicht darauf an, ob jemand gemäß seiner Erkenntnis handeln, sondern darauf, daß er ihr zufolge das Handeln unterlassen konnte. Ich gebe deshalb der Formulierung van Calkers den Vorzug, welcher darauf abstellt, ob der Täter die Fähigkeit besaß, „den zur Begehung der Handlung drängenden Trieb zu beherrschen"[3]). Zur Auswahl schlage ich daneben vor: „oder sein Verhalten nach dieser Einsicht zu richten".

Selbstverständlich wird die Fassung reiflicher Erwägung bedürfen. Darüber aber, daß das Gesetz nicht von der „freien Willensbestimmung" sprechen sollte, sind fast alle Beurteiler des Entwurfs einverstanden[4]). Nur Birkmeyer scheint die Fassung des § 63 zu billigen, weil er sie als Beleg für den indeterministischen Stand-

---

hängig voneinander dargelegt v. Bar, Gesetz u. Schuld *II. 17*, Frank, Das Strafgesetzbuch, 5.—7. Aufl. S. 108. In dem Bestreben, die Nominaldefinition durch eine Realdefinition zu ersetzen, findet v. Lilienthal i. d. *Vergl. Darst. Allg. T. V. 21* einen großen Fortschritt.

[1]) Diese oder eine ähnliche Formulierung empfiehlt auch Kahl in der ärztlichen Sachverständigenzeitung Jahrg. 1910 S. 90. Sie sei namentlich deshalb ratsam, weil sie darauf hinweise, daß der Mangel sowohl auf seiten des Intellekts wie des Willens liegen könne. Im wesentlichen zustimmend auch Leppmann das. S. 96, 97.

[2]) Deutsche medizinische Wochenschrift Jahrg. 1909 Nr. 47—49.

[3]) Zeitschr. f. Rechtspflege in Bayern 1910 S. 47.

[4]) S. z. B. v. Liszt, Zeitschr. f. d. gesamte Strafrechtswissenschaft *XXX. 257* (als Determinist), Kahl a. a. O. S. 90 (vom Standpunkt der biologischen Methode aus).

punkt des Gesetzes ansieht[1]). Demgegenüber ist einmal auf die Begründung zu verweisen und sodann zu betonen, daß kein Bedenken besteht, eine Fassung, wie sie z. B. der österreichische Entwurf bietet, lediglich als Umschreibung der Willensfreiheit anzusehen[2]).

II. In zweiter Linie fragt es sich, ob die Ursachen der Unzurechnungsfähigkeit zutreffend bestimmt sind. Der Entwurf nennt als solche: Geisteskrankheit, Blödsinn und Bewußtlosigkeit. Nach der Begründung beruht diese Aufzählung auf einem Vorschlag des Vereins schweizerischer Irrenärzte. Sie soll alle Zustände umfassen, die man seither unter den Begriff der „krankhaften Störung der Geistestätigkeit" subsumierte, namentlich alle Entwicklungshemmungen oder mit geistigen Störungen verbundene körperliche Krankheiten, wie Fieberdelirien und Nervenkrankheiten, ferner akute Störungen, wie hypnotische Suggestion und (hochgradige) Trunkenheit. Demgegenüber erscheint die Frage berechtigt, weshalb man es nicht bei dem geltenden Wortlaut belassen hat[3]). An einer Stelle aber, die gerade hätte geändert werden sollen, hat man den alten Wortlaut beibehalten; ich meine den Begriff der Bewußtlosigkeit. Gegen seine Verwendung erhebt namentlich Aschaffenburg das Bedenken, daß er Dämmerzustände nicht treffe, wie sie bei Epilepsie und bei Trunkenheit vorkommen[4]). Zwar steht es in Wissenschaft und Praxis jetzt schon fest, daß im § 51 des geltenden StGB. die Bewußtlosigkeit auch die höheren Grade der Bewußtseinsstörung in sich schließt; da es aber immerhin der Auslegungskunst bedarf, um dieses Ergebnis herauszubringen, so empfiehlt es sich, an die Stelle der Bewußtlosigkeit einen korrekteren Ausdruck zu setzen, wie ihn etwa der schweizerische Entwurf § 14 in der schweren Bewußtseinsstörung bietet.

Will man aber im übrigen es nicht bei der „krankhaften Störung der Geistestätigkeit" belassen, so sollte doch eine Formulierung gewählt werden, die nicht zu einem Widerspruch mit der Terminologie der Psychiater führt. Denn von diesen legen viele,

---

[1]) Die Stellung des Vorentwurfs gegenüber dem Streit der Strafrechtsschulen (1910) S. 15 ff.

[2]) S. dazu Graf Gleispach, Der österreichische Strafgesetzentwurf (1910) S. 15.

[3]) Willmanns i. d. Zeitschrift f. d. gesamte Neurologie und Psychiatrie *I. 190.*

[4]) A. a. O. Sachlich hiermit übereinstimmend Cramer i. d. Münchner medizinischen Wochenschr. 57. Jahrg. S. 364.

wenn nicht die meisten, Gewicht darauf, daß auch der Schwachsinn (und mithin erst recht der Blödsinn) unter den Begriff der Geisteskrankheiten fällt[1]). Die Schwierigkeiten, zu denen die Hervorhebung der Geistesschwäche neben der Geisteskrankheit in dem BGB. §§ 6, 104, 114 geführt hat, sind bekannt und sollten auf dem Gebiete des Strafrechts zur Warnung dienen. Andrerseits ist zu beachten, daß, wenn man zum Begriffe der Krankheit eine Gefährdung fordert, ihm schwerlich alle Fälle der Geistesschwäche untergeordnet werden können. Deshalb würde ich eventuell empfehlen, an erster Stelle von Geisteskrankheit zu sprechen und dann erläuternd hinzuzufügen: Als Geisteskrankheiten gelten auch Geistesschwäche und (dies im Interesse der Deutlichkeit) vorübergehende Störungen der Geistestätigkeit.

III. Ein Gesetzgeber, der die „gemischte Methode" befolgt, hat sich darüber auszusprechen, in welchem Maße der geistige Defekt das Seelenleben beeinflussen muß, wenn die Zurechnungsfähigkeit aufgehoben sein soll. Ebenso wie das geltende StGB. fordert der Entwurf den Ausschluß der freien Willensbestimmung. Hiermit stimmt sachlich der österreichische Entwurf überein, indem er das Wesen der Unzurechnungsfähigkeit darin findet, daß jemand gewisse Fähigkeiten nicht besitzt. Beide Entwürfe verlangen also der Sache nach eine Reduktion der freien Willensbestimmung (oder was sie an deren Stelle setzen) auf Null. Wird sie nur „in hohem Grade" oder, wie der österreichische Entwurf sagt, „erheblich" vermindert, so soll nicht Unzurechnungsfähigkeit, sondern nur verminderte Zurechnungsfähigkeit vorliegen[2]).

Beide Entwürfe gehen also von dem Vorhandensein eines scharfen Gegensatzes aus. Nun betonen aber die berufensten Kenner des pathologisch beeinflußten Seelenlebens, daß es sich stets nur um flüssige Übergänge handeln kann. Infolgedessen hat sich die Praxis so gestaltet, daß der Irrenarzt in seinem Gutachten auch geringfügige positive Werte gleich Null setzt und damit der Unzurechnungsfähigkeit zuweist. Mit anderen Worten: sofern er zu dem Ergebnis kommt, daß der Defekt das geistige Leben in hohem Grade beeinträchtigt, spricht er sich für Unzurechnungsfähigkeit

---

[1]) Anstatt vieler: Hitzig, Der Querulantenwahnsinn S. 2ff., 87ff.; Cramer in der Münchener Medizinischen Wochenschrift a. a. O.; von Juristen Kahl in der Sachverständigen-Zeitung a. a. O. S. 90.

[2]) Daß in dieser Beziehung ein sachlicher Unterschied zwischen dem österreichischen und dem deutschen Entwurf bestände, kann ich Leppmann nicht zugeben. Sachverständigen-Zeitung a. a. O. S. 97.

aus[1]). Da aber der deutsche Entwurf (um bei diesem stehen zu bleiben) bei hochgradiger Beeinträchtigung nur verminderte Zurechnungsfähigkeit annimmt, so muß sich in Zukunft dieses Ergebnis notwendigerweise in der Richtung ändern, daß eine große Zahl von Personen, die seitdem straflos ausgingen, für strafbar erklärt wird[2]).

Ob das erwünscht oder unerwünscht wäre, darüber enthalte ich mich jedes Urteils. Was ich aber behaupte, ist, daß man sich über das Resultat klar sein muß. Will man die Mehrzahl der Individuen, die seither für unzurechnungsfähig erklärt wurden, auch in Zukunft dafür angesehen wissen, so darf man das Kriterium der Unzurechnungsfähigkeit nicht in den Ausschluß der freien Willensbestimmung und das Kriterium der verminderten Zurechnungsfähigkeit nicht in deren erhebliche Verminderung legen. Wie es aber positiv zu fassen ist — diese Frage wird der reiflichsten Erwägung bedürfen.

Vom rein theoretischen Standpunkte aus mag der schweizerische Entwurf im Recht sein, der in § 14 verminderte Zurechnungsfähigkeit bei jeder Beeinträchtigung der geistigen Gesundheit oder des Bewußtseins annimmt und diesem Falle den der geistig mangelhaften Entwicklung gleichstellt. Aber da man in der Schweiz von der biologischen Methode ausgeht, die in Deutschland wohl keine Hoffnung auf Annahme hat, so wird man nach einer andern Formulierung suchen müssen. Es kommt hinzu — und das scheint mir ausschlaggebend zu sein —, daß selbst solche Mediziner, welche die gesetzliche Berücksichtigung der verminderten Zurechnungsfähigkeit von jeher mit Eifer verfochten haben, ernstlich davor warnen, daß man bei jeder Beeinträchtigung des Geisteslebens verminderte Zurechnungsfähigkeit annehme[3]). Vielleicht dürfte aber ein praktisch brauchbarer Standpunkt gewonnen sein, wenn man zur absoluten Unzurechnungsfähigkeit eine Beeinträchtigung in „besonders hohem Maße“ und zur verminderten Zurechnungsfähigkeit eine „erhebliche Beeinträchtigung“ fordert.

---

[1]) Das wird mehrfach bestätigt, so von Aschaffenburg, Leppmann, Heilbronner u. a.

[2]) Das direkte Gegenteil prophezeit Willmanns a. a. O. S. 194, aber nicht aus Gründen der Psychiatrie, sondern vom Standpunkt des Richters aus, der sich in Zukunft bereitwilliger dem auf Unzurechnungsfähigkeit plädierenden Psychiater anschließen werde. Indessen wird dieser unter der Herrschaft des Entwurfs erheblich seltener auf Unzurechnungsfähigkeit plädieren können.

[3]) Leppmann, a. a. O. S. 93.

Bekanntlich hat der 27. Juristentag zum Begriff der verminderten Zurechnungsfähigkeit (= Minderwertigkeit) verlangt, daß es sich „nicht bloß um einen vorübergehenden Zustand“ handeln müsse. Hierauf legt Kahl auch angesichts des Entwurfs ein besonderes Gewicht[1]). Soweit die Frage der Verwahrung auftaucht, hat allerdings dieses Moment Bedeutung. Was aber die Frage der Bestrafung anlangt, so kann es meines Erachtens wesentlich nur insofern in Betracht kommen, als man eben die Fälle der Trunkenheit von dem Gebiete der verminderten Zurechnungsfähigkeit ausschließt. Das tut aber der Entwurf durch eine ausdrückliche Bestimmung.

§ 3.

Fortsetzung B. Straflosigkeit und verminderte Strafbarkeit.

Über die Straflosigkeit als Folge der Unzurechnungsfähigkeit ist schon oben gehandelt worden. Hier muß an erster Stelle von der verminderten Zurechnungsfähigkeit gesprochen werden. Nachdem sich der deutsche Juristentag unter dem maßgebenden Einflusse Kahls für ihre gesetzliche Berücksichtigung erklärt hat und der Entwurf dieser und andern in gleichem Sinne ergangenen Anregungen Folge leistet, scheint mir die Hauptaufgabe getan zu sein. Immerhin möchte ich meinen Standpunkt präzisieren und die meines Erachtens wesentlichsten Einwendungen der Gegner kurz würdigen.

Für mich sind vermindert zurechnungsfähig solche Personen, die zufolge einer geistigen Minderwertigkeit verbrecherischen Anreizen geringeren Widerstand zu leisten vermögen als der normale Mensch. Eben deshalb sind sie im Einzelfalle auch weniger schuldig als ein solcher. Wer nun Gewicht auf die Übereinstimmung zwischen Schuld und Strafe legt, muß logischerweise zu einer milderen Strafbarkeit dieser Personen gelangen. Man sollte also meinen, daß gerade Birkmeyer diesen Standpunkt verträte. Er tut es aber deshalb nicht, weil er einen übermächtigen Einfluß der allem Strafrecht feindlichen Psychiater befürchtet[2]). Daß diese Feindschaft in gewissem Maße besteht, ist ohne weiteres zuzugeben. Aber ich halte die Besorgnisse Birkmeyers doch für übertrieben und bin überzeugt, daß unter der Herrschaft der gemischten Methode der Richter seine Stellung wahren wird.

Mehr theoretischen Charakter hat ein anderes Bedenken, das der österreichische Oberstaatsanwalt Hoegel und der deutsche

---

[1]) Sachverständigen-Zeitung a. a. O. S. 93.

[2]) Was läßt Liszt vom Strafrecht übrig? (1907) S. 47 ff.

Irrenarzt Longard äußern. Beide weisen nämlich u. a. darauf hin, daß es ungerechtfertigt sei, unter den Bedingungen, die für den Willensentschluß maßgebend sind, nur eine, nämlich die geistige Minderwertigkeit zu privilegieren[1]). Mit demselben Recht könnte man z. B. den starken Affekt als Grund verminderter Zurechnungsfähigkeit anerkennen. Das ist an und für sich gewiß richtig, aber es muß beachtet werden, daß es sich bei der Minderwertigkeit um eine Massenerscheinung handelt, die wie jede andere eine gesetzliche Regelung nicht nur zuläßt, sondern geradezu fordert.

Ihren Inhalt kann sie nach der streng strafrechtlichen Seite hin nur in einer milderen Behandlung finden. Dabei darf man nicht so weit gehen wie einzelne Irrenärzte und unter den Juristen namentlich Finger[2]), daß man geradezu Straflosigkeit verlangt. Denn es ist immer vorauszusetzen, daß der Täter noch die Möglichkeit hatte, den verbrecherischen Anreiz zu überwinden, und daß man ihm die Unterlassung genügenden Widerstandes zur Schuld rechnen kann.

Die Milderung selbst läßt sich nun in sehr verschiedener Weise denken und wird auch bald in dieser, bald in jener Form vorgeschlagen. So sind unter den Gegnern einer gesetzlichen Regelung der ganzen Angelegenheit Birkmeyer und Longard der Ansicht, daß die richterliche Befugnis der Strafmilderung ausreiche. Der Entwurf lehnt diese Regelung aus verschiedenen Gründen ab. Zunächst deshalb, weil die richterliche Strafmilderung nicht bei allen Delikten Platz greifen könne; sodann weil die Aufmerksamkeit des Richters stets auf die verminderte Zurechnungsfähigkeit gelenkt werden solle; endlich weil sich nur durch ausdrückliche Berücksichtigung die eigenartige Behandlung der vermindert zurechnungsfähigen Personen erreichen lasse. Hauptsächlich aber kommt meines Erachtens der von Wollenberg und andern hervorgehobene Gesichtspunkt in Betracht, daß sowohl der Rechtsbrecher als seine Angehörigen Wert darauf legen müssen und den Anspruch erheben können, den krankhaften Strafmilderungsgrund deutlich erkennbar zum Ausdruck gebracht zu sehen[3]).

In zweiter Linie fragt es sich, ob den Minderwertigen eine besondere, nur für sie bestimmte mildere Behandlung zuteil

---

[1]) Hoegel, Monatsschrift für Kriminalpsychologie *I. 333ff.*; Longard das. *III. 90.*

[2]) Gers. *LXIV. 257ff.*, 27. Juristentag *IV.* 2. Abt. *439, 440.*

[3]) Kahl i. d. *Vergl. Darst.* d. Strafrechts *Allg. T. I. 71.*

werden soll oder aber eine auch sonst vorgesehene Strafmilderung. Die Internationale Kriminalistische Vereinigung hat sich auf ihrer Tagung in Hamburg in dem ersteren Sinne ausgesprochen, offenbar deshalb, weil der vermindert Zurechnungsfähige seiner ganzen Persönlichkeit nach einer eigenartigen Behandlung bedürfe. Noch entschiedener tritt dieser Grund bei Kräpelin hervor[1]). Dagegen stellt sich der Entwurf prinzipiell auf den andern Standpunkt und, wie mir scheint, mit Recht. Denn hätte man auch das Erfinderglück, eine eigenartige Strafe für die Minderwertigen auszudenken, so könnte sie doch nur in einer besonderen Freiheitsstrafe bestehen, bei der die Gesichtspunkte der Fürsorge, der Pflege, der ärztlichen Behandlung in dem Maße betont werden, daß von Strafe kaum noch die Rede sein dürfte[2]). Auf der andern Seite lassen sich die Schwierigkeiten nicht verkennen, unter denen die Minderwertigen in dem ordentlichen Strafvollzug und dieser unter ihnen zu leiden hätte. Deshalb dürfte der Entwurf auch insofern im Recht sein, als er die Möglichkeit offen hält, die Minderwertigen erforderlichenfalls in besondere Strafanstalten zu verweisen.

Was nun aber die Art und Weise der Strafmilderung anlangt, so kann ich mich dem Entwurf nicht anschließen. Er beschränkt sich nämlich auf die Bestimmung, daß die Vorschriften über den Versuch Anwendung finden sollen. Die Versuchsstrafe ist aber ihrer Art nach die gleiche wie beim vollendeten Verbrechen und hat nur dann einen andern Charakter, wenn die Strafe der vollendeten Tat unteilbar ist. So würden also die Minderwertigen zwar nicht mit dem Tode, wohl aber mit Zuchthaus bestraft werden können. Das scheint mir zu hart. Denn gehen wir davon aus, daß es dem Minderwertigen nicht in dem gleichen Maße wie dem Vollwertigen möglich ist, dem verbrecherischen Anreiz zu widerstehen, so dürfen wir ihm auch im Falle des Unterliegens keine entehrende Strafe auferlegen. Es kommt hinzu, daß die Strafmilderung beim Versuch meist stark vom richterlichen Ermessen abhängt und so das Privileg in der Praxis leicht beseitigt werden kann. Daher würde ich im Anschluß an v. Liszt und Oetker[3]) empfehlen, die Strafe der Minderwertigen nach denselben Grundsätzen zu bestimmen wie die der Jugendlichen und auch ihnen gegenüber die Zuchthausstrafe auszuschließen.

---

[1]) Monatsschrift für Kriminalpsychologie *I. 477.*

[2]) Hierauf weist auch Longard a. a. O. S. 98.

[3]) S. deren Vorschläge i. d. Mitteilungen der Internat. Krim. Vereinigung *XI. 637 ff., XII. 58 ff.* — Leider erhebt Kahl i. d. Ärztl. Sachverständigenzeitung a. a. O. S. 94 keinen Widerspruch gegen die Versuchsstrafe.

Hiermit verbindet sich unmittelbar die Frage: Soll die Strafmilderung obligatorisch sein oder nur nach richterlichem Ermessen eintreten? Der Entwurf entscheidet im ersteren Sinne und, wie ich glaube, mit Recht. Allerdings haben sich namentlich v. Bar und Kahl[1]) für Freiheit des richterlichen Ermessens auch in dieser Beziehung ausgesprochen. „Der Richtigkeit des Hinweises," sagt Kahl, „daß einzelne auch von gemindert Zurechnungsfähigen im Affekt begangene strafbare Handlungen nicht eben mildere Ahndung verdienen, daß die Widerstandslosigkeit gegen strafbares Handeln durch gewohnheitsmäßige Verübung verschuldet sein kann, welche weder unter dem Gesichtspunkte der Generalnoch der Spezialprävention mildere Bestrafung rechtfertigt, kann man sich nicht verschließen." Das mag sein, aber mir scheint, daß eine so bestrittene Maßregel wie die gesetzliche Strafmilderung wegen verminderter Zurechnungsfähigkeit in der Praxis nur dann eine einigermaßen gleichmäßige Anwendung finden wird, wenn sie dem Richter bindend vorgeschrieben ist. Andernfalls würde die individuelle kriminalpolitische Auffassung des Richters denn doch einen ungebührlichen Einfluß gewinnen.

§ 4.
Fortsetzung C. Verwahrung.

I. Das geltende Strafgesetzbuch steht bekanntlich auf dem Standpunkte, daß sich der Strafrichter um eine wegen Unzurechnungsfähigkeit freigesprochene Person nicht zu kümmern hat. Die Frage, ob sie wegen Gemeingefährlichkeit einer Verwahrungsanstalt überwiesen werden kann, beurteilt sich lediglich nach Landesrecht. Kann es geschehen, so steht die Entscheidung nicht dem Richter, sondern der Verwaltungsbehörde zu. Daß an diesem Punkte die Reichsgesetzgebung einzugreifen und eine einheitliche Regelung herbeizuführen hat, wird wohl von allen Seiten zugegeben. Aber das Wie? bildet den Gegenstand einer Streitfrage, die zwar meist mit Beschränkung auf die vermindert Zurechnungsfähigen besprochen worden ist, aber ebensogut auch für die voll Unzurechnungsfähigen aufgeworfen werden kann und muß. Im wesentlichen stehen sich drei Ansichten gegenüber: nach der einen soll die Entscheidung dem Strafrichter[2]), nach der zweiten dem Entmündigungsrichter[3]),

---

[1]) v. Bar, Gesetz und Schuld *II. 50, 53*, Kahl in der *Vergl. Darst. Allg. T. I. 72.* Früher (Verhdlg. d. 27. Juristentags *I 228*) hatte sich Kahl ebenfalls für obligatorische Strafermäßigung erklärt.

[2]) So besonders Kahl.

[3]) So besonders Oetker und v. Liszt.

nach der dritten der Verwaltungsbehörde[1]) gebühren. Der Entwurf schließt sich der ersteren Ansicht an, und zwar in dem Sinne, daß die Verwaltungsbehörde verpflichtet sein soll, die auf Verwahrung lautende Entscheidung des Strafrichters zu vollstrecken. Die Entscheidung durch den Richter, so heißt es ungefähr in der Begründung, biete größere Garantien der Unabhängigkeit als eine Entscheidung durch die Verwaltungsbehörden. Überdies sei der Richter durch den Straffall mit der Sache bekannt und könne sie rascher und zuverlässiger erledigen als andere Behörden.

Eine rein theoretische Betrachtung führt zweifellos zur Zuständigkeit der Verwaltungsbehörden. Denn die Verwahrung des Geisteskranken soll nicht in seinem eigenen Interesse, auch nicht in dem seiner Familie, überhaupt nicht im privatrechtlichen Interesse, sondern in dem der öffentlichen Sicherheit erfolgen. Andererseits aber hat schon das geltende Recht auf diesen Gesichtspunkt kein besonderes Gewicht gelegt. Denn die im BGB. § 6 Nr. 3 vorgesehene Entmündigung trunksüchtiger Personen wegen Gefährdung der Sicherheit Dritter erfolgt zweifellos nach den Vorschriften der ZPO., also durch das Gericht. Und in der Tat wird es sich aus den von den Motiven des Entwurfs hervorgehobenen Gründen empfehlen, auch die Anordnung der hier in Rede stehenden Verwahrung einer richterlichen Behörde zu übertragen, zumal da das Verwaltungsstreitverfahren nicht überall eingeführt ist.

Dagegen vermag ich dem Entwurf nicht beizutreten, wenn er den Strafrichter für zuständig erklären will. Meine entgegenstehende Auffassung beruht auf folgenden Erwägungen.

1. Zunächst läuft dem Entwurf ein prozessuales Versehen unter. Nach § 60 soll nämlich das Gericht einen Beschluß über die Verwahrung fassen, wenn der Unzurechnungsfähige als solcher freigesprochen oder außer Verfolgung gesetzt wird. Dabei bleiben aber die Fälle unbeachtet, in denen der Staatsanwalt, weil ihm die Unzurechnungsfähigkeit bekannt ist, überhaupt keine Anklage erhebt und keine Anklage erheben darf. Sofern nicht etwa für diesen Fall eine besondere Bestimmung in der StPO. gegeben wird, versteht man nicht, auf welche Weise der Strafrichter überhaupt mit der Sache befaßt werden soll. Vielmehr kann hier nur von der Zuständigkeit der Verwaltungsbehörde oder des Entmündigungsgerichts die Rede sein. Dann aber würde die Kompetenz von dem Zufall abhängen, ob der Staatsanwalt die Unzurechnungsfähigkeit kennt oder nicht.

[1]) So besonders Landsberg im Recht *XIII. 345 ff.*

2. Nimmt man an, es komme zur Klagerhebung, so wird die Frage, welcher Strafrichter mit der Sache befaßt wird, vielfach durch Umstände bestimmt, die mit den persönlichen Verhältnissen des Angeklagten nichts zu tun haben; so vom Ort der Tat und von der Zahl der gerichtlichen Stadien, welche die Sache durchläuft. Bald wird das Schöffengericht in X, bald das Landgericht in Y zuständig sein und innerhalb des Landgerichts bald diese, bald jene Abteilung. Allen diesen Gerichtsbehörden sind aber möglicherweise der Angeklagte und seine näheren Verhältnisse unbekannt, weil sein Wohnsitz an einem dritten Orte liegt.

3. Man kann dem entgegenhalten, daß sich der Strafrichter die nötigen Aufklärungen ebensogut beschaffen könne als der Entmündigungsrichter oder eine andere Behörde. Diesen Gedanken betont denn auch die Begründung. Eben weil der Strafrichter ja die Tat kennt, sei er am bestem imstande, über die Frage der Gemeingefährlichkeit zu entscheiden. Nun läßt sich allerdings bei einer gewissen Schwere der Tat das Gewicht dieses Einwands nicht verkennen. Aber die Dinge liegen doch gar nicht so, daß die Verwahrung nur nach Begehung eines schweren Rechtsbruchs ausgesprochen werden dürfte. In allen leichteren Fällen aber ist die Tat weiter nichts als die äußere Veranlassung, sich diesen Menschen einmal genauer anzusehen, sie ist nur eines, vielleicht nicht einmal das wichtigste, unter den Symptomen der Gefährlichkeit. Die Erforschung der andern liegt außerhalb der eigentlichen Aufgabe des Strafrichters, und sollte sie in das Strafverfahren hereingezogen werden, so müßte sich dieses entweder ungebührlich belasten, also auch verzögern, oder die Erledigung würde in rein schematischer Weise erfolgen.

4. Offenbar soll nach dem Entwurf die Zuständigkeit der Verwaltungsbehörden in allen Fällen bestehen bleiben, in denen die Gemeingefährlichkeit einer geisteskranken Person außerhalb des Strafverfahrens festgestellt wird, der Anlaß zu Unterbringung also nicht die Begehung einer rechtswidrigen Handlung ist. Verlangt man nun aber für den Verwahrungsbeschluß die Garantie richterlicher Unabhängigkeit, so muß man dieses Verlangen für alle Fälle aufstellen, zumal da es doch einigermaßen Zufallsache ist, ob der Geisteskranke eine Rechtswidrigkeit begeht oder nicht, und im letzteren Falle die Indizien für eine Gemeingefährlichkeit erst recht unbestimmte sind. Entsprochen aber kann jenem Verlangen nur dann werden, wenn man den Entmündigungsrichter schlechthin zuständig macht. Für die Verwaltungsbehörden bleibt also in dieser Beziehung kein Raum, und es ist so logisch

wie naturgemäß, daß die Unterbringung eines gemeingefährlichen Geisteskranken in allen denkbaren Fällen auf einem Beschluß des Entmündigungsrichters beruht. Bei ihm laufen alle Fäden zusammen; er als iudex loci ist allein in der Lage, alle einschlagenden Gesichtspunkte, namentlich die gesamte Lebensführung des Kranken und seine häuslichen Verhältnisse in der richtigen Weise zu würdigen.

Die Form aber, in der die Entscheidung des Entmündigungsgerichts herbeigeführt wird, kann keine andere sein als die des regelmäßigen Entmündigungsverfahrens[1]). Daraus folgt, daß die der Straflosigkeit des Unzurechnungsfähigen entsprechende Bestimmung über seine Verwahrung ihre Stelle nicht im StGB., sondern im BGB. finden muß, derart, daß einfach § 6 Nr. 1 in Übereinstimmung mit dem Entwurf § 63 gebracht und alsdann im Sinne der Nr. 3 auf die Fälle ausgedehnt wird, in denen der Geisteskranke „die Sicherheit anderer gefährdet". Allerdings ist dafür Sorge zu tragen, daß sich zwischen das Strafverfahren und das Entmündigungsverfahren kein „toter Raum" einschiebt. Zum mindesten muß der Strafrichter in der Lage sein, die vorläufige Verwahrung des Geisteskranken auszusprechen.

II. Hinsichtlich der Dauer der Verwahrung sagt der Entwurf nur, daß über sie und über die Entlassung die Landespolizeibehörde entscheidet, daß aber gegen deren Entscheidung die des Gerichts herbeigeführt werden kann. Offenbar ist die Meinung die, daß die Entlassung angeordnet werden soll, wenn nach Ansicht der Landespolizeibehörde entweder die Geisteskrankheit oder die Gemeingefährlichkeit gehoben ist. Ob es nicht technisch richtiger gewesen wäre, dies ausdrücklich zu sagen, möge dahingestellt bleiben.

Im einzelnen verweist die Begründung auf Bestimmungen, welche in die StPO. aufzunehmen wären, der Entwurf selbst sieht Ausführungsvorschriften des Bundesrats vor. Irgendwo müßte aber doch expressis verbis gesagt werden, daß die Verwaltungsbehörde wie durch den Verwahrungsbeschluß so auch durch den Entlassungsbeschluß des Gerichts gebunden wird.

Sollte die angeregte Idee einer förmlichen Entmündigung Beifall finden, so bedürfte es hinsichtlich der Entlassungsfrage einer Ergänzung der ZPO. Dabei wäre es sicher, daß die rechtskräftige Wiederaufhebung der Entmündigung die sofortige Entlassung aus der Anstalt zur Folge haben müßte. Ergänzend aber wäre eine unter den Voraussetzungen und in den Formen der §§ 675ff. er-

---

[1]) Ein solches fordert auch Aschaffenburg in Hoches Handbuch.

gehende Entscheidung vorzusehen, die unter Aufrechterhaltung der Entmündigung nur den Wegfall der Gemeingefährlichkeit und damit auch die Entlassungspflicht feststellte.

Wird aber eine Regelung der Angelegenheit in der Form des Entmündigungsverfahrens nicht beliebt, so scheint mir jedenfalls eine Vorschrift in dem Sinne geboten, daß sich das Gericht (welches?) in angemessenen Zwischenräumen mit der Frage der Entlassung von Amts wegen zu befassen habe.

III. Das Gesagte findet in entsprechender Weise auf die Fälle Anwendung, in welchen jemand wegen verminderter Zurechnungsfähigkeit zu einer milderen Strafe verurteilt wird. Auch hier hat die Verwahrung die Gemeingefährlichkeit der Person zur Voraussetzung. Daß sie erst nach verbüßter Freiheitsstrafe eintritt, sagt der Entwurf ausdrücklich.

Diese Bestimmungen bedürfen einer Erörterung nach verschiedener Richtung.

Zunächst hat sich der 27. Juristentag dafür ausgesprochen, daß jeder geistig Minderwertige nach Vollzug oder Erlaß der Strafe in staatlich organisierte Gesundheitspflege zu nehmen sei. Der Entwurf sagt hiervon nichts, und Kahl macht ihm das zum entschiedenen Vorwurf[1]). Ich muß gestehen, daß ich mich von der Notwendigkeit einer solchen Maßregel nicht habe überzeugen können, zumal dann nicht, wenn die Verurteilung nur wegen einer leichten Verfehlung erfolgt. Es soll damit nichts gegen die Notwendigkeit einer Gesundheitspflege an sich gesagt sein; aber ich meine, die Frage, ob sie geboten erscheint, sei von der Begehung einer rechtswidrigen Handlung unabhängig.

Sodann handelt es sich um die vielbesprochene Frage, ob nicht die Verwahrung an Stelle der Strafe treten soll. Es ist hier nicht der Ort, auf den theoretischen Streit einzugehen, ob und eventuell welcher Unterschied zwischen Strafe und Sicherheitsmaßregel besteht. Daß der Vergeltungsstandpunkt jedenfalls die Strafe fordert, daneben aber auch die Verwahrung zuläßt, ist bekannt. Welche Erwägungen mich zum Festhalten an der Strafe veranlassen, habe ich schon oben angedeutet. Es ist, kurz gesagt, der Gedanke, daß wir auch gegenüber einem vermindert Zurechnungsfähigen auf die Generalprävention nicht verzichten dürfen. Da auch hervorragende Gegner der Vergeltungsidee, wie v. Liszt und Aschaffenburg, Strafe neben Verwahrung fordern[2]), so kann die

---

[1]) Sachverständigen-Zeitung a. a. O. S. 94.

[2]) v. Liszt in der Monatsschrift für Kriminalpsychologie, *I. 13ff.*, Aschaffenburg in der Deutschen medizinischen Wochenschrift a. a. O.

vom Entwurf vorgeschlagene Regelung der Frage im Prinzip nur von dem abgelehnt werden, der die generalprävenierende Wirkung der Strafe völlig übersieht und damit einen Faktor ausschaltet, der nun einmal nicht ausgeschaltet werden darf.

Auf einem ganz anderen Brett steht die Frage, ob sich die Verwahrung der gemeingefährlichen vermindert zurechnungsfähigen Personen überhaupt in die Praxis umsetzen läßt, ohne daß dadurch einerseits enorme Kosten und andererseits Anstalten entstehen, die doch wieder den Charakter von Strafanstalten annehmen. Hierüber möchte ich mir kein Urteil erlauben. Vielleicht liegt die Wahrheit in der Mitte zwischen der optimistischen Ansicht der Begründung und der pessimistischen, welche Willmanns vertritt[1]).

Daß die Zuständigkeitsfrage und das Verfahren in gleicher Weise zu regeln sind wie bei der Verwahrung voll unzurechnungsfähiger Personen, bedarf kaum einer besonderen Erwähnung.

Dagegen ist hinsichtlich der Wirkungen des hier verlangten förmlichen Entmündigungsbeschlusses auf einen Punkt besonders hinzuweisen. Schon jetzt wird darüber geklagt, daß die bei Trunkenbolden aus öffentlich-rechtlichen Gründen stattfindende Entmündigung notwendigerweise auch zivilrechtliche Folgen nach sich zieht. In der Tat versteht man nicht recht, weshalb ein Mensch, der die Sicherheit anderer gefährdet und aus diesem Grunde entmündigt werden muß, auch in zivilrechtlicher Beziehung nur beschränkt handlungsfähig sein soll; vielmehr könnte bei derartigen Entmündigungen von allen auf dem Gebiete der Geschäftsfähigkeit liegenden Folgen abgesehen werden.

§ 5.
Behandlung trunkfälliger Personen.

I. Für das geltende Recht steht in der Theorie wie in der Praxis fest, daß starke Trunkenheit die Zurechnungsfähigkeit ausschließt. Diese Wirkung kann sie auch dann haben, wenn sie nicht gerade eine sinnlose ist; denn das Erfordernis der Bewußtlosigkeit wird, wie bemerkt, im Sinne der starken Bewußtseinstrübung verstanden, und ist diese eine solche, daß von einem Ausschluß der Willensfreiheit gesprochen werden kann, so erklärt man den § 51

[1]) A. a. O. S. 193ff. — Auch darüber enthalte ich mich eines Urteils, ob die Verwahrung nicht auch in Privatanstalten zugelassen werden könnte. Dafür Cramer in der Münchener Wochenschr. Jahrg. 57 S. 365 und Hoppe in den Blättern für Gefängniskunde *XLIV*. Bd.

für anwendbar[1]). Hieran ändert der Entwurf nichts. Aber er lehnt es ab, die Trunkenheit, sofern sie selbst verschuldet ist, dem Begriff der verminderten Zurechnungsfähigkeit unterzuordnen. Daß sie ohne diese positive Bestimmung darunter fallen würde oder doch fallen könnte, ist klar. Dennoch läßt sich der Standpunkt des Entwurfs nicht nur durch kriminalpolitische, sondern auch durch ethische Erwägungen insofern rechtfertigen, als man sagen kann: mag auch die Tatschuld dadurch gemindert werden, daß der Täter betrunken ist, so wird diese Differenz doch durch das Verschulden des „Sichbetrinkens“ wieder ausgeglichen. Freilich trifft diese Überlegung nicht in allen Fällen zu, und deshalb ist es nur anzuerkennen, daß der Richter gemäß § 82 die Möglichkeit hat, dem Täter wegen seiner Trunkenheit mildernde Umstände zuzubilligen.

Der vielfach vertretenen Anschauung, daß die selbstverschuldete Trunkenheit niemals strafmildernd wirken solle, vermag ich mich nicht anzuschließen. Denn es kann immerhin sein, daß die Rücksicht auf die mit der Trunkenheit verbundene Einschränkung der Willensfreiheit schwerer ins Gewicht fällt als der Vorwurf, sich betrunken zu haben. Ein Verbot der mildernden Umstände wegen Trunkenheit wäre vielleicht gegenüber dem Gewohnheitstrinker gerechtfertigt, nicht aber gegenüber demjenigen, der nur ausnahmsweise und nur aus besonderem Anlaß dem Gotte Bacchus allzureiche Opfer spendet. Außerdem habe ich die Empfindung, daß ein solches Verbot, wie es ja § 49 des Militärstrafgesetzbuches tatsächlich ausspricht, die Gerichte veranlassen würde, volle Unzurechnungsfähigkeit öfter anzunehmen als sich mit den Erfordernissen der Kriminalpolitik verträgt.

Man kann also dem Entwurf nicht entgegenhalten, daß es ein innerer Widerspruch sei, wenn er verminderte Zurechnungsfähigkeit verneint, mildernde Umstände aber zuläßt. Jenes bedeutet nur: der Richter soll den Trunkenen nicht in jedem Falle milder behandeln. Dieses bedeutet: im Einzelfalle kann es der Richter nach reiflicher Erwägung aller Umstände tun.

Mit Recht gestattet es auch der Entwurf, in den, allerdings praktisch wenig bedeutsamen Fällen der nicht selbstverschuldeten Trunkenheit verminderte Zurechnungsfähigkeit anzunehmen.

II. Verdient der Entwurf also in der bezeichneten Richtung Beifall, so vermag ich hinsichtlich der Art und Weise, wie er die

---

[1]) Reichsgericht, Entsch. in Strafs. *V. 339,* Goltd. A. *XLII. 45,* Reichsmilitärgericht, Entsch. *VII. 285, XIII. 209.*

zur „Bewußtlosigkeit“ und zum „Ausschluß der freien Willensbestimmung“ führende Trunkenheit behandelt, ein Bedenken nicht zu unterdrücken.

Um die Verletzung des Rechtsgefühls zu vermeiden, die in diesem Falle eine schlichte Freisprechung herbeiführen würde, hat man bekanntlich drei Wege vorgeschlagen:

1. Bestrafung der selbstverschuldeten Trunkenheit an sich,
2. Bestrafung der in selbstverschuldeter Trunkenheit begangenen Rechtswidrigkeit unter dem Gesichtspunkte des Versuchs,
3. Bestrafung dieser Handlungen unter dem Gesichtspunkte der Fahrlässigkeit.

Von diesen drei Wegen ist der erste aus tatsächlichen Gründen ausgeschlossen[1]). Den zweiten hatten die verbündeten Regierungen im Jahre 1881 vorgeschlagen; aber der Entwurf lehnt ihn ab, weil er eine dolose Begehung der Handlung voraussetze und die Trunkenheit dem Dolus entgegenstehe. Das stimmt nun freilich nicht zu der Stellung, die der Entwurf sonst in dieser Beziehung einnimmt (s. oben S. 227), ist aber nichtsdestoweniger insofern sachlich gerechtfertigt, als man wenigstens nicht vom schuldhaften Vorsatz sprechen kann. Es bleibt also der dritte Weg, und er ist es, den der Entwurf im § 64 wählt:

> War der Grund der Bewußtlosigkeit selbstverschuldete Trunkenheit und hat der Täter in diesem Zustande eine Handlung begangen, die bei fahrlässiger Begehung strafbar ist, so tritt die für fahrlässige Begehung angedrohte Strafe ein[2]).

Dabei könnte man formell beanstanden, daß von dem Verschulden einer an sich nicht verbotenen Handlung, nämlich des „Sichbetrinkens“, die Rede ist[3]). Korrekter wäre wohl der Ausdruck: „eine Trunkenheit, die bei gehöriger Aufmerksamkeit hätte vermieden werden können“. Doch ist die „selbstverschuldete“

---

[1]) Immerhin tut § 306 Nr. 3 einen Schritt in dieser Richtung. Siehe darüber unten S. 252.

[2]) Nebenbei möge auf eine schon wiederholt erkannte Unklarheit des Entwurfs hingewiesen werden: es tritt nicht hervor, daß sich § 64 nur auf die Fälle bezieht, in welchen durch die Trunkenheit die Zurechnungsfähigkeit aufgehoben wird.

[3]) Auch Kahl (Sachverständigen-Zeitung a. a. O. S. 91) beanstandet den Ausdruck, aber aus andern Gründen. Er will lieber von „fahrlässig verschuldeter Trunkenheit“ reden. Das wäre aber schon deshalb unzutreffend, weil doch auch zweifellos die „vorsätzlich verschuldete“ unter das Gesetz fallen soll.

Trunkenheit deshalb erträglich, weil der Ausdruck einmal gebräuchlich ist.

Schwerer ist ein sachliches Bedenken. Offenbar weist nämlich die Stelle eine enge Verwandtschaft mit BGB. § 827 auf, namentlich insofern, als die Fahrlässigkeit hier wie dort eine bloß fingierte oder, wenn man lieber will, eine präsumierte ist. Ja, man wird für den § 64 sogar sagen können, daß es sich um eine den Erfolgsdelikten verwandte Erscheinung handelt; denn das Verschulden braucht sich nur auf den ersten und nächsten Erfolg, die Trunkenheit, nicht auf den zweiten, die in der Betrunkenheit begangene Handlung, zu beziehen. Da nun aber die Herbeiführung des ersten Erfolgs an sich überhaupt nicht verboten ist, so enthält der Entwurf eine von seinen Verfassern anscheinend nicht als solche erkannte Ausnahme von dem im § 58 aufgestellten Prinzip der Schuldhaftung.

Diese Ausnahme aber kann zu bedenklichen Folgerungen führen. Man vergegenwärtige sich einmal folgenden Fall. Jemand pflegt sich allabendlich einen Rausch in der seiner Wohnung gegenüberliegenden Kneipe anzutrinken und dann, mit der genügenden Bettschwere versehen, friedlich nach Hause zu gehen. Eines Abends kann er die Haustüre nicht öffnen, weil der Schlüssel von innen im Schloß steckt. Nun muß er sich in ein Gasthaus begeben, und unterwegs gerät er in Konflikt mit der Polizei. Seine Bestrafung würde die eines Schuldlosen sein und deshalb nach jeder Richtung hin schädlich wirken.

Weil dem so ist, so scheint mir § 64 des Entwurfs nicht haltbar. Die Berufung auf das BGB. schlägt nicht durch; denn die Frage der zivilrechtlichen Haftung ist eine andere als die der strafrechtlichen. Da der Schaden immerhin von irgend jemanden getragen werden muß und der Trunkene ihn verursacht hat, so ist es nur billig, daß er ihm zur Last fällt — aber die Zulässigkeit einer Bestrafung folgt aus der bloßen Verursachung noch nicht. Die Erfahrungen, die man im Strafrecht mit der Erfolgshaftung gemacht hat, regen gewiß nicht eine Vergrößerung ihres Gebiets an.

Man darf auch nicht ins Gefecht führen, daß Fälle der bezeichneten Art nur selten vorkommen. Denn — darüber muß man sich klar sein — die Fälle, in denen jemand in einer die Zurechnungsfähigkeit aufhebenden Trunkenheit kriminell wird, sind überhaupt nicht zahlreich, und innerhalb eines ohnehin beschränkten Kreises wirkt die unbefriedigende Erledigung eines Einzelfalls ganz besonders belastend.

Auf der andern Seite ist ohne weiteres zuzugeben, daß die Straflosigkeit eines unzurechnungsfähigen Trunkenen das Rechtsgefühl verletzen kann, aber doch nur insoweit, als ihn in Wirklichkeit eine Schuld trifft. Nun ist schon auf Grund des geltenden Rechts die Annahme einer solchen mit der Konsequenz der Strafbarkeit keineswegs ausgeschlossen. Sofern nämlich der Täter in nüchternem Zustande mit der Möglichkeit rechnen mußte, daß er in trunkenem eine rechtswidrige Handlung begehen werde, trifft ihn nicht nur der Vorwurf, sich betrunken, sondern auch der, diese Handlung begangen zu haben.

Ob dieser Gesichtspunkt zu einer Bestrafung im Einzelfall führt, hängt von der näheren Ausgestaltung der Schuldlehre ab. Denn die Schwierigkeit bleibt bestehen, daß zur Zeit des Trinkens irgend eine bestimmte Vorstellung über das später Geschehende fehlen kann. Die Erörterung dieses Problems liegt außerhalb seiner Aufgabe. Will man eine gesetzliche Regelung der überaus schwierigen Frage überhaupt riskieren, so könnte es meines Erachtens nur durch eine Zusatzbestimmung zu § 60 geschehen, indem man etwa sagte:

> Die durch selbstverschuldete Trunkenheit herbeigeführte Unzurechnungsfähigkeit steht der Bestrafung wegen fahrlässiger Täterschaft nicht entgegen. Fahrlässigkeit ist in diesem Falle anzunehmen, wenn der Täter weiß, daß er im trunkenem Zustande zu Handlungen der begangenen Art neigt.

III. Es handelt sich aber noch um die weitere Frage, ob sich die strafrechtliche Haftung auf alle in der Trunkenheit begangenen Delikte oder nur auf solche erstrecken soll, die auch sonst bei fahrlässiger Verübung strafbar sind. Im ersteren Falle würde es der Festsetzung eines besonderen Strafrahmens bedürfen. In diesem Sinne will der österreichische Entwurf in § 242 den unzurechnungsfähigen Trunkenen mit Gefängnis oder Haft bis zu sechs Monaten bestraft wissen bei Begehung irgendeines Delikts, das mit mehr als sechs Monaten Festung bedroht ist. Dagegen setzt der deutsche Entwurf eine Handlung voraus, die auch sonst bei fahrlässiger Begehung strafbar ist.

Die Begründung rechtfertigt diesen Standpunkt durch die Ausführung, daß er, soweit er zur Strafbarkeit führt, einem weitverbreiteten Wunsche entspreche. Auch stehe die Bestrafung unter dem Gesichtspunkte der Fahrlässigkeit nicht geradezu im Widerspruch mit den Grundregeln der Zurechnung. Wohl aber würde das der Fall sein, wenn man eine Haftung des unzurechnungsfähig Betrunkenen auch für nur vorsätzlich begehbare Delikte aussprechen wollte. Das stimmt mit der schon oben wiedergegebenen

Bemerkung, nach der Unzurechnungsfähigkeit und Vorsatz unvereinbare Begriffe sind.

Gibt man die Richtigkeit der Ansicht zu, daß der Entwurf, soweit er eine Bestrafung zuläßt, von dem Erfordernis der Fahrlässigkeit in Wahrheit absieht, so muß man weiter sagen, daß er am Ende auch von dem des Vorsatzes hätte absehen können. Für ihn lag die Frage nicht so: ist Vorsatz auch bei Unzurechnungsfähigkeit möglich? sondern sie lautete: kann mit Rücksicht auf das Schuldmoment, das schon in dem „Sichbetrinken“ liegt, von dem Erfordernis des Vorsatzes ebensogut abgesehen werden, wie von dem der Fahrlässigkeit? Die Bejahung dieser Frage hätte keinen erheblicheren Widerspruch mit der Zurechnungslehre bedeutet, als er schon ohnehin konstatiert werden muß.

Wenn übrigens z. B. v. Lilienthal fordert, daß der Trunkene auch für solche Delikte wie Sachbeschädigung oder Widerstand gegen die Staatsgewalt haften solle[1]), so meint er das gewiß nicht in dem Sinne einer Haftung unter dem Gesichtspunkte des Vorsatzes, sondern der Fahrlässigkeit. Er meint im Grunde nur folgendes: während im allgemeinen für Delikte der bezeichneten Art Vorsatz verlangt wird, soll, sofern sie von einem unzurechnungsfähigen Trunkenen begangen werden, Fahrlässigkeit genügen.

In diese Form gefaßt, wird die Frage auf das kriminalpolitische Gebiet hinübergelenkt, und ihre Entscheidung im Sinne v. Lilienthals wäre möglich, ohne daß man die Grundfesten der Zurechnungslehre erschütterte. Gleichwohl bin ich der Meinung, daß der Entwurf das Richtige getroffen hat. Denn ich vermag nicht recht einzusehen, weshalb die Haftung des unzurechnungsfähigen Trunkenen weitergehen soll als die des zurechnungsfähigen. Es wird keiner allzu großen Phantasie bedürfen, um Fälle zu konstruieren, die den hierin liegenden Widerspruch zutage fördern.

Allerdings mag es sein, daß der Schwertrunkene leicht den objektiven Tatbestand der Sachbeschädigung oder des Widerstandes verwirklicht. Aber bei jener genügt im allgemeinen die zivilrechtliche Ausgleichung, und diese hat so lange wenig zu bedeuten, als sie sich nicht mit einer Körperverletzung verbindet. Tut sie das aber, so ist die Möglichkeit der Bestrafung gegeben. Ich würde auch kein Bedenken tragen, im Falle einer Notzucht (die übrigens in dem Zustande der höchsten Trunkenheit kaum zur Vollendung gedeihen kann) die darin liegende Körperverletzung zum Gegenstande selbständiger Bestrafung zu machen.

---

[1]) *Vergl. Darst. Allg. T. V. 75.*

Nun haben aber offenbar die Verfasser des Entwurfs die Empfindung gehabt, daß in der bezeichneten Richtung eine Lücke vorliege, und sie schlagen daher vor, unter gewissen Voraussetzungen die selbstverschuldete Trunkenheit an sich unter Strafe zu stellen. § 306 Nr. 3 lautet:

> Mit Geldstrafe bis zu 300 M oder mit Haft oder Gefängnis bis zu drei Monaten wird bestraft: wer sich durch eigenes Verschulden in einen Zustand von Trunkenheit setzt, in dem er eine grobe Störung der öffentlichen Ordnung oder eine persönliche Gefahr für andere verursacht.

Hierbei fällt auf, daß die Strafbarkeit des Betrunkenen von einem Umstande abhängen soll, für den andere Personen nicht haften. Freilich die „grobe Störung der öffentlichen Ordnung" wird mit der „Belästigung des Publikums durch ungebührliches Verhalten" wesentlich zusammenfallen und sich daher mit § 307 Nr. 3 decken. Nirgends ist es aber schlechthin mit Strafe bedroht, wenn ein Nüchterner eine dritte Person in Gefahr setzt. Woran man in erster Linie gedacht hat, das sind wohl die Fälle des Tötungsversuchs. Ohne Zweifel hat es etwas Unbefriedigendes, wenn man sich denkt, daß ein unzurechnungsfähiger Trunkener, der die Tötung eines Menschen unternimmt, ohne ihn zu verletzen, straflos sein soll, während er sich durch eine einfache Ohrfeige strafbar gemacht hätte. Aber diese Unstimmigket würde beseitigt sein, sobald man das ohnehin unhaltbare Dogma fallen läßt, daß es einen Versuch fahrlässiger Delikte nicht gebe[1]).

Dagegen kann ich den von dem Entwurf gewählten Ausweg nicht als glücklich bezeichnen, weil er wiederum eine bedenkliche Ausnahme von dem Schuldprinzip enthält, also, kurz gesagt, zur Bestrafung eines Unschuldigen oder wenigstens nicht voll Schuldigen führt. Ist doch die Stelle so gefaßt, daß sich das Verschulden höchstens auf die Trunkenheit, nicht aber auf die darin vorgenommene Ordnungsstörung oder Gefährdung zu beziehen braucht! Auch nach der Begründung ist der Gedanke der, daß es sich um eine bedingte Strafbarkeit der selbstverschuldeten Trunkenheit handelt.

Will man sich aber nicht zu der Annahme eines Versuchs bei fahrlässigen Delikten bekennen, so würde etwa folgende Fassung zu erträglichen Ergebnissen führen:

> Wer weiß, daß er in der Trunkenheit zu Ausschreitungen

---

[1]) S. dazu Frank in der *Vergl. Darst.* des Strafrechts *Allg. T. V. 189.*

neigt, wird ... bestraft, wenn er in einem Zustande selbstverschuldeter Trunkenheit eine grobe Störung der öffentlichen Ordnung oder eine persönliche Gefahr für andere verursacht.

IV. Noch erheblichere, und zwar sehr erhebliche Bedenken stehen der im § 309 Nr. 6 vorgeschlagenen Bestrafung der „groben Trunkenheit“ entgegen. Mit Geldstrafe bis zu 100 M oder mit Haft bis zu einem Monat soll nämlich bestraft werden,

wer in einem Zustande selbstverschuldeter Trunkenheit, der geeignet ist, Ärgernis zu erregen, an einem öffentlichen Orte betroffen wird.

Diese Stelle ist eine Umbildung aus dem im Jahre 1891 veröffentlichten Entwurf eines Trunksuchtsgesetzes. Schon damals habe ich mich auf dem Deutschen Juristentag gegen die Bestrafung gewendet, und der Lauf der Jahre hat die Entschiedenheit meines Widerspruchs nicht beeinträchtigt. Machen wir uns zunächst einmal klar, daß die Frage, ob die Trunkenheit geeignet ist, Ärgernis zu erregen, in hohem Maße von subjektivem Ermessen, und zwar meist von dem zartfühlenden Gemüt des Schutzmannes abhängt! Wer in einer Universitätsstadt lebt, weiß, was es damit auf sich hat. Sodann aber enthält die Bestimmung eine juristische Ungeheuerlichkeit, indem sie eine Norm gerade für den Betrunkenen aufstellt, eine Norm, die um so energischer gebietet, je höher der Grad der Trunkenheit ist. Sie lautet ungefähr: nimm dir eine Droschke! Ist aber keine zu finden oder hat der Trunkene nicht das Geld, sich diesen gesetzlich gebotenen Luxus zu leisten, so verfällt er rettungslos der Strafe. Und damit komme ich auf den Hauptpunkt: das Gesetz wird die unteren Volksschichten treffen, während sich ihm die Wohlhabenderen entziehen. Ihnen gegenüber wird es in der Praxis auch dann nicht angewendet werden, wenn sie sich in ärgerniserregender Trunkenheit auf der Straße zeigen. Das gilt für den Studenten wie für den Professor, der auf Kaisers Geburtstag vom geraden Pfade der Tugend und der Gangart abweicht. Die Phrase von der Gleichheit aller vor dem Gesetz kommt dagegen nicht auf. Ja gewiß, wenn die Sache an den Richter herantritt, so kann selbst ein Geheimrat der Strafe verfallen, aber sie kommt eben nicht vor den Richter, weil sie bei dem Schutzmann oder im Polizeibureau hängen bleibt. Jedes Gesetz ist Menschenwerk, und seine Handhabung ist es nicht minder. Was hilft der Gewinn, wenn wir in der Tat auf dem vorgeschlagenen Wege ein paar Trunkenbolde treffen, dafür aber dem Volke das unendlich hohe Gut des

Vertrauens zur Justiz rauben? Die ganze Bestimmung ist ein Produkt des Aberglaubens, daß die Bestrafung eine Panazee für alle menschlichen Gebrechen sei, und doch sollten wir endlich einsehen: was in den letzten Jahren erfolgreich gegen das Überhandnehmen der Trunksucht geschehen ist — und das ist außerordentlich viel, — das hat nicht der Gesetzgeber, sondern die private Tätigkeit bewirkt. Die Vereine zur Bekämpfung der Trunksucht haben unendlich mehr ausgerichtet als das plumpe Gesetz jemals vermag, und sie haben es ausgerichtet nicht auf Kosten anderer unschätzbarer idealer Güter. Überdies ist es meines Erachtens ganz verfehlt, zu glauben, daß man auf dem vorgeschlagenen Wege überhaupt der Trunkenheit mit Erfolg entgegentreten könne. Man löscht das Feuer nicht, wenn man in den Rauch spritzt[1]).

V. Ich wende mich nunmehr den außerhalb der Strafe liegenden Maßregeln zu, die der Entwurf zur Bekämpfung der Trunkenheit vorschlägt. Als solche kennt er:

1. das Wirtshausverbot. § 43 soll lauten:

> Ist eine strafbare Handlung auf Trunkenheit zurückzuführen, so kann das Gericht neben der Strafe dem Verurteilten den Besuch der Wirtshäuser auf die Dauer bis zu einem Jahre verbieten.

Dazu § 308, nach welchem mit Geldstrafe bis zu 200 M oder mit Haft bis zu zwei Monaten bestraft werden soll:

> wer ein gegen ihn erlassenes Wirtshausverbot übertritt (Nr. 1),
>
> ein Wirt oder dessen Vertreter, der wissentlich an eine Person, welcher der Besuch der Wirtshäuser . . . verboten ist, in seinen Räumlichkeiten geistige Getränke verabreicht (Nr. 2).

Ich halte die Maßregel des Wirtshausverbots an sich für durchaus empfehlenswert und möchte eine Ausdehnung des § 308 Nr. 1 in der Richtung zur Erwägung stellen, daß auch die Abgabe geistiger Getränke an interdizierte Trunkenbolde zum Genuß an drittem Ort verboten und mit Strafe belegt werde. Denn daß der Haustrunk der allergefährlichste ist, davon bin ich überzeugt. Freilich müßte Sorge dafür getragen werden, daß der Trunkenbold das Verbot nicht durch die Benutzung von Zwischenpersonen vereiteln kann.

---

[1]) Ich freue mich außerordentlich, daß v. Lilienthal, der 1891 lebhaft für die Bestrafung der ärgerniserregenden Trunkenheit eintrat, in der *Vergl. Darst. Allg. T. V. 83* in das Lager der Gegner übergegangen ist.

Man hat entgegengehalten, das Wirtshausverbot sei in großstädtischen Verhältnissen nicht durchführbar[1]). Daß Schwierigkeiten vorhanden sind, ist zuzugeben, doch werden sie sich bei fortschreitender Technik der Polizei mindern lassen, z. B. könnte die Mitteilung von Photographien an Wirte und Spirituosenhändler in Erwägung gezogen werden. Jedenfalls aber weist die Begr. mit Recht darauf hin, daß das Wirtshausverbot in kleinstädtischen und ländlichen Verhältnissen sehr segensreich wirken kann[2]).

Eine andere Frage ist die, ob der Entwurf die Voraussetzungen, unter denen das Wirtshausverbot ausgesprochen werden kann, in zutreffender Weise bestimmt. Hierin kann ich ihm nicht beitreten[3]). Soll wirklich das Gericht bei jeder strafbaren Handlung, die auf Trunkenheit zurückzuführen ist, ein Wirtshausverbot verhängen können, so ist gleichzeitig zu bestimmen, daß Abstinenzler vom Richteramt ausgeschlossen sind — zum mindesten in Universitätsstädten. Entweder muß Voraussetzung des Wirtshausverbots Rückfälligkeit des Täters sein oder eine gewisse Schwere der Tat oder am besten beides kumulativ.

2. Unterbringung in eine Trinkerheilanstalt (§ 43). Diese scharf eingreifende Maßregel, die übrigens niemals obligatorisch vorgeschrieben ist, soll von drei Voraussetzungen abhängig gemacht werden: von festgestellter Trunksucht, von einer gewissen Höhe der erkannten Strafe (Gefängnis oder Haft von mindestens zwei Wochen) und endlich davon, daß die Maßregel erforderlich erscheint, um den Verurteilten wieder an ein gesetzmäßiges Leben zu gewöhnen. Die Begr. führt aus, daß bei länger andauernden Freiheitsstrafen die Heilung schon durch deren Vollzug zu erwarten sei; deshalb läßt der Entwurf die Unterbringung neben Zuchthausstrafe nicht zu.

Im einzelnen ist die Maßregel so gedacht, daß das Gericht die Unterbringung „bis zur Heilung" ausspricht, die Maximaldauer aber auf zwei Jahre begrenzt. Zur Ausführung soll die Landespolizeibehörde verpflichtet, gleichzeitig aber ermächtigt sein, den

---

[1]) Aschaffenburg, Deutsche mediz. Wochenschrift Nr. 47—49, Cramer, Münch. Wochenschr. a. a. O. S. 365. Aschaffenburg würde dem Wirtshausverbot eine durch das Gericht auferlegte Verpflichtung zur Abstinenz vorziehen. Das halte ich für eine Utopie, deren Verwirklichung das Gericht dem allgemeinen Gespött preisgeben würde.

[2]) So auch Willmanns a. a. O. S. 200.

[3]) Ein kleines formelles Versehen wage ich kaum zu rügen: § 43 meint offenbar solche strafbare Handlungen, die auf Trunkenheit des Täters zurückzuführen sind, nicht auf Trunkenheit irgendeiner Person.

Untergebrachten im Falle seiner früheren Heilung auch vor dem Ablaufe der bestimmten Zeit aus der Anstalt zu entlassen.

Bei diesem letzteren Punkt setzt das Bedenken ein, daß, wenn eine frühere Heilung in der Tat erreicht wird, die Landespolizeibehörde die Entlassung sollte verfügen müssen. Für die Frage der Heilung ist allerdings immerhin die Möglichkeit des Rückfalls in das Laster von Bedeutung und daher die mehrfach angeregte Entlassung auf Widerruf ernstlich in Erwägung zu ziehen[1]).

Ob die Frist von zwei Jahren richtig bemessen ist, entzieht sich meiner Kritik. Die Begründung erklärt, daß in allen Fällen, in denen überhaupt Heilung in Aussicht steht, erfahrungsgemäß zwei Jahre genügen, und daß, wenn dies ausnahmsweise nicht zutreffen sollte, nötigenfalls weitere Hilfe im Wege der Entmündigung herbeizuführen sei. Auch im neuesten schweizerischen Entwurf § 33 ist die Frist auf zwei Jahre bemessen. Unter keinen Umständen dürfte die Überweisung auf unbestimmte Zeit erfolgen, auch dann nicht, wenn die Entlassung auf Widerruf eingeführt wird. Man drängt niemanden wider seinen Willen eine aussichtslose Kur auf. Ist aber dauernd eine Sicherung der Gesellschaft nötig, so kann dies nur durch die nachher zu besprechende Verwahrung geschehen[2]). Für den Fall, daß die zweijährige Behandlung nicht genügen sollte, bleibt außerdem, wie auch die Begründung bemerkt, die Möglichkeit einer Entmündigung gemäß BGB. § 6 Nr. 3[3]). Eben weil aber der Aufenthalt in der Trinkerheilanstalt an zeitliche Grenzen gebunden sein soll, darf auch die wiederholte Überweisung nicht schrankenlos zulässig sein. In dieser Richtung aber fehlt es an Bestimmungen.

3. Verwahrung in einer öffentlichen Heil- oder Pflegeanstalt. Zu ihrer Anordnung will § 65 das Gericht verpflichten, wenn der Täter zufolge selbstverschuldeter Trunkenheit unzurechnungsfähig war, daraufhin freigesprochen oder außer

---

[1]) Z. B. Willmanns a. a. O. S. 201.

[2]) Das beachtet Aschaffenburg in der Deutsch. Med. Wochenschr. a. a. O. nicht genügend.

[3]) Über die Frage, inwiefern der Vormund eines Volljährigen dessen Unterbringung in eine Anstalt anordnen kann, s. Aug. Fuchs, Vormundschaftsrecht (in dem Beckschen Kommentar) zum BGB. § 1901 Anm. 1b. Dem Vormund eines geisteskranken oder geistesschwachen Mündels gesteht er diese Befugnis auch dann zu, wenn dritte Personen vor Gefährdung geschützt werden sollen. Er begründet diese Behauptung durch den Hinweis auf BGB. § 832. Diese Stelle ist aber auch insofern beweiskräftig, als es sich um entmündigte Trunkenbolde handelt.

Verfolgung gesetzt wird, sofern die öffentliche Sicherheit die Verwahrung erfordert. Die Behandlung einer wegen Trunkenheit unzurechnungsfähigen Person wird also auf dieselbe Stufe gestellt mit der einer Person, die es wegen Geisteskrankheit ist. Einen Unterschied macht der Entwurf nur insofern, als der Trunksüchtige außerdem gemäß dem soeben besprochenen § 43 einer Trinkerheilanstalt überwiesen werden kann.

Aber diese Behandlung der Frage läßt sich nicht als befriedigend bezeichnen.

Zunächst wird dem Umstande nicht genügend Rechnung getragen, daß die Geisteskrankheit regelmäßig ein dauernder Zustand ist, die Trunkenheit aber ein vorübergehender. Denn — wohlgemerkt! — die Verwahrung soll ja nicht nur bei Trunksucht, sondern schlechthin dann zulässig sein, wenn der Täter infolge selbstverschuldeter Trunkenheit unzurechnungsfähig war, und zwar — wiederum sehr zu beachten! — ohne daß es irgendwie auf die Schwere der Tat ankäme. Die einzige Kautel für die persönliche Freiheit liegt also darin, daß die Verwahrung nur zulässig ist, wenn es die öffentliche Sicherheit erfordert. Ob dies zutrifft, vermag aber der Strafrichter hier noch viel weniger zu beurteilen als bei den Fällen der Geisteskrankheit. Denn bei diesen hat er doch als Kriterium für die Gefährdung der öffentlichen Sicherheit außer der Tat selbst auch den chronischen Geisteszustand des Täters. Handelt es sich aber um einen Fall akuter Trunkenheit, so sind die Kriterien der Gefährlichkeit für den Strafrichter viel zu unbestimmt, als daß ihm die Entscheidung überlassen werden könnte. Mit noch größerer Entschiedenheit als bei den Geisteskranken ist daher zu fordern, daß die Verwahrung der Trunkenbolde von einem voraufgehenden Entmündigungsverfahren abhängig gemacht werde.

Sodann leuchtet es nicht ein, weshalb bei einem Trunksüchtigen neben der Verwahrung die Unterbringung in einer Trinkerheilanstalt angeordnet werden soll. Anscheinend haben sich hierbei die Verfasser des Entwurfs durch folgende Erwägung bestimmen lassen: man versucht es zunächst mit der Heilung, gelingt sie nicht, so findet die Verwahrung statt. Dann aber dürfte der Verwahrungsbeschluß doch erst gefaßt werden, nachdem sich die Heilung als unmöglich herausgestellt hat.

Endlich versteht man nicht recht, warum die Verwahrung nur dann zulässig sein soll, wenn die Trunkenheit zu Unzurechnungsfähigkeit geführt hat. Denn die Gefährlichkeit des Täters kann doch genau die gleiche, ja sie wird regelmäßig größer sein, wenn er die Tat in immerhin noch zurechnungsfähigem Zustande beging. —

So scheinen mir die Bestimmungen über trunkene Rechtsbrecher einer gründlichen Umarbeitung zu bedürfen. Dabei sollte der von Bar aufgestellte Satz genau beachtet werden, welcher lautet: „Durchaus verfehlt und nicht einmal ihrem Zweck entsprechend sind solche Vorschriften, bei denen man absichtlich aus Nützlichkeitsgründen die richtigen Prinzipien der Zurechnung verläßt[1]).“

§ 6.

Notwehr und Notstand.

I. Schon oben habe ich die Ansicht vertreten, daß die Materien der Notwehr und des Notstandes in dem Strafgesetzbuch entweder überhaupt nicht oder nur in der Form ergänzender Bestimmungen aufgenommen werden sollten. Dieser prinzipielle Standpunkt gebietet auch hier eine gewisse Kürze der Behandlung.

Ich habe ferner darauf hingewiesen, daß es nicht genügt, die persönliche Straflosigkeit des in Notwehr oder im Notstand Handelnden auszusprechen, sondern daß auch in gewissem Umfang die Straflosigkeit der Tat als solcher deklariert und der Grund der Straflosigkeit ersichtlich gemacht werden muß. Selbstverständlich hat das nicht in der Form eines rechtsphilosophischen Satzes, sondern nur in der Art zu geschehen, daß zu sagen ist, ob die Rechtswidrigkeit oder die Schuld als ausgeschlossen gilt. Bezüglich der Notwehr geschieht dies in dem österreichischen Entwurf, der im § 12 ausdrücklich von einem Rechte der Notwehr spricht. Noch besser wird die Fassung des schweizerischen Entwurfs sein, dessen § 26 den Angegriffenen und jeden andern zur Abwehr des Angriffs für berechtigt erklärt. Bei dem Notstand aber werden auch diese außerdeutschen Entwürfe dem aufgestellten Erfordernis nicht gerecht. Zwar ist der schweizerische immerhin klarer als der deutsche; denn er spricht der Notstandshandlung die Eigenschaft eines Verbrechens ab und erklärt dadurch auch eine strafbare Teilnahme für unmöglich. Aber ich vermisse eine Angabe des Grundes, weshalb die Verbrechensqualität verneint wird. Der Grund kann entweder (wie bei der Notwehr) in der Verneinung der Rechtswidrigkeit oder in der Verneinung der Schuld liegen. Will man die Rechtswidrigkeit nicht in weiterem Umfange für beseitigt erklären als es bei uns die

---

[1]) Gesetz und Schuld *II. 124.*

§§ 228, 904 des BGB.s tun, sich vielmehr im übrigen auf die Negierung der Schuld beschränken, so hat, wie ebenfalls schon bemerkt, der überschießende Teil des Notstandes seine Stelle bei der Schuldlehre zu finden, während die Notwehr unter den Rechtfertigungsgründen zu behandeln sein wird.

Ich wiederhole dies alles deshalb, um daran die Bemerkung zu knüpfen, daß, wenn man der Tradition entsprechend an der gemeinschaftlichen Behandlung festhalten will, man sie auch technisch ausnutzen sollte. Das könnte durch Herausnehmen des gemeinschaftlichen Begriffes geschehen und dadurch dem Komplex der Bestimmungen eine erheblich größere Klarheit und Übersichtlichkeit verliehen werden. Gemeinschaftlich ist aber das Erfordernis der Gefahr. Allerdings pflegen die Gesetzgeber sie formell nur bei dem Notstand hervorzuheben; aber es unterliegt keinem Zweifel, daß sie auch in dem Begriffe der Notwehr steckt. Der allgemeinere, weitere, umfassendere Tatbestand ist der das Notstandes; er gehört deshalb an die erste Stelle[1]). Will man im übrigen den Standpunkt des Entwurfs beibehalten, so ließe sich nach Formulierung des Notstandsparagraphen etwa sagen:

> Ist die Gefahr durch einen gegenwärtigen rechtswidrigen Angriff hervorgerufen worden, so kann sich der Angegriffene oder ein Dritter auch dann straflos dagegen verteidigen, wenn sich der Angriff nicht gegen die Person oder das Eigentum richtet. Auch kommt es in diesem Falle nicht auf die Größe des zu befürchtenden Schadens an.

II. Dies vorausgesandt, wende ich mich dem Begriff des Notwehrstandes zu. Dabei lehnen die Verfasser des Entwurfs jede Abweichung von dem geltenden Recht nach der materiellen wie nach der formellen Seite hin ab. Das bedeutet im wesentlichen folgendes:

1. Jedes Gut soll wehrfähig bleiben. So gewiß dieser Standpunkt Billigung verdient, so gewiß ist es für mich, daß die von Oetker angeregte Unterscheidung der Notwehr von der Unfugabwehr hätte aufgenommen werden sollen. Glücklicherweise ist es dem Publikum unbekannt, wie weit das Notwehrrecht geht. Sollte sich einmal jemand in den Kopf setzen, es in vollem Umfang und in alle Konsequenzen hinein zu gebrauchen, so könnten geradezu unerträgliche Verhältnisse entstehen.

---

[1]) So auch der österreichische Entwurf §§ 11, 12, ohne aber den so gewonnenen Standpunkt technisch auszunutzen.

2. Der den Notwehrstand begründende Angriff wird nach wie vor als ein rechtswidriger bezeichnet, ohne daß gesagt würde, worin das Wesen der Rechtswidrigkeit besteht. Oetker hatte vorgeschagen, von einem „nicht berechtigten Angriff“ zu sprechen. Ich würde lieber den Angriff als einen solchen bezeichnen, „den der Angegriffene nicht über sich ergehen zu lassen braucht“. Jedenfalls aber ist Oetker im Recht, wenn er sagt: „Die verjährte, mißverständliche Kontroverse über objektive oder subjektive Widerrechtlichkeit muß endlich aus der Welt kommen[1]).“ Der Entwurf versteht die Rechtswidrigkeit nach der Begründung in dem Sinne, daß der Angriff jedenfalls kein schuldhafter zu sein braucht und daher auch von einem Strafunmündigen oder einem Geisteskranken ausgehen kann. Aus der Begründung ergibt sich hier wie anderwärts die Anschauung, daß etwas schon deshalb als sicher anzunehmen sei, weil es vom Reichsgericht in einem bestimmten Sinne entschieden worden ist. Man wird aber fragen dürfen, ob nicht doch einmal eine spätere Rechtsprechung unter dem Einflusse irgendeiner Theorie zu dem Ergebnis kommen kann, rechtswidrig sei nur ein schuldhafter Angriff. Der Gesetzgeber hat immer den klarsten Ausdruck zu wählen, der zu Gebote steht. Denn nichts ist eitler als die Hoffnung, daß ein mehrdeutiger Ausdruck so verstanden werde, wie er ihn verstanden haben will. — Damit hängt auch die Frage zusammen, ob Notwehr gegenüber einem Tier erlaubt sein soll. Das Reichsgericht hat sie früher im bejahenden Sinne entschieden (E. 27, 44), nach dem BGB. aber die Verteidigung gegenüber einem Tier unter dem Gesichtspunkte des Notstandes behandelt (E 34, 295). Auch der Entwurf hält, wie es in der Begründung heißt, daran fest, daß als Angreifer ein Mensch vorausgesetzt wird. Aber wer sagt, daß das dem geltenden Recht entspricht? Mag es auch das Reichsgericht entschieden haben, so lassen doch z. B. Olshausen (Anm. 6 zu § 53) Notwehr auch gegen Tierangriffe und einzelne, wie v. Bar (Gesetz und Schuld *III. 156/7*) sogar gegen leblose Sachen zu. Schließlich weiß man doch, daß es eine bestimmte Richtung gibt, die jeden Rekurs auf die Motive als Götzendienst verachtet und das Gesetz nur aus sich selbst interpretieren will. Soll also irgendwo ein bestimmter Satz festgelegt werden, so darf es nicht in der Begründung, sondern nur durch eine unzweideutige Fassung des Gesetzes selbst geschehen. — Es kommt mir hier besonders auf

---

[1]) *Vergl. Darst. Allg. T. II. 284ff., 324, 325.*

die methodische, technische Seite der Frage an; in der Sache selbst äußere ich meine Ansicht nur kurz dahin, daß ich jedenfalls eintrete für eine gleichmäßige Behandlung des Tierangriffs, mit einem Angriff, der von einer schuldunfähigen Person ausgeht. Man nehme folgenden Fall. Ein Tourist sucht an einer schwer zugänglichen Stelle Edelweiß. Nun bemerkt er, wie ein erwachsener Mensch seinen auf dem Wege zurückgelassenen Rucksack wegnehmen will. Um sich den Rucksack zu erhalten, darf der Tourist im schlimmsten Falle den Dieb niederschießen. Steht aber ein wertvoller Stier im Begriff, den Rucksack zu zertreten, so ergibt die Anwendung des Notstandsparagraphen, daß der Tourist nicht zur Pistole greifen darf. Das läßt sich einigermaßen rechtfertigen, weil der Tourist zwar in dem ersten, aber nicht in dem zweiten Falle einem schuldhaften Angriff gegenübersteht. Ganz und gar unerträglich aber ist die Folgerung, daß der Tourist zwar nicht den seinen Rucksack gefährdenden Stier, wohl aber einen das gleiche tuenden kleinen Knaben soll töten dürfen. — Dieser Fall weist hin auf den ebenfalls vom Entwurf beibehaltenen Satz:

3. Durch die Notwehrhandlung darf auch ein wertvolles Gut im Interesse eines minder wertvollen verletzt werden. Das Maß der Verteidigung soll also nach wie vor bestimmt werden nicht durch die Wertverhältnisse der kollidierenden Interessen, sondern durch die Intensität des Angriffs. Über die innere Berechtigung dieses Standpunktes ist schon so viel gesagt und gestritten worden, daß ich mich einer genaueren Erörterung an dieser Stelle nicht unterziehen möchte. Brauchbar aber scheint er mir nur dann zu sein, wenn man die Unfugsabwehr von der echten Notwehr unterscheidet oder ihn sonst irgendwie modifiziert. Es sollte nicht unbeachtet bleiben, daß weder der schweizerische, noch der österreichische Entwurf das Gebiet der Notwehrhandlung so weit ausdehnen wie der deutsche. In der Schweiz (§ 26) soll sie nur ausgeübt werden dürfen „in einer den Umständen angemessenen Weise“. Ebenso der Sache nach der österreichische Entwurf (§ 12), nur daß er hinzufügt: „Das Maß der Verteidigung wird durch die Gefährlichkeit des Angriffs, die Art der drohenden Verletzung und das Verhalten des Angreifers bestimmt.“

4. Die Notwehrhandlung soll ein primär zulässiges Verteidigungsmittel, also auch dann zulässig bleiben, wenn sich der Angegriffene durch Anrufung der Polizei oder durch Flucht dem Angriffe entziehen kann. Eine Modifikation dieses Satzes hatte Oetker für den Fall angeregt, daß der Angriff von einer unzurechnungsfähigen Person ausgeht oder

von Eltern gegen Kinder unternommen wird[1]). Daß für diese Ausnahme kein Bedürfnis bestehe (wie die Begr. behauptet), vermag ich nicht zuzugeben. Mit praktisch vorgekommenen Fällen, die das Bedürfnis ersichtlich machen, wird man allerdings nicht dienen können. Aber das erklärt sich schließlich nur aus der glücklichen Unkenntnis, in der sich unser Publikum über den Umfang des Notwehrrechts befindet.

5. Keine ausdrückliche Bestimmung enthält der Entwurf über die Frage, ob und wieweit die Notwehrhandlung auch dann straflos vollzogen werden hann, wenn sie gleichzeitig Rechtsgüter oder Interessen dritter Personen verletzt. Das Reichsgericht hat die Frage in einem vielerörterten Falle bejahend entschieden (E 21, 168) und, wie mir scheint, de lege lata mit Recht. Dennoch halte ich eine konsequente Durchführung dieser Auffassung nicht für möglich. Ein Bergwerkbesitzer sieht, wie jemand aus seinem jenseits des Baches gelegenen Garten Äpfel entwendet. Den Zuruf des Eigentümers verlacht der Dieb. Soll nun der Bergwerkbesitzer befugt sein, eine Dynamitpatrone hinüberzuwerfen und gleich ein paar Nachbarhäuser in die Luft zu sprengen?

6. Die Behandlung der Putativnotwehr wird im Gesetze nicht ausdrücklich geregelt. Die Begründung verweist in dieser Beziehung teils auf die Schuldlehre, teils auf Wissenschaft und Rechtsprechung. Eine ausdrückliche oder wenigstens indirekte Entscheidung wird aber jedenfalls durch das Gesetz zu geben sein, allerdings besser bei der Schuldlehre als in diesem Zusammenhang.

Eine wesentliche Abweichung von dem geltenden Recht weist der Entwurf hinsichtlich des Notwehrexzesses auf. Während § 53 des geltenden StGB. die Überschreitung der Notwehr normalerweise nach den allgemeinen Regeln bestrafen will und sie nur bei Zurückführbarkeit auf Bestürzung, Furcht oder Schrecken für straflos erklärt, ermächtigt der Entwurf den Richter, bei jeder Überschreitung dieselbe Strafmilderung eintreten zu lassen wie beim Versuch[2]). Soweit schon nach geltendem Recht Straflosigkeit besteht, wird sie aufrecht erhalten, allerdings in abweichender Formulierung:

> Hat der Täter in entschuldbarer Aufregung oder Bestürzung gehandelt, so ist er straflos.

---

[1]) A. a. O. S. 326.

[2]) Schweizerischer Entwurf §§ 26, 53: Strafmilderung nach freiem richterlichen Ermessen.

Den Vorschlag einer fakultativen Strafmilderung rechtfertigt der Entwurf durch den Hinweis darauf, daß die in dem voraufgegangenen Angriff liegende Herausforderung oder Reizung mildernd in das Gewicht fallen könne. Man wird dem beizutreten haben, und zwar namentlich auch insofern, als der Entwurf die Strafmilderung nicht zu einer obligatorischen macht. Hat z. B. der Angegriffene den Angriff provoziert und dann die Grenzen der erforderlichen Verteidigung erheblich überschritten, so trifft ihn mit Recht die volle Strafe.

III. Von erheblich größerer Bedeutung sind die Abweichungen in der Behandlung des Notstandes. Gegenüber dem StGB. springt als nächster Unterschied in die Augen, daß der Begriff nunmehr als ein einheitlicher gefaßt, d. h. die Trennung von Nötigungsstand und Notstand beseitigt wird. Einen Fehler habe ich in dieser Trennung im Gegensatz zu der Mehrzahl der Kritiker niemals finden können. Vielmehr scheint es mir sehr naheliegend, die Fälle besonders hervorzuheben, in denen eine Person eine andere durch Drohung wissentlich zu einem bestimmten Verhalten nötigt. Das Eigenartige dieser Fälle besteht darin, daß der Gefährdete das tut, was die gefährdende Kraft getan haben will. Er folgt dem von dieser ausgehenden Druck; er tritt ihm nicht entgegen wie bei der Notwehrhandlung, weicht ihm auch nicht aus wie bei der Mehrzahl der Notstandshandlungen. Ist also der § 52 des geltenden StGBs. durchaus existenzberechtigt, so gebe ich doch zu, daß man ihn entbehren kann. Namentlich läßt es sich mit der Begr. (S. 246, 247) rechtfertigen, wenn man die Nötigung durch unwiderstehliche Gewalt völlig übergeht, weil es in diesem Falle an der Handlung fehlt.

Im übrigen ergibt eine Vergleichung des Notstandsbegriffs, wie ihn der Entwurf aufstellt, mit dem im § 54 des geltenden StGBs. enthaltenen eine ganz wesentliche Erweiterung.

1. Der Notstand soll in Zukunft begründet sein, auch wenn andere Güter als Leib oder Leben gefährdet sind. Dadurch finden also der Notstand des Eigentums, der Ehre, des Vermögens, der Geschlechtsehre gebührende Anerkennung.

2. Es soll unerheblich sein, ob das gefährdete Gut dem Täter der Notstandshandlung oder einer dritten Person zusteht. Damit wird — ohne Beschränkung auf die Angehörigenqualität — die Straflosigkeit auch desjenigen ausgesprochen, der im Interesse eines Dritten eingreift. Die Begründung rechtfertigt das in überzeugender Weise durch folgenden, sachlich schon von Hälschner aufgestellten Satz: „Wenn das eigene Inter-

esse des Täters hinreichen soll, seine Handlung zu entschuldigen, so muß dies auch der Fall sein, wenn die sittlich höherstehende selbstlose Hingabe an das menschliche Wohl und die Rettung eines fremden Gutes in Frage kommt." Daraus folgern die Motive, daß es besonderer Vorschriften über die Zulässigkeit der Perforation und der Unterbrechung der Schwangerschaft nicht bedarf.

Im übrigen muß die Gefahr nach wie vor bestimmte Eigenschaften haben, nämlich sein: a) gegenwärtig, b) auf andere Weise nicht zu beseitigen, c) unverschuldet, d) nicht gering. Hinsichtlich der Punkte unter a—c schließt sich der Entwurf dem geltenden Rechte an. Ich habe dabei zu beanstanden, daß es dem Erfordernis des Unverschuldetseins an der nötigen Klarheit fehlt[1]). Man sollte von „Schuld" nur dann sprechen, wenn das „Verschuldete" rechtswidrig ist; das trifft aber hier nicht zu. Außerdem bedarf es einer Bestimmung darüber, ob, wenn die Notstandshandlung von einer dritten Person vorgenommen ist, es auf deren Verschulden oder auf das Verschulden der gefährdeten ankommt[2]).

An das Erfordernis unter d) knüpft sich ein formelles Bedenken. Die Art und Weise seiner Fassung erinnert an den § 228 des BGB. Aber sie ist inkorrekt. Denn eine gegenwärtige und auf andere Weise nicht zu beseitigende Gefahr ist niemals gering. Gemeint ist in Wahrheit nicht eine geringe Gefahr, sondern eine

---

[1]) S. dazu neuerdings Friedrich, Die Bestrafung der Motive (1910) S. 144. Nach ihm bedeutet „unverschuldet" im geltenden § 54: „Die Vorstellung des Grades der Not war zur Zeit der Kausierung des Notstandes nicht ausschlaggebendes Motiv, noch hätte sie es damals sein können". Nach Oetker, *Vergl. Darst. Allg. T. II. 343* ist die Notlage „verschuldet", wenn sich der Gefährdete ohne Rechtsgrund in die konkrete Situation begeben hat, obwohl er wußte oder wissen mußte, daß sie ihn in Notstand versetzen würde. Wieder anders Endemann in der 8. Aufl. seines Lehrbuchs S. 441 zu BGB. § 228: „Die Fassung des Gesetzes ist hier nicht glücklich. In Wahrheit sollte doch nicht entscheiden, daß ich voraussehe, ich werde eventuell in Gefahr geraten (solches ist bei jedem Spazierenfahren usw. möglich), entscheidend . . . kann nur sein, daß ich voraussehe, ich werde in dieser Gefahr mich nur auf Kosten fremden Gutes retten können. Das Verschulden gilt mithin nicht der Gefahr, sondern der Gefährdung fremden Guts durch Herbeiführung der Interessenkollision." Schon die sachliche Verschiedenartigkeit dieser Formulierungen ergibt, wie wenig brauchbar die von einem Gesetz in das andere überschlüpfende Ausdrucksweise ist.

[2]) Meist wird im ersteren Sinne entschieden. Dagegen Binding, Handbuch S. 788; Oetker a. a. O. S. 344.

Gefahr, von der nur ein geringfügiger Schaden zu erwarten ist (Begr. S. 250). Das sollte deutlich gesagt werden.

Die Frage, ob ein Schaden geringfügig ist, will die Begr. nicht nach relativen, sondern nach absoluten Gesichtspunkten geprüft wissen, d. h.: die Geringfügigkeit des Schadens soll nicht schon um deswillen angenommen werden, weil das durch die Notstandshandlung verletzte Gut einen höheren Wert aufweist; sie ist vielmehr nach dem Werte des gefährdeten Guts an sich zu bemessen. Die Gefahr einer ganz leichten Körperverletzung berechtigt also nicht nur nicht zur Tötung, sondern auch nicht zur Verletzung fremden Eigentums, während zur Vermeidung eines schweren körperlichen Nachteils ein Mensch im schlimmsten Falle straflos getötet werden darf.

Der hiernach im allgemeinen abgelehnte Gesichtspunkt der Proportionalität wird aber im Falle des Eigentumsnotstandes als ausschlaggebend angesehen. Denn die Notstandshandlung soll, soweit es sich um die Rettung des Eigentums handelt, strafbar bleiben, wenn der von der Handlung zu erwartende Schaden unverhältnismäßig größer ist als die Gefahr.

Auch diese sich an BGB. § 228 anlehnende Fassung ist formell nicht korrekt. Denn die Größe einer Gefahr ist durchaus unabhängig von dem Werte des gefährdeten Rechtsguts und bedeutet weiter nichts als eine starke Wahrscheinlichkeit für den Eintritt der Verletzung. Es sollte also auch hier eine klarere Wendung gefunden werden.

Sachlich aber wird man mit der Regelung des Notstandes einverstanden sein können bis auf einen Punkt, der freilich nicht in dem Entwurf, sondern nur in der Begründung zu finden ist. Ich meine den schon oben hervorgehobenen Satz, daß die Notstandshandlung schlechthin rechtmäßig sei.

Eine eingehende Erörterung dieser unzählige Male besprochenen Frage ist hier nicht angezeigt. Wohl aber möchte ich mit ein paar konkreten Beispielen dienen.

Nehmen wir an, daß der uneheliche Vater von der Mutter die Tötung des Kindes verlangt unter der Drohung, sie im Weigerungsfalle selbst zu töten. Um sich zu retten, nimmt die Mutter dem Kinde das Leben. Nach dem von der Begründung eingenommenen Standpunkt tut sie, was sie tun darf. Notwehr (in der Form der Nothilfe) zugunsten des Kindes ist also nicht möglich. Wer ihm beispringt, kann sich nur auf den Gesichtspunkt des Notstandes berufen. Denn durch das Vorgehen der Mutter gegen das Kind wird in dessen Person ein Gegennotstand erzeugt, und da die

Notstandshandlung auch von dritten Personen vorgenommen werden kann, so ist allerdings die Hebamme, die in Unterstützung des Kindes die Mutter verletzt, nicht strafbar.

Nach der strafrechtlichen Seite hin mag in diesem wie in andern Fällen die Anerkennung eines Notstandsrechtes deshalb erträglich sein, weil gleichzeitig die Befugnis zur Notstandshandlung auch dritten Personen gewährt wird. Dennoch befällt mich ein gewisses Grausen bei dem Gedanken, daß die Rechtsordnung der Mutter die Tötung ihres Kindes erlaubt, nur damit sie selbst am Leben bleibe. Und wie wäre es denn, wenn wir uns an Stelle des unehelichen Kindes ein wertvolleres Objekt, etwa einen Prinzen, und als Tötende dessen Wärterin denken, die ihr anarchistischer Geliebter in der angegebenen Weise zur Tötung drängt? In Hebbels Judith wird von Müttern erzählt, die in der Verzweiflung des Hungers sich vom Fleische ihrer Kinder nähren, und bei dem Mignonettefall hat es sich in Wahrheit zugetragen, daß die Schiffsmannschaft den Schiffsjungen verspeiste — in jenem Falle also hat die Mutter und in diesem haben die Schiffsleute nur getan, was sie von Rechts wegen tun durften! Wie wenig die allgemeine Anerkennung eines Notstandsrechtes dem ethischen Bewußtsein entspricht, zeigt die Entrüstung des Publikums, als vor einigen Jahren in Paris bei dem Brande eines Basars mehrere elegante Herren die Frauen niederwarfen, um sich selbst den Ausgang ins Freie zu sichern.

Unendlich edler als die Auffassung der Begründung ist denn doch die andere, die da sagt: erlaubt ist die Handlung nicht, aber die Not entschuldigt sie in dem Maße, daß sie nicht als strafwürdig erscheint.

Zu den ethischen Bedenken gesellen sich juristische. Allerdings wird es nicht gelingen, die Lehre von der Rechtmäßigkeit der Notstandshandlung, so wie sie der Entwurf ausgestaltet hat, nach der strafrechtlichen Seite hin ad absurdum zu führen. Indessen wie ist es mit den zivilrechtlichen Folgerungen? Kennt auch das BGB. den Satz von der Rechtmäßigkeit der Notstandshandlung, so doch nur in dem beschränkten Umfange der §§ 228, 904. Die durch das Strafrecht gegebene Ausdehnung muß aber das bürgerliche Recht deshalb beeinflussen, weil die Schadensersatzpflicht nach BGB. § 823 eine widerrechtliche Handlung voraussetzt. Nur in den Fällen einer selbstverschuldeten Gefahr (§ 228) und des § 904 ist es anders, insofern hier auch eine rechtlich erlaubte Handlung schadensersatzpflichtig macht. Im übrigen aber führt der Entwurf zu folgender Konsequenz: Wer in Notstand eine

Sache verletzt oder beschädigt, durch die er nicht gefährdet wurde, ist dem Eigentümer schadensersatzpflichtig; wer aber in unverschuldetem Notstand einen Menschen verletzt, durch den er nicht gefährdet wurde, braucht keinen Schadensersatz zu leisten[1])!

Aus alledem ergibt sich die Forderung, daß über das Gebiet des bürgerlichen Rechts hinaus dem Notstand lediglich entschuldigende Wirkung beigelegt werden darf.

§ 7.

Andere Strafausschließungsgründe.

Der Entwurf lehnt es ab, neben der Notwehr und dem Notstand noch andere Strafausschließungsgründe zu behandeln. Er geht davon aus, daß mit der Rechtswidrigkeit auch der Verbrechensbegriff wegfällt, hält aber die Frage, unter welchen Voraussetzungen sonst eine im allgemeinen verbotene Handlung aufhört rechtswidrig zu sein, für eine solche, die, wenn überhaupt, jedenfalls nicht im StGB. zu beantworten ist. Es fehlen daher Bestimmungen über die Einwilligung des Verletzten, über den Einfluß einer Amts- oder Dienstpflicht, eines Dienstbefehls, über den Umfang des Züchtigungsrechts, über die sog. Berufsrechte und namentlich über die Befugnisse des Arztes.

Hier und da freilich sieht sich die Begründung genötigt, auf diese Fragen einzugehen. So wurde schon oben bemerkt, daß sie mit der Ausdehnung des Notstandsrechts auf alle dritten Personen die Frage nach der Zulässigkeit der Perforation und der künstlichen Unterbrechung der Schwangerschaft für erledigt ansieht. Im übrigen bemerkt sie (S. 252ff., 659), daß der nach den Regeln der ärztlichen Kunst erfolgende Eingriff objektiv nicht rechtswidrig und daß außerdem der Vorsatz der Heilung ein ganz anderer sei als bei der Körperverletzung.

Im allgemeinen wird man in der Tat sagen müssen, daß das StGB. nicht der Ort ist, an dem die Fälle ausgeschlossener Rechtswidrigkeit erschöpfend behandelt werden könnten. Denn dies würde eine Zerreißung des natürlichen Zusammenhangs bedeuten, in dem sie auftreten, außerdem aber eine Belastung des StGBs. mit allen möglichen Fragen des öffentlichen und des Privatrechts. Es ist sehr wohl denkbar, daß sich einmal das Bedürfnis eingehender Regelung an dritter Stelle, z. B. in einem Gesetze über die ärzt-

[1]) Auf die Erörterungen der zivilistischen Literatur über den Schadensersatz beim Notstand gehe ich nicht ein. Meines Erachtens sind die im Text vorgetragenen Sätze unmittelbar dem BGB. zu entnehmen.

liche Tätigkeit, einstellt — das StGB. selbst kann diesen Ballast nicht mitschleppen.

Eine Frage allerdings gibt es, die der Entwurf unbedingt hätte erledigen müssen: die nach der Bedeutung der Einwilligung des Verletzten. Denn die für ihre Lösung maßgebenden Gesichtspunkte gehören sämtlich dem Ideenkreise des Strafrechts an und greifen nicht auf das Gebiet des Staats- und Verwaltungsrechts oder rein sozialpolitischer Erwägungen über. In der Begründung heißt es, der Entwurf stehe „in Übereinstimmung mit einer wissenschaftlichen Anregung auf dem Standpunkte, daß . . . eine Bestimmung im allgemeinen Teil nicht zu geben, vielmehr die Frage . . . im besonderen Teil von Fall zu Fall bei den einzelnen Delikten zu lösen sei". Für die wissenschaftliche Anregung wird in erster Linie der Name Gerlands genannt. Aber gerade Gerland hat mit Entschiedenheit darauf hingewiesen, daß die Frage nach der Wirkung der Einwilligung nur durch den Gesetzgeber entschieden werden könne; allerdings sei die Entscheidung im besonderen Teil bei den einzelnen Delikten zu geben[1]). Leider läßt aber der Entwurf wie im allgemeinen, so auch im besonderen Teil völlig im Stich.

§ 8.

Jugendliches Alter.

I. Kaum eine Partie des Entwurfs weist so erhebliche Abweichungen vom geltenden Recht auf wie die das jugendliche Alter behandelnden §§ 68—70. Die Begründung faßt die wesentlichsten Änderungen in folgendem Satze zusammen: „Der Entwurf rückt die Altersgrenze der Strafmündigkeit auf das vollendete 14. Lebensjahr hinauf, beseitigt das Erfordernis der zur Erkenntnis der Strafbarkeit erforderlichen Einsicht in dem bisherigen § 56 und trifft im § 69 Abs. 2 Fürsorge, daß das Gericht anstatt oder neben einer Freiheitsstrafe die Überweisung des jugendlichen Übeltäters zur staatlich überwachten Erziehung anordnen kann."

Jeder dieser drei Punkte bedarf einer kritischen Besprechung.

II. Was zunächst die Periode der absoluten Strafunmündigkeit betrifft, so entspricht ihre Verlängerung bis zum vollendeten 14. Lebensjahr einem von den verschiedensten Seiten aufgestellten, von andern allerdings ebenso scharf abgelehnten Verlangen.

Einen vollen Verzicht auf die Periode absoluter Strafun-

---

[1]) *Vergl. Darst. Allg. T. II. 521. 525.*

mündigkeit in dem Sinne, daß jedes noch so kleine Kind vor den Strafrichter gestellt und je nach dem Grade seiner Entwicklung bestraft werden könnte, will, soweit mir bekannt, in Deutschland niemand ausgesprochen wissen. Die Vorbilder, die das Ausland in dieser Beziehung bietet, haben bis jetzt noch nicht zur Nachahmung gereizt. Wohl aber hält namentlich Birkmeyer mit Rücksicht auf die starke Kriminalität der zwischen dem 12. und dem 14. Lebensjahr stehenden Kinder jede Ausdehnung der Periode absoluter Strafunmündigkeit für bedenklich[1]). Dieser das öffentliche Interesse betonende Standpunkt ist meiner Auffassung nach entschieden diskutabler als der medizinische, der einseitig nur das Interesse des Kindes betont und deshalb das Alter der absoluten Strafunmündigkeit so weit ausdehnen möchte wie möglich[2]). Und doch scheint mir gerade das wohlverstandene öffentliche Interesse zu der Forderung zu führen, daß erst vom 14. Lebensjahre ab das Kind mit der Strafjustiz in Berührung gebracht werden sollte; denn es fragt sich doch schließlich, ob der Vorteil einer konsequenten Durchführung des Strafgesetzes nicht überwogen wird durch den Nachteil, den sie im Gefolge hat. Wenn uns nun die erfahrensten Pädagogen und zahlreiche Strafanstaltsgeistliche sagen, daß gerade durch die Bestrafung, ja schon durch den strepitus fori das Kind geschädigt und — worauf das Hauptgewicht zu legen ist — vielfach für die Zeit seines Lebens auf die Bahn des Verbrechens gedrängt wird, so scheint mir in der Tat die aufgeworfene Frage bejaht werden zu müssen. Der Fehler Birkmeyers liegt darin, daß er den Satz: „Wo Schuld, da auch Vergeltung“ in alle Konsequenzen durchführen will, ohne zu bedenken, daß es Fälle gibt, in denen um eines höheren Interesses willen auf seine Durchführung verzichtet werden muß. Denn die Vergeltung ist kein Endzweck; sie ist nur ein Mittel, durch das sich erfahrungsgemäß in einer großen Anzahl von Fällen der Endzweck, d. h. die Aufrechterhaltung der sozialen Ordnung, erreichen läßt. Diesen Fällen aber stehen andere gegenüber, in denen der Weg der Vergeltung nicht zu dem bezeichneten Ziele führt, ja ihm geradezu entgegenläuft. Und wo das der Fall ist, da hat die Vergeltung zurückzutreten. Ich kann mich in dieser Beziehung nur dem anschließen, was Lenz sagt: „Die Vergeltung muß als zweck-

---

[1]) Was läßt v. Liszt vom Strafrecht übrig? S. 67 ff. und anderwärts.

[2]) Dagegen auch v. Bar, Gesetz und Schuld 2. T. S. 57; Löffler, Die strafrechtliche Behandlung Jugendlicher (1908) S. 11; v. Lilienthal *Vergl. Darst. Allg. T. V. 151.*

los überall dort wegfallen, wo die schädigenden Wirkungen auf die Gesamtheit ihre Nützlichkeit überwiegen[1])".

II. Die zweite wesentliche Änderung gegenüber dem geltenden Recht besteht darin, daß während der Periode relativer Strafmündigkeit die Strafbarkeit nicht mehr von dem Vorhandensein des Unterscheidungsvermögens abhängen, die Frage also, ob der Angeklagte mit der „zur Erkenntnis der Strafbarkeit erforderlichen Einsicht" gehandelt habe, nicht mehr geprüft werden soll. Die Begründung rechtfertigt diese Streichung durch den Hinweis darauf, daß das Kriterium einseitig auf die Entwicklung des Verstandes und nicht auch auf die sittliche Reife abstelle, daß es unklar gefaßt und daher schwer zu handhaben sei, daß die Praxis das Unterscheidungsvermögen fast immer bejahe, das Erfordernis seiner Prüfung also keinen Schutz vor Strafe bedeute[2]).

Unter den „Gegnern des Unterscheidungsvermögens" hat nun namentlich Köhne das Verlangen aufgestellt, daß der Jugendliche nur dann bestraft werden solle, wenn „nach der Art der Tat und dem Charakter und Vorleben des Täters anzunehmen ist, daß durch Erziehungsmaßnahmen seine Besserung nicht erreicht werden kann" [3]). Hiernach würde in der Praxis die Straflosigkeit zur Regel, die Bestrafung zur Ausnahme werden, ein Ergebnis, das die Begründung hauptsächlich im Hinblick auf die vielfach zutage tretende Zügellosigkeit der heranwachsenden Jugend für unannehmbar erklärt. Der Entwurf spricht daher als Regel die Strafbarkeit aus (§ 69 Abs. 1).

Beachtet man, daß die Praxis, wie schon bemerkt, das Erfordernis des Unterscheidungsvermögens in weitaus den meisten Fällen als gegeben ansieht, so zeigt sich, daß seine Streichung eine Änderung des tatsächlich bestehenden Rechtszustandes kaum bedeuten wird. Den Hauptmangel des geltenden Rechts aber sieht die Begr. (S. 259) in der Unzulässigkeit von Erziehungsmaßregeln an Stelle oder neben einer Strafe. Es werde dadurch „der viel und mit Recht beklagte Zustand geschaffen, daß gegen Jugendliche auch wegen verhältnismäßig geringfügiger oder nur aus der Unerfahrenheit oder dem Leichtsinn ihres Alters entsprungener Straftaten namentlich auch mit Freiheitsstrafen vorgegangen werden muß, die auf ihren sittlichen Zustand wie auf ihr Fortkommen im

[1]) Jugendstrafrecht (1907) S. 31.

[2]) Zur Ergänzung der Literaturangaben weise ich darauf hin, daß sich auch auf dem ersten deutschen Jugendgerichtstag fast sämtliche Redner gegen das Erfordernis des Unterscheidungsvermögens erklärt haben.

[3]) Mitteilungen der Internat. kriminalist. Vereinigung *XIV. 481.*

Leben nachteilig einwirken, und daß diese Bestrafung erfolgt, obwohl die strafbare Handlung nur aus mangelnder oder unvollendeter Erziehung hervorgegangen war und daher Erziehungsmaßregeln notwendiger wären als Strafe". Um diesen Mangel zu heben, will der Entwurf im § 69 Abs. 2 den Strafrichter ermächtigen, neben oder an Stelle einer Freiheitsstrafe die Überweisung zur staatlich überwachten Erziehung anzuordnen, wenn die Tat hauptsächlich als Folge mangelhafter Erziehung erscheint oder sonst anzunehmen ist, daß Erziehungsmaßregeln erforderlich sind, um den Täter an ein gesetzmäßiges Leben zu gewöhnen.

Demnach soll die Frage, ob Strafbarkeit oder Straflosigkeit, im wesentlichen von dem Ermessen des Richters abhängig gemacht werden. Der Gesetzgeber hört auf, den Jugendlichen für den Fall mangelnden Unterscheidungsvermögens die Straflosigkeit zu garantieren; dafür gestattet er dem Richter die Strafloserklärung unter bestimmten Voraussetzungen anderer Art.

Von diesen steht die mangelhafte Erziehung im Vordergrund. Die Ermächtigung, von Strafe abzusehen, läßt sich hier auf den Gedanken zurückführen, daß die persönliche Schuld des Jugendlichen ausgeschlossen oder besonders geringfügig ist. Die Ermächtigung, an Stelle oder neben der Strafe Erziehungsmaßregeln anzuordnen, erklärt sich durch die Erziehungsbedürftigkeit des Jugendlichen.

So plausibel der erste dieser Gesichtspunkte erscheinen mag, so schwer sind die Bedenken, denen er unterliegt. Ich finde sie in der Rückwirkung auf das Verhältnis der Eltern zu den Kindern: erziehe ich meine Kinder schlecht, so schütze ich sie nicht nur vor Strafe, sondern verschaffe ihnen auch gleichzeitig Aussicht auf bessere Erziehung als ich sie gewähren könnte; sie brauchen ja nur eine strafbare Handlung zu begehen, und dafür, daß sie das tun, werde ich schon sorgen[1]).

Daß sich derartige Gedankengänge in den Köpfen mancher Eltern abspielen, wird schon jetzt wiederholt bestätigt. So erzählte mir vor Jahren ein russischer Kollege, daß in gewissen polnischen Distrikten, in denen eine Erziehungsanstalt für jugendliche Verbrecher besteht, die Bauern ihre Kinder zum Stehlen anhalten, weil sie ihnen auf diese Weise am besten eine höhere Ausbildung verschaffen. Auch Krohne hat einmal über die

---

[1]) Gegen den in dieser Beziehung vom Entwurf eingenommenen Standpunkt, s. auch v. Liszt i. d. Allgemeinen Zeitung v. 30. Oktober 1909 S. 975.

wachsende Vernachlässigung der Kinder durch ihre Eltern geklagt und die Auffassungsweise weiter Schichten unserer Bevölkerung dadurch wiedergegeben, daß er sie ungefähr sagen ließ: Setzen wir nur ruhig Kinder in die Welt — die Sorge um sie nimmt uns ja doch der Staat ab.

In dem Mangel der Erziehung würde ich nur dann einen Grund der Straflosigkeit sehen können, wenn er die Zurechnungsfähigkeit in dem unter III zu besprechenden Sinne aufhebt — dann aber auch die Straflosigkeit zwingend vorschreiben.

Ebenso wie den ersten Grund der Straflosigkeit in der vom Entwurf vertretenen Fassung lehne ich auch den zweiten ab, freilich unter dem ausdrücklichen Vorbehalt, daß ich ihn nicht mißverstehe. Er soll dann gegeben sein, wenn Erziehungsmaßregeln erforderlich sind, um den Jugendlichen „an ein gesetzmäßiges Leben zu gewöhnen". Das scheint mir vorauszusetzen, daß er bisher kein gesetzmäßiges Leben geführt hat, und dazu genügt wohl nicht die Begehung der zur Aburteilung stehenden Tat, sondern es ist ein Plus erforderlich, mag es in einer allgemein ungeordneten Lebensweise oder darin liegen, daß der Täter schon mehrere strafbare Handlungen begangen hat. Meines Erachtens kann dadurch zwar die Notwendigkeit von Erziehungsmaßregeln, niemals aber die Verschonung mit Strafe begründet werden[1]).

III. Vorschläge zur Behandlung jugendlicher Verbrecher sind während der letzten Jahre in großer Zahl gemacht worden. Sie durchzusprechen würde den Rahmen dieser Arbeit erheblich überschreiten. Wenn ich es auch nicht wage, mich an praktischen Erfahrungen mit unsern berufsmäßigen Erziehern zu messen, so glaube ich doch betonen zu dürfen, daß sie vielfach (ähnlich wie die Ärzte) zu einseitig von dem Gedanken der Spezialprävention beherrscht werden und die Wirkungen der von ihnen in weitem Umfange empfohlenen Straflosigkeit auf das Publikum nicht beachten[2]). Außerdem ist die Entwicklung dadurch beeinflußt worden, daß man den Unterschied zwischen Strafen und Erziehungsmaßregeln geradezu absichtlich aufhebt[3]).

---

[1]) Einen weiteren Grund der Straflosigkeit Jugendlicher s. u. IVa. E.

[2]) Dagegen besonders auch Löffler a. a. O. S. 11.

[3]) Gegen diese Vermengung auf dem Gebiete des Jugendstrafrechts außer Löffler a. a. O. auch Oetker Gerichtssaal *LXXIII. 421ff.* Offenbar erklärt sich durch diese Identifizierung der Strafe mit Erziehung auch der Vorschlag Krohnes auf dem 27. Juristentag 4. Bd. 2. Abtlg. S. 336, daß die Jugend nicht mehr als Strafmilderungsgrund gelten sollte.

Die Folge zeigt sich in einer Zerreißung des historischen Zusammenhangs. Denn während alle Tradition dafür spricht, die Frage der jugendlichen Übeltäter in erster Linie unter dem Gesichtspunkt der Zurechnungsfähigkeit zu betrachten, hat die moderne Behandlung des Problems diesen Gedanken vollständig zurücktreten lassen, ja seine Heranziehung geradezu für verkehrt erklärt. Dies ist namentlich durch v. Lilienthal geschehen, der nicht die Frage der Zurechnungsfähigkeit, sondern lediglich die der Straffähigkeit zuläßt und an der Zurechnungsfähigkeit des Kindes keinen Zweifel hegt[1]). Findet man aber das Wesen der Zurechnungsfähigkeit in einem allgemeinen psychischen Habitus, der es dem Menschen gestattet, Anreizen einen Widerstand entgegenzusetzen, so ist es doch wohl sicher, daß die Zurechnungsfähigkeit nicht nur durch pathologische Momente, sondern auch durch mangelnde geistige Reife ausgeschlossen sein kann. Es trifft auch nicht zu, wenn v. Lilienthal sagt: „Vom Geisteskranken verlangen wir gar nicht, daß er anders handle, vom Kinde tun wir das sehr wohl; wäre das Kind unzurechnungsfähig, so wäre seine Erziehung nicht möglich.“ Auch an den Geisteskranken werden Anforderungen gestellt, und bei der Erziehung des Kindes verfolgen wir unter andern Zwecken auch den, seine Unzurechnungsfähigkeit zu beseitigen, d. h. sein psychisches Ich auf eine solche Stufe zu heben, daß es sozial ethische Vorstellungen und die Möglichkeit erlangt, aus dem Inhalte seines Bewußtseins Hemmungsvorstellungen einzuschalten.

Kann also der Mensch infolge mangelnder Entwicklung unzurechnungsfähig sein, so dürfen wir ihn auch, solange er es ist, nicht bestrafen.

Auf diesen Gedanken beruhen auch die Bestimmungen des geltenden StGBs., namentlich hinsichtlich des Unterscheidungsvermögens. Aber ihr Fehler liegt darin, daß das Gesetz den Inhalt des Unterscheidungsvermögens nicht in klare Übereinstimmung mit dem der Zurechnungsfähigkeit überhaupt gebracht hat, daß es für die Unzurechnungsfähigkeit wegen mangelnder Entwicklung formell andere Kriterien aufstellt als für die Unzurechnungsfähigkeit aus pathologischen Gründen[2]).

Wird dieser Fehler durch Herstellung einer genauen Übereinstimmung mit § 63 Abs. 1 beseitigt, so wird eine so weit

---

[1]) A. a. O. S. 106.

[2]) Auf diesen Fehler weist namentlich Oetker Gerichtssaal *LXXIII. 392* hin.

gehende Abweichung von dem bestehenden Recht, wie sie der Entwurf vorschlägt, vermeidbar sein. Allerdings müßte der einschläfernde Satz aufgehoben werden, der die Prüfung der Zurechnungsfähigkeit (des Unterscheidungsvermögens) in jedem Einzelfall verlangt. Auch in dieser prozessualen Beziehung wäre Übereinstimmung mit der pathologisch bedingten Unzurechnungsfähigkeit in dem Sinne herzustellen, daß die Prüfung nur im Zweifelsfalle zu erfolgen hätte.

Wesentlich in den hier angedeuteten Bahnen bewegte sich die Novelle zum österreichischen StGB. von 1907[1]), und auch der neu veröffentlichte österreichische Entwurf steht im § 6 auf dem gleichen Standpunkte. Dasselbe gilt für die schweizerischen Entwürfe bis zum Jahre 1896, während die späteren von dem Erfordernis des Unterscheidungsvermögens bei den Jugendlichen völlig absehen. So auch namentlich der zuletzt veröffentlichte. Die Erklärung liegt wohl darin, daß die „Zwangserziehungsanstalten" in ähnlicher Weise wie die holländischen gleichzeitig als Strafanstalten gedacht werden. Wenn in der Begründung des deutschen Entwurfs gesagt wird, das Unterscheidungsvermögen bilde einen notwendigen Bestandteil der allgemeinen Zurechnungsfähigkeit, so mag das richtig sein; aber so, wie der Entwurf gefaßt ist, kann diese Fähigkeit aus dem Grunde mangelnder Entwicklung nicht verneint werden — und das gerade ist es, worauf es ankommt.

IV. Der oben vertretene Satz, daß der noch nicht genügend gereifte und daher unzurechnungsfähige Jugendliche straflos bleiben muß, darf nicht dahin umgekehrt werden, als ob der zurechnungsfähige Jugendliche unter allen Umständen zu bestrafen sei. Hier greifen vielmehr die schon oben angestellten Erwägungen Platz, nach denen die Interessenkollision einen Verzicht auf die Strafe nötig machen kann. Die Frage ist mithin diese: Wann wird das Interesse an der Bestrafung überwogen durch das Interesse an der Nichtbestrafung? Die Antwort wird lauten müssen: Wenn die Tat nicht schwer ist, die Strafe aber erhebliche Nachteile für die sittliche Entwicklung des Jugendlichen besorgen läßt. Da diese Befürchtung nur bei Freiheitsstrafe auftritt, so wäre es an sich gerechtfertigt, den Richter lediglich bei einer solchen zum Straferlaß zu ermächtigen. Eine derartige Regelung ist aber deshalb unmöglich, weil sie zu einer strengeren Behandlung der leichtesten, nur mit Geld zu ahndenden Delikte

---

[1]) Dazu Löffler a. a. O.

führt. Deshalb bleiben nur zwei Wege: entweder man dehnt die Befugnis des Straferlasses auch auf diese leichtesten Straftaten aus — oder man gestattet bei Freiheitsstrafen nicht deren Erlaß, sondern die Umwandlung in Geldstrafe. Beachtet man, daß die Geldstrafe in den meisten Fällen den Vater trifft, so erweist sich nur der erstere Weg als gangbar. Ihn wählt auch der österreichische Entwurf, indem er in § 47 bestimmt:

> Hat ein Jugendlicher aus Übermut, Unüberlegtheit oder einem ähnlichen Grunde, der nicht auf verderbte Gesinnung hinweist, eine den Umständen nach geringfügige und mit einer drei Monate nicht übersteigenden Freiheitsstrafe oder 1000 K nicht übersteigenden Geldstrafe bedrohte Tat begangen, so kann das Gericht nach Feststellung des Tatbestandes und der Verantwortlichkeit im Urteile davon absehen, eine Strafe zu verhängen und den Täter nach ernster Ermahnung zu Wohlverhalten entlassen.
>
> Das Absehen von Strafe ist nur bei Jugendlichen zulässig, die das erstemal verurteilt werden.

Dieser Satz ist jedenfalls erheblich befriedigender als die Bestimmung des schweizerischen Entwurfs, der gerade den sittlich unverdorbenen Jugendlichen zur Strafe verurteilen will (§ 11 Nr. 5). Ob freilich stets eine gerichtliche Verhandlung stattfinden soll, ist zweifelhaft. Aber diese Frage wird in Deutschland vermutlich durch die neue StPO. entschieden werden, längst bevor es zur Beratung des Entwurfs kommt.

Der Standpunkt des österreichischen Entwurfs ist aber auch befriedigender als der des deutschen, insofern er nicht wie dieser eine Prämie für mangelhafte Erziehung gewährt. Anderseits ist zu beachten, daß der deutsche Entwurf eine die Tradition sprengende Großzügigkeit zeigt, insofern er den Richter ermächtigt, bei allen „besonders leichten“ Fällen von Strafe abzusehen (§ 69 Abs. 1, § 76 Abs. 3, § 83). Eine Besprechung dieses interessanten Vorschlags ist hier nicht am Platze, weil seine Tragweite über das hier zu behandelnde Gebiet hinausreicht.

V. Soviel über das Ob? der Bestrafung. Auf die Frage, inwieweit sich das Bild durch das Institut der bedingten Strafaussetzung (Entwurf §§ 38 ff.) ändert, gehe ich gemäß dem Arbeitsplane dieses Werkes nicht ein, wende mich vielmehr den gegen Jugendliche vorgesehenen Strafmitteln zu.

Hier stelle ich zunächst mit großer Befriedigung fest, daß der Entwurf der von verschiedenen Seiten an ihn herangetretenen Versuchung, die Strafe gegen Jugendliche höher zu bemessen als gegen Erwachsene[1]), erfolgreich Widerstand geleistet hat. Allerdings sollten, was der Entwurf nicht beachtet, ganz kurze Freiheitsstrafen gegen Jugendliche ausgeschlossen sein. Im übrigen bedeutet die vorgeschlagene Übereinstimmung der Strafe gegen Jugendliche mit der Versuchsstrafe gegenüber dem geltenden Recht eine erhebliche Verschärfung. Zwar hinsichtlich der Todes- und der Zuchthausstrafe wird eine Ausnahme gemacht; sie sollen nach wie vor ausgeschlossen bleiben. In der Strafart also ist keine Verschärfung vorgesehen, wohl aber in der Strafdauer. Denn während nach dem geltenden Recht die Strafe „zwischen dem gesetzlichen Mindestbetrag der angedrohten Strafart und der Hälfte des Höchstbetrags der angedrohten Strafe“ zu bestimmen ist, soll in Zukunft hinsichtlich der Strafdauer nur die Beschränkung gelten, daß sie hinter dem Höchstbetrag der ordentlichen (d. h. der Vollendungs-)Strafe zurückbleiben muß (§ 76). Nach geltendem Recht z. B. kann die Notzucht an einem Jugendlichen mit Gefängnis bis zu siebeneinhalb Jahren, nach dem Entwurf (der die gleiche Vollendungsstrafe androht wie das geltende StGB.) mit Gefängnis bis zu fünfzehn Jahren weniger einen Tag bestraft werden. In der Begründung wird über diese sehr erhebliche Abweichung vom bestehenden Recht nichts gesagt, und doch muß darin ein ungerechtfertigter Bruch mit dem Gedanken gesehen werden, daß die Folgen einer in jugendlichem Alter begangenen Straftat nicht allzu lange in das spätere Leben hineinwirken sollen. Das mit der Versuchsstrafe verbundene Strafmilderungsrecht (§ 76 Abs. 3) beseitigt diese Bedenken nicht.

Eine weitere, aber sehr wohl begründete Abweichung vom geltenden Recht liegt darin, daß der Verweis als spezifische Jugendstrafe nicht mehr vorgesehen ist, weil er gemäß §§ 83, 37 in besonders leichten Fällen auch gegen Erwachsene ausgesprochen werden kann.

Nebenher sei erwähnt, daß gegenüber Jugendlichen Verschärfung des Strafvollzugs, Arbeitshaus, Verlust der bürgerlichen Ehrenrechte und Aufenthaltsbeschränkungen unzulässig sein sollen. In ersterer Beziehung wird man wohl anderer Ansicht sein dürfen; doch muß ich von einer Erörterung dieser Frage hier absehen.

Hinsichtlich der Strafvollstreckung enthält der Entwurf drei sehr wichtige Bestimmungen. Zunächst bestimmt er wie § 57 Abs. 3, daß die Freiheitsstrafe gegen Jugendliche in besonderen, für sie ausschließlich bestimmten Anstalten oder Abteilungen zu voll-

[1]) Z. B. Köhne a. a. O. S. 482 § 6; Liepmann, Die Kriminalität der Jugendlichen und ihre Bekämpfung (1909) S. 29. Dagegen namentlich Oetker, Gerichtssaal *LXXIII. 413.*

strecken ist. So entschieden ich für die Trennung jugendlicher und erwachsener Verbrecher eintrete, so wenig vermag ich einzusehen, weshalb derselbe Raum nicht heute für diese, morgen für jene Kategorie sollte benutzt werden dürfen. Über die beiden andern Vorschriften — vollständige Scheidung „voll zurechnungsfähiger“ und vermindert zurechnungsfähiger Jugendlichen[1]) und Zulässigkeit der Strafvollstreckung der letzteren in staatlich überwachten Erziehungs-, Heil- oder Pflegeanstalten — enthalte ich mich eines Urteils.

VI. Wie schon oben bemerkt wurde, legt die Begründung ein besonderes Gewicht darauf, daß Erziehungsmaßregeln auch neben oder an Stelle der Freiheitsstrafe sollen angeordnet werden können. Gegen den letzteren Vorschlag in der Gestalt, wie er auftritt, habe ich mich bereits erklärt. Dagegen ist der erstere lebhaft zu begrüßen.

Hinsichtlich der Art und der Dauer der Erziehungsmaßregeln verweist der Entwurf auf die bestehenden, Gesetze und zwar stillschweigend, wenn der Täter das 14. Lebensjahr noch nicht vollendet hat, ausdrücklich, wenn er in der Periode relativer Strafmündigkeit steht. Nur soll in dem letzten Falle auch der Strafrichter die Unterbringung in einer Erziehungs- oder Besserungsanstalt vorschreiben können. Von dem oben bei den vermindert zurechnungsfähigen Personen eingenommenen Standpunkte aus würde ich schlechthin die Zuständigkeit des Vormundschaftsrichters empfehlen.

VII. Schließlich möchte ich ohne weiteres Eingehen auf Einzelheiten die auch in Deutschland schon wiederholt angeregte Frage zur Erörterung stellen, ob dem 21. Lebensjahr, das ja bekanntlich im bürgerlichen Recht von großer Bedeutung ist, nicht auch für das Strafrecht eine solche beigelegt werden sollte, in ähnlicher Weise wie es der schweizerische Entwurf § 13 (hinsichtlich des 20. Jahres) tut. Zwar lehnt die Begründung die Einführung einer weiteren Altersstufe ab, und auch ich kann durchaus nicht dafür eintreten, daß Personen zwischen 18 und 21 Jahren von der Zuchthausstrafe verschont bleiben sollen, etwa um sie noch in das Heer einstellen zu können, wohl aber sollte gegen sie nicht auf Todesstrafe erkannt werden dürfen.

§ 9.

Die Taubstummen.

Die Begründung ist der Ansicht, daß mit dem Wegfall des „Einsichtserfordernisses“ (des Unterscheidungsvermögens) auch die

---

[1]) Hiergegen Kahl, Ärztl. Sachverständigen-Zeitung *XVI. 95.*

Bestimmung über die Taubstummen, wie sie § 58 RStGB. aufstellt, entbehrlich geworden sei. Da anderseits besondere Vorschriften über vermindert zurechnungsfähige Personen Aufnahme gefunden haben, so werden die Taubstummen im Entwurf vollständig übergangen. In der Tat kann ihr geistiger Zustand, soweit er überhaupt Berücksichtigung verdient, dem Begriffe der verminderten Zurechnungsfähigkeit untergeordnet werden. Nur ist es erforderlich, daß man deren Gründe in entsprechender Weise faßt. Das aber scheint mir im § 63 bis jetzt nicht geschehen zu sein.

Berichtigung.

Auf S. 233/4 Anm. 2 bitte ich die Bezugnahme auf v. Bar als auf einem Mißverständnis beruhend zu streichen.

VI.

Strafantrag und Verjährung.

Von

Dr. Friedrich Oetker,

ord. Professor an der Universität Würzburg.

§ 1.

Strafantrag.

I. Kriminalpolitische Begründung des Antragserfordernisses.

Wenn das Gesetz ein Tun unter Strafe stellt und hinzufügt, die Strafverfolgung solle nur auf Antrag eintreten, so ist klar, daß die Strafbarkeit schlechthin gesetzt, die Bestrafung durch Antrag bedingt ist. Liegt darin ein Widerspruch? Formell gewiß nicht, indem der imperative Gehalt des Unwerturteils eben nur besteht nach Maßgabe der ausgedrückten Beschränkung. Wohl materiell vom Standpunkte des Kantschen kategorischen Imperativs. Aber in den Erwägungen des Gesetzgebers kommt dem Streben, daß alles für strafbar Erklärte auch wirklich gestraft werde, nicht die ausschließliche Geltung zu. Entgegenwirkende Rücksichten anderer Art mußten in der Gesetzgebung Beachtung finden. Insbesondere darf, um die Untersuchung auf den relevanten Punkt zu lenken, dem Wunsche des Verletzten, daß der Strafprozeß, die Bestrafung vermieden werde, oder doch dem Nichtbegehren solchen Einschreitens nicht ohne weiteres die Beachtung versagt werden, vielmehr ist zu prüfen, ob ein berechtigtes, nach verständiger Auffassung der Lebensverhältnisse beachtenswertes Interesse zugrunde liegen kann.

Während die Strafgesetzgebung auf weiten Gebieten — Religions-, Sittlichkeits-, Ehrverletzungs-Delikte — den Gefühlsschutz zur mitbestimmenden Aufgabe hat, kann die Erkenntnis nicht ausbleiben, daß es Delikte gibt, bei denen gerade die Strafverfolgung selbst die Empfindungen des Verletzten schwer zu treffen geeignet ist. Für jede tiefer angelegte Natur gibt es eine Sphäre des Innenlebens, die sich als allerpersönlichster Besitz abschließt vor jeder Berührung mit der Außenwelt. Und das gleiche Streben der Geheimhaltung besteht für das äußere Erlebnis, wenn es dieses innere dem Träger heilige Gut getroffen hat. Mit dem Eingriffe in der Gestalt des Deliktes ist der Konflikt gegeben zwischen den Tendenzen der strafenden Gerechtigkeit, die das Verbrechen ans Licht zu ziehen bestrebt ist, und dem Anspruche des Verletzten auf Schutz seiner Empfindungen. Daß in diesem Zwiespalte die Justiz stets nachgebe, wird kein Verständiger verlangen. Aber sie soll sich bewußt bleiben, daß sie ein schmerzliches Opfer von dem Verletzten fordert, und wohl erwägen nach der Gestaltung des Delikts, ob sie es ihm nicht ersparen kann durch Verzicht auf Bestrafung.

Unter den Beziehungen des Menschen zum Menschen gibt es keine andere, die so innig mit seinem Gemütsleben verwachsen ist als die eheliche Lebensgemeinschaft. Hingebendes Vertrauen in solchem den ganzen Menschen ergreifenden Verhältnis getäuscht zu sehen, bereitet der edeln Natur einen Seelenschmerz, der nur einer Steigerung noch fähig ist: durch die Offenbarung der erlittenen Unbill.

Die weibliche Ehre hat für die seelische Existenz der Frau eine so bestimmende Bedeutung, daß leicht schwerer noch als die Beeinträchtigung dieses Gutes empfunden wird die Bloßstellung des Geschehenen. Dieses Schamgefühl der echten Frau zu schonen, soweit es die strafrechtlichen Interessen irgend zulassen, muß dem Gesetzgeber Pflicht sein.

Die strafrechtlichen Tatbestände, bei denen dieses Motiv des Gefühlsschutzes besondere Beachtung fordert, sind Ehebetrug, Ehebruch, Entführung, Verführung und Erschleichung des Beischlafs.

Daß Ehebetrug und Ehebruch nicht zu strafen sind bei fortbestehender Ehe, folgt ohne weiteres aus dem dominierenden Interesse des Staats an der Erhaltung einer Ehe, die noch als lebens-, gesundungsfähig zu gelten hat, da der Betroffene trotz der Schwere des an ihm verübten Unrechts sie fortzuführen gewillt ist, der aber durch die Bestrafung des Schuldigen eine neue, kaum noch zu heilende Wunde geschlagen würde. Und ist die Ehe gelöst worden, so muß es doch von der Entschließung des Verletzten abhängen, ob die Schuld des andern, mit dem ihn ein so inniges Band verknüpfte, noch einmal vor Gericht gezogen werden, ob dem Gefängnisse überantwortet werden soll, der ihm einst Gatte war, in dem die Kinder den Vater, die Mutter zu ehren gewohnt waren. Mag der Schuldige die Strafe voll verdient haben, so bleibt doch ebenso wahr, daß der andere Gatte eine Mißachtung seiner Gefühle, deren Berechtigung jedem billig Urteilenden einleuchtet, nicht verdient hat, zumal wenn die Rücksicht auf die Kinder mitbestimmend ins Gewicht fällt. Und um so bitterer müßte die Bestrafung der Untreue von dem „Nichtschuldigen“ — im Rechtssinne — empfunden werden, wenn er sich in seinem Innern von einer gewissen, rechtlicher Wertung freilich entrückten Mitschuld an dem Fehl des Gatten nicht freizusprechen vermöchte.

Eine ethische Mitschuld des Verletzten ist bei der Verführung stets, bei der Entführung wenigstens immer dann gegeben, wenn sie mit Einwilligung der Minderjährigen geschah. Mag auch rechtlich nicht die so Entführte, sondern der Inhaber des Gewaltrechts über sie als verletzt erscheinen, im natürlichen Sinn hat das Delikt doch auch sie betroffen, denn daß sie in eine solche Situation verbracht worden ist, kann für ihr Verhältnis zu den Eltern usw., für ihren Ruf von schwerwiegenden Folgen sein. Mit der Schuld des Verführers, die ja gewiß die weit größere ist, wird immer auch ein Fehltritt der Verführten kundgetan. Hat sie in jugendlicher Unerfahrenheit, vielleicht in wirklicher Neigung zu dem Manne, durch Eheversprechen getäuscht, zu solchem Schritte sich hinreißen lassen, so ist es doch bitterhart für sie, sich nun an den Pranger gestellt zu sehen. Ihr Gemütszustand könnte darunter schweren Schaden leiden, vielleicht auf Lebenszeit. Und das Urteil der Welt pflegt sich an die Tatsache zu halten und wenig nach den Milderungsgründen zu fragen.

Immer fordert neben dem individuellen Moment das soziale, die Wertung des Geschehenen durch die Rechtsgenossen in Rücksicht auf den Betroffenen, die volle Beachtung. Das Sprichwort „Wer den Schaden hat, braucht für den Spott nicht zu sorgen" ist leider richtig. Der betrogene Gatte wird nur zu leicht zur lächerlichen Figur. Dem Klatsche wird in deliktischen Vorgängen, die in das eheliche Leben, das sexuelle Gebiet einschneiden, ein nur zu dankbarer Gegenstand geliefert. Das gesellschaftliche Urteil über den Einzelnen, wie einseitig und ungerecht es auch sein mag, ist eine harte Wirklichkeit, die dem Betroffenen das Leben zu verbittern vermag. An hämischen Naturen, die für eine durch erschlichenen Beischlaf schwer beleidigte Frau statt Mitleids nur Spott haben, wird es niemals fehlen. Es ist traurig, aber wahr: auch das Schicksal vermag zu zeichnen, erlittener Ehrenraub nicht ausgenommen. Nicht jeder, nicht jede hat den starken Geist, der sich im Bewußtsein der eigenen Nichtschuld, des eigenen Wertes über all das hinwegsetzt. Die Gesetzgebung muß den Betroffenen die Möglichkeit geben, solche Dinge für sich zu behalten, muß Rechnung tragen der Tatsache, daß die ihr Unterworfenen leben in der Welt, wie sie ist, nicht, wie sie sein sollte.

Bestimmte Delikte gegen die Person, einfache Körperverletzungen, nichtverleumderische Beleidigungen, sind in weiten Kreisen der Bevölkerung, besonders auf dem Lande unter den jüngeren Altersklassen, ein alltägliches Vorkommnis; sie werden nichts weniger als schwer empfunden und so häufig begangen, daß es dem Gesetzgeber, trotz dem erlassenen Verbote und dem erwachsenen Strafanspruche, sehr unerwünscht sein würde, wenn sie sämtlich oder doch annähernd vollständig zur Aburteilung gelangten. Zudem ist gerade hier das Rechtswidrige von dem noch Zulässigen nicht durch scharfe Grenze getrennt. Gar manches ist durch die Anschauungsweise einer derben Ursprünglichkeit sanktioniert, das unter Gebildeten berechtigten Anstoß erregte. Und nicht nur sozial, sondern auch individuell differenziert sich die Skala der Empfindlichkeit in der mannigfachsten Weise. Ein überreiztes statt eines verfeinerten Ehrgefühls ist für den Gebildeten so wenig ein Vorzug als die nicht zu durchdringende Hornhaut. Der Verständige wird Maß zu halten wissen und sich vor allem den Gegner darauf ansehen, ob er von dieser Seite wirklich „beleidigt" werden konnte. Gewiß gehört zum Begriff der Injurie im Rechtssinne nicht das Gefühl des Verletztseins, aber normalerweise ist der Ehrenschutz Bedürfnis nur für die empfundene Kränkung. Eine Offizialverfolgung aller Injurien und Körperverletzungen wäre ein undurchführbares Beginnen. Mindestens müßten dann zahlreiche neue Richterstellen geschaffen werden. Dem Gesetzgeber bleibt in der Tat keine andere Wahl, als den Betroffenen selbst über die rechtliche Reaktion gegen den Täter entscheiden zu lassen. Ruft nicht der Verletzte nach dem Richter, so tuts auch nicht die Verletzung. Es klingt paradox, ist aber richtig: der Staat legt sich in den Gesetzen wider die Injurie, die Körperverletzung Strafansprüche bei und ist sehr zufrieden, wenn sie in vielen Fällen unerfüllt bleiben. Während mit aller Kraft anzustreben ist, daß schwere Verbrechen, wie Mord, Hochverrat, Meineid, ausnahmslos ihre Sühne finden, enthalten jene Gesetze Generalvollmachten für die Strafbehörden, über deren Verwendung der Verletzte entscheidet.

Diese Betrachtungsweise trifft nicht mit die verleumderische Beleidigung und die entsprechende Beschimpfung eines Verstorbenen. Sie ist immer in hohem Maße strafwürdiges Unrecht. Aber bei ihr kommt eine andere Erwägung zur Geltung. Nur in seltenen Fällen wird für das staatliche Verfolgungsorgan die Unwahrheit des Vorwurfs von vornherein evident sein. Erfolgt aber ein Freispruch, weil die ehrenrührige Tatsache erwiesen sei, so ist das eine neue und weit schwerere Belastung des Bezichtigten, als ihm die Nachrede zu bringen vermochte. Ist's nicht genug, wenn er an dieser zu tragen hat, das Andenken des Toten unter ihr leidet? So muß die Initiative zur Strafverfolgung überlassen bleiben dem Betroffenen selbst, dem Angehörigen, wenn er sich, wenn er den Verstorbenen frei weiß von dem erhobenen Vorwurf.

Politische Rücksichten verbieten, einer fremden Macht eine von dieser nicht gewünschte Strafverfolgung wegen hochverräterischer Handlung gegen sie, Beleidigung ihres Oberhauptes, ihres Gesandten zu oktroyieren; ihr Begehren ist abzuwarten.

In Privatgeheimnisse einzudringen, ist der Staat auf dem Strafrechtsgebiet oft genug genötigt. Aber einen zureichenden Grund dafür liefert nicht lediglich die Tatsache, daß jemand, obwohl Amts-, Berufspflicht ihm noch besonders den Mund hätte verschließen sollen, ihm anvertrautes Geheimnis einem Dritten offenbart hat. Müßte nun der Verletzte wider seinen Willen die sekrete Tatsache noch einmal, vor Gericht, enthüllt sehen, so würde er in einer solchen Rechtspflege schwerlich einen geeigneten Geheimnisschutz finden. Ihm selbst muß die Entscheidung bleiben, ob an weiterer Geheimhaltung ein triftiges ideelles, reales Interesse besteht. Er kann verlangen, daß eine nur seine Privatsphäre berührende Tatsache nicht anders als nach seiner Entschließung vor das Gericht gebracht wird. Ein disziplinäres Einschreiten freilich wegen Amts- usw. Pflichtverletzung ist rechtlich durch Antrag nicht bedingt, naturgemäß aber wird nur höchst selten der Sachverhalt anders als durch Anzeige des Verletzten der zuständigen Stelle bekannt werden.

Unbefugte Brieferöffnung, die zwar zur Erfüllung des gesetzlichen Deliktsbegriffs die Kenntnisnahme vom Inhalt nicht voraussetzt, in aller Regel aber das Mittel dazu ist, kann in außerordentlich verschiedener Weise auf die Empfindungen und Interessen des Verletzten zurückwirken. Bloße Neugierde, grundlose Einmischung in fremde Angelegenheiten, wohlgemeinte Bevormundung, die Absicht, sich selbst vor Schädigung zu schützen, dem andern Nachteil zu bereiten oder ihn umgekehrt davor zu bewahren: diese Motive und dazu ein unter den Beteiligten etwa bestehendes Verhältnis, nahe Verwandtschaft, Ehe, Freundschaft oder Feindschaft usw., liefern die Abstufungen des Verschuldens. Damit ist zugleich gesagt, daß der Verletzte ebensowohl den dringenden Wunsch der Nichtbestrafung als der Bestrafung haben kann. Er wird nicht nach dem Richter begehren, wenn er den Freund, den nahen Angehörigen in Schaden bringen würde, wenn hinter dem rechtswidrigen Mittel ein guter Zweck stand, wenn er der Neugierde für die Zukunft schon selbst zu steuern weiß, wenn es sich um irrelevante Dinge handelt, wenn er mit sekreten Angelegenheiten nicht das Gericht befaßt sehen will usw. So erscheint sachgemäß, ihm und nicht dem Staatsanwalt die Initiative zu geben.

Der Hausfriedensbruch kann rücksichtslose Gewalttat, an schwere Ehrverletzung anstreifende schnöde Mißachtung fremden Herrschaftsrechts sein, hat aber zumeist nur geringen Schuldgehalt — man denke an den typischen Verlauf nachbarlicher Zänkereien, an das Eindringen des Gläubigers beim säumigen Schuldner — und wird dann auch kaum besonders schwer empfunden, zumal vielleicht die Selbsthilfe des Betroffenen bereits zum Ziele führte. Es ist gewiß nicht zu wünschen, daß alle diese Dinge zu gerichtlichem Austrag kommen. Auch würde die Verhandlung, wenigstens wenn der Richter der zutreffenden Lehre vom Rechtsirrtum folgt, gar nicht selten mit einem Freispruch abschließen, denn gerade bei diesem Tatbestand wird wohl am meisten in jure geirrt: läuft doch die Grenze zwischen erlaubt und verboten oft auf des Messers Schneide. So gereicht die Eindämmung solcher Strafverfolgungen in die Grenzen des empfundenen Reaktionsbedürfnisses durch das Verlangen eines Antrags dem Rechtsleben sicher nicht zum Schaden.

Recht eigentlich dem Gebiete der kleinen Kriminalität gehören an der Mundraub und die Wegnahme von Viehfutter. Das sind oft reine Lappalien, mit deren Offizialverfolgung es die Behörden beim besten Willen kaum ernst nehmen könnten. Man male sich die Konsequenzen aus, die es hätte, wenn die Ermittelungspflicht der Polizeiorgane für Mundraub ebenso bestände wie für Straßenraub. Die zutreffende Lösung liegt wieder im Antragserfordernis. Es darf durchschnittlich erwartet werden, daß der Antrag nur gestellt werden wird nach wiederholter Verübung oder wenn die Tat aus sonstigen Gründen ein höheres Schuldmaß enthält. Daß bei geringem Verschulden der Verletzte wirksam verzeihen kann, erscheint auch ethisch wohlbegründet.

Gegenüber der Sachbeschädigung, wenn sie mehr dem Mutwillen als der Böswilligkeit entsprungen ist, wird oftmals der Zivilrechtsweg ausreichen. Sicher aber brächte das Prinzip der Offizialverfolgung, streng durchgeführt, soweit das möglich wäre, der Justiz die Gefahr der Überschwemmung. Freie Auswahl durch die Staatsanwaltschaft würde neben anderen Einwendungen sicher auf den Widerspruch der Verletzten stoßen. So bietet sich im Strafantrage der Ausweg. Sein Erfordern wird gewiß nicht immer, aber überwiegend, die gewünschte Wirkung haben, die Strafgerichte befreien von der Last des Unbedeutenden, das mit Ersatz des Schadens abgetan werden kann, vielleicht nicht einmal dessen bedarf.

Ganz anderer Beurteilung unterliegt die Ausbeutung Minderjähriger, die in gewinnsüchtiger Absicht zur Ausstellung von Schuldverschreibungen verleitet wurden, nicht selten, während eine Geldverlegenheit noch gar nicht bestand, vielmehr der Täter selbst erst ihrem Leichtsinne die Mittel darbot. Gewiß ein in besonderem Maße strafwürdiges Tun. Rücksichtnahme auf den Täter wäre schlecht angebracht. Wohl mag sie am Platze sein im Hinblick auf den Minderjährigen. Für ihn könnte es doch sehr drückend sein, für seine Zukunft schwer schädigend wirken, wenn sein Leichtsinn vor Gericht und in die Öffentlichkeit gebracht würde, zumal solche Schulden oft einen trüben Ursprung haben, vielleicht ein „Ehrenschein“ uneingelöst geblieben ist. Er ist eben noch ein Werdender und kann ganz anders werden, als er jetzt sich gezeigt hat. Aber möglich ist auch, daß bei einem schon tiefer gehenden Hang gerade die Gerichtsverhandlung trotz und wegen der unvermeidlichen Bloßstellung zu heilsamer Lektion wird. Der Gewalthaber, dem die Sorge für Person und Vermögen des Minderjährigen zukommt, hat zu wählen, ob die Sache sekret oder vor dem Strafgericht zu erledigen ist. Das eigene Antragsrecht des mehr als Achtzehnjährigen (§ 65 StGB., § 72 E.) hat bei diesem Delikte praktisch nur geringe Bedeutung. Es kann auch sein, daß die Rücksicht auf den Ruf des Minderjährigen zurücktreten muß, indem schwerer Übervorteilung durch einen Gegner, der gerade auf das Streben, den Eklat zu vermeiden, spekuliert, nur vor dem Strafrichter beizukommen ist. Die denkbaren Situationen sind damit nicht erschöpft, aber daß Offizialverfolgung schweren Bedenken unterläge, dürfte außer Zweifel sein.

Während der Angriff auf die Person an Strafwürdigkeit wächst, wenn schon das eheliche, das Blutband den Arm des Täters hätte zurückhalten sollen, vermag bei der Vermögensverletzung die gleiche Beziehung das Schuldmaß oder doch das Strafbedürfnis erheblich zu reduzieren. Diebstähle und Unterschlagungen zwischen Eheleuten und gegen Verwandte absteigender Linie scheiden aus dem Gebiete des Kriminellen überhaupt aus, höherer ethischer Rücksichten halber. Kindliche Pietät, Gattenliebe müssen diese Verfehlungen zu tragen wissen, und so hat auch das Recht sie hinzunehmen. In minderer Stärke und nicht mit unbedingter Geltung waltet die gleiche Rücksicht zwischen all denen, die das Gesetz als einander „angehörig“ betrachtet. Die Art des Verhältnisses, der Grad der tatsächlichen Zuneigung, die Umstände der Verübung, die Höhe des Schadens sprechen hier wesentlich mit. Der vom leiblichen Bruder Bestohlene wird bei normalem Empfinden mehr die Verfehlung jenes als den eigenen Verlust, wenn's nicht ein erdrückender ist, beklagen, jedenfalls aber den Bruder zu schonen bestrebt sein. Im Falle bloßer Schwägerschaft usw. mag sich die Sachlage verschieben. Die Tat kann gemildert sein durch die Erwartung der Nachsicht des Betroffenen, im Falle der Not usw.; es kann umgekehrt der Täter gewissenlos auf die Gutmütigkeit des andern spekuliert haben. Für alle Entwendungen, Sachbeschädigungen, Betrügereien usw. im Angehörigenverhältnis von Rechts wegen Straflosigkeit zu gewähren, ginge gewiß viel zu weit. Es genügt, wenn es beim Verletzten steht, Nachsicht zu üben oder sie zu versagen. Arglistige Täuschung kann, selbst am Gatten usw. verübt, anders als die Entwendung, Strafe allerdings erheischen. Gleichstellung von Entwendungen, Betrügereien gegen Vormünder, Pfleger, Erzieher, Lehrherren oder in häuslicher Gemeinschaft begangen mit solchen im Angehörigenverhältnis, bei geringfügiger Schädigung, ist eben deshalb, durch die nahe Beziehung zwischen den Beteiligten, den Reiz der Gelegenheit und nicht zum mindesten durch die Tatsache begründet, daß die Täter in jugendlichem Alter zu stehen pflegen. So mag in der Hoffnung einsichtigen Gebrauchs dem Verletzten und damit zumeist dem „Herrn" des Täters das Antragsrecht zukommen.

Alle Antragsdelikte von einem Punkte aus zu erklären, ist unmöglich. Auch schematische Gruppensonderung erscheint undurchführbar. Eine Reihe legislatorischer Erwägungen, von denen je nach der Art des Delikts und der Gestaltung des Einzelfalls bald diese, bald jene in den Vordergrund tritt, die einzeln oder verbunden wirken, führt zu dem gleichen Ergebnis: dem Erfordern des Antrags.

Gewiß kann in allen Fällen des Antragsrechts die vom Gesetzgeber gehegte Erwartung trügen, Laune, Ärger, Rachsucht, Schwäche, Furcht, erkaufte Nachsicht an Stelle verständigen Abwägens, billiger Rücksichtnahme, ethisch begründeten Verzeihens, gerechten Unwillens zur Herrschaft kommen. Aber weit schlimmer wäre doch unbedingte Strafbarkeit, eine Massenbestrafung ungeachtet der vielen sich aufdrängenden Bedenken. In einem Konflikt sich durchkreuzender Erwägungen und Interessen kann nicht die Tendenz der Bestrafung die Alleinherrschaft haben. Statt des größeren gewissen wählt das Recht das mögliche kleinere Übel. Der Schuldige kann sich nie beklagen, wenn der Antrag gestellt wird, denn durch seine Tat war er dem Gesetze verfallen. Daß ohne triftigen Grund einem voll Strafwürdigen das Ausbleiben des Antrags Straflosigkeit schafft, daß bei gleicher Schuld bald gestraft, bald nicht gestraft wird[1]), daß im Falle relativen Antragsdelikts die Teilnehmer ungleich behandelt werden, ist allerdings mißlich, muß aber eben ertragen werden. Der Gesetzgeber ist nur zu durchschnittlichen Wertungen in der Lage. Die Vermittelung der kollidierenden Interessen — an der Bestrafung, Nichtbestrafung — vollzieht sich nicht mit der Beweiskraft eines Rechenexempels und kann immer nur annähernd richtig sein.

Das Antragsinstitut ist eine Selbstkorrektur der Justiz zur Vermeidung entbehrlicher, schädlicher Bestrafungen, die Gewährung des Antragsrechts ein Vertrauensakt, der Private in den Dienst dieses Zweckes stellt, ein vernünftiger, den ethischen Rücksichten gemäßer Gebrauch des Rechts der Gemeinschaft wohltätig.

Das Antragsrecht ist immer geeignet, zugleich dem Genugtuungsbedürfnis zu dienen, indem der Verletzte selbst über die Strafverfolgung entscheidet. Bei den Injurien und Körperverletzungen ist diese satisfaktorische Wirkung sicher der mitbestimmende Grund der Berechtigung, zumeist aber nur ein Reflex, nicht ihre Erzielung das ausschlaggebende gesetzliche Motiv[2]).

Begriffsnotwendig stehen Verhinderung und Ermöglichung der Bestrafung immer zugleich in der Macht des Antragsberechtigten. Es geht nicht an, die Antragsdelikte in zwei Gruppen zu zerlegen und verschiedener rechtlicher Beurteilung zu unterwerfen, je nachdem das Gesetz es dem Berechtigten gestatte, der Justiz

---

[1]) In dieser Erwägung liegt meines Erachtens der stärkste Gegengrund gegen das Antragsrecht. Vgl. besonders Binding, Handbuch *I. 603, 604.* Aber bei Abwägung aller Gründe pro und contra kann ich das Bedenken nicht für ausschlaggebend halten. Nicht in gleichem Maße beweiskräftig scheint mir der Hinweis auf mögliche Erpressung zu sein. Denn die gemeine Gesinnung, die das Antragsrecht in dieser Weise mißbraucht, muß befürchten auf eine ebenso gemeine Gesinnung zu stoßen, indem der Täter, der sich freigekauft hatte, nach Ablauf der Antragsfrist Erpressungsanzeige erstattet.

[2]) Binding, Handbuch *I. 660*, betont sehr richtig, daß die der Bestrafung im Sinne des Verletzten widerstrebenden Gründe sehr verschiedenartig sein können und daß nur einen Teil derselben das Gesetz angedeutet habe. Gerade deshalb aber scheint mir die Alternative, Stellen des Antrags bekunde ein Genugtuungsbedürfnis, Nichtstellen sei Verzeihung, nicht zwingend zu sein. Der Antrag kann gestellt werden — bei Diebstahl z. B. —, ohne daß ein Genugtuungsbedürfnis irgend empfunden wird, der Rechtsordnung zuliebe, im wohlverstandenen Interesse des Täters usw.; mit dem Nichtstellen des Antrags — bei Verführung der Tochter z. B., um nicht deren Fehltritt bekanntzugeben — verbindet sich vielleicht unerlaubte Selbsthilfe, Herausforderung zum Duell: liegt hier wirklich Verzeihung im Rechtssinne vor?

in den Arm zu fallen, oder er vielmehr ihren Arm zu führen habe[1]).

Die juristische Konstruktion des Antrags kann immer nur die gleiche sein: er ist Voraussetzung der Strafklagbefugnis, des Strafprozesses. Entsprechend die Fassung des Entwurfs § 71: „Macht das Gesetz die Verfolgung einer strafbaren Handlung von einem Antrag abhängig" usw.[2]). Der Strafanspruch besteht von ihm unabhängig, lediglich nach Maßgabe des Strafgesetzes. Die Eigentümlichkeit liegt darin, daß ein durch die Subsumierbarkeit der Tat unter das Gesetz begründeter Strafanspruch nach dem eigenen Willen des Staats unerfüllt bleibt bei nicht gestelltem Antrag.

II. Die Antragsdelikte des Vorentwurfs.

Die Ergebnisse der rechtspolitischen Prüfung werden durch die Bestimmungen des Vorentwurfs bestätigt. Nur in einigen Beziehungen sind diese Grenzen überschritten. Vor verschwenderischem Gebrauch des Antragsrechts, wie im alten StGB., seiner Erstreckung auf schwere Sittlichkeitsverbrechen, die unbedingt ihre Sühne erhalten müssen, auf Nötigung, Bedrohung usw., schützten die damals gemachten Erfahrungen.

Antragsdelikte nach dem Entwurf sind[3]): Ehebetrug,

---

[1]) In diesem Sinne die Zweiteilung in v. Liszts Lehrbuch § 45 II (Aufsätze usw. *I. 17ff., 26ff., 51ff.*): das im Antrag sich bekundende Empfinden des Verletzten bedingt das staatliche Einschreiten; der Staat läßt sein Verfolgungsinteresse zurücktreten hinter das durch Nichtantrag sich ausdrückende Interesse des Verletzten an der Nichtverfolgung. Dort sei der Antrag materielle Bedingung der Strafbarkeit, hier Prozeßvoraussetzung. Allein das Empfinden könnte bestanden haben trotz Nichtantrags, während dem gestellten Antrage gegenüber der Beweis frei bleiben müßte, daß es gefehlt habe (richtig auch Finger, Österr. Strafrecht *I. 113*), und so wäre der Antrag doch nur Prozeßvoraussetzung, indem erst mit seiner Stellung die richterliche Prüfung des die Strafbarkeit bedingenden Empfindens sich ermöglichte. Ob es sich empfiehlt, bei bestimmten Delikten dem Empfindungsmoment solchen Einfluß auf die konkrete Strafbarkeit zu geben — de lege lata hat es ihn nicht —, muß hier ungeprüft bleiben.

Für das geltende Recht erachtet auch v. Liszt den Antrag als Prozeßvoraussetzung, nicht als Strafbarkeitsbedingung, a. a. O. III.

[2]) Vgl. auch Mot. S. 268. Die gleiche Auffassung trifft für das österr. Recht und den *OVE.* zu. Auch der *SchVE.* ist mit ihr durchaus vereinbar (gegenteilige Äußerungen in der „Expertenkommission entscheiden nicht).

[3]) Auch im *Sch.* und *OVE.* sind die entsprechenden Tatbestände, soweit nicht im folgenden Abweichungen bemerkt sind, Antrags- bzw. Ermächtigungs- und Privatklagdelikte.

Der *OVE.* hat in den §§ 164, 171 Ziff. 3, 188, 232, 242, 304, 322, 345,

§ 178[1]), Ehebruch, § 180, einfache vorsätzliche und fahrlässige nicht geschärfte Körperverletzung, §§ 227, 232[2]), die beiden Entführungstatbestände, §§ 236, 237[3]), Hausfriedensbruch, § 242[4]), Erschleichung des Beischlafs, § 246[5]), Verführung, § 248[6]), Beleidigung, Verleumdung, Beschimpfung Verstorbener, §§ 259—262, Verletzung des Briefgeheimnisses, § 267, Offenbarung von Privatgeheimnissen, § 268, Mundraub, § 272, Diebstahl, Unterschlagung, Mundraub, Betrug, Untreue[7]) gegen Angehörige, Vormünder usw., im Lehrlingsverhältnis, in häuslicher Gemeinschaft bei unbedeutender Schädigung, §§ 273, 278, Erschleichung freier Fahrt, Zechprellerei usw. bei unbedeutendem Schaden, § 279[8]), Sachbeschädigung, § 289[9]), Vermögensbeschädigung durch arglistige Täuschung, § 291[10]), Vollstreckungsvereitelung, § 293[11]), Rechtsvereitelung, § 294, Jagdwilderei und Fischwilderei — abgesehen vom Falle der Gewerbs-, Gewohnheitsmäßigkeit — gegen Angehörige, §§ 295, 296[12]), Ausbeutung Minderjähriger, § 304[13]), Wegnahme von Viehfutter usw., § 308 Ziff. 12[14]). Weiter ist die Verfolgung eines Täters, der Deutscher geworden ist, nachdem er im Ausland eine nach Reichsrecht als

---

353, 402, 404 weitere Ermächtigungs- und Privatklagdelikte, der *SchVE.* in den Art. 86, 96, 97, 221, 250, 259, 260, 261 weitere Antragsdelikte, kritische Würdigung würde genaue Erwägung der Tatbestände voraussetzen.

[1]) Der Tatbestand fehlt im *SchVE.*

[2]) Im *OVE.* § 296 Offizialdelikt.

[3]) Der *SchVE.* hat nur die Entführung wider Willen, Art. 113.

[4]) Im *OVE.* §§ 323, 324 Offizialdelikt.

[5]) Fehlt im *SchVE.*

[6]) Im *SchVE.* Art. 127, 122 Offizialdelikt.

[7]) Im *OVE.* § 410 Offizialdelikt, ebenso im *SchVE.* Art. 94.

[8]) Die „Prellerei“ im *OVE.* § 363 ist Offizialdelikt, im Familienverhältnis verübt straflos, § 364 Abs. 3. Dazu das Privatklagdelikt der Krediterschleichung, § 375.

[9]) Im *OVE.* § 405 Offizialdelikt, wenn nicht im Familienverhältnis, § 409, begangen. Im *SchVE.* Art. 88 Offizialdelikt außer bei geringfügiger Schädigung, Art. 248.

[10]) Im *OVE.* § 408 Offizialdelikt, wenn nicht im Familienverhältnis, § 409, begangen. Im *SchVE.* Art. 249 Offizialdelikt.

[11]) Im *SchVE.* fehlt entsprechender Tatbestand. Verwandt das Offizialdelikt des Art. 255 (Ungehorsam des Schuldners im Betreibungsverfahren).

[12]) Im *OVE.*, §§ 348—351, immer Offizialdelikt. Der *SchVE.* kennt die Delikte nicht.

[13]) Im *OVE.* § 380 ist Ausbeutung des Ehrenworts (auch bei Volljährigen) Offizialdelikt (hochbedenklich). Der *SchVE.* kennt das Delikt nicht.

[14]) Im *O.* und im *SchVE.* fehlt ein entsprechender Tatbestand.

Verbrechen oder Vergehen sich qualifizierende Handlung begangen hatte, durch Antrag bedingt, wenn das ausländische Recht dieses Erfordernis hat, §§ 4 Ziff. 1, 5 Ziff. 2b[1]), und sollen hochverräterische Handlungen gegen einen ausländischen Staat, Tätlichkeiten, Beleidigungen gegen dessen Oberhaupt, Beleidigungen von Gesandten, Geschäftsträgern, die beim Reiche oder einem Bundesstaat beglaubigt sind, nur auf Antrag der auswärtigen Regierung, des Beleidigten verfolgt werden, §§ 123, 124. Dazu ein Ermächtigungsdelikt: Beleidigung gesetzgebender Versammlungen oder anderer politischer Körperschaften, § 264 Abs. 3[2]); die Beleidigung von Bundesfürsten, Regenten, StGB. §§ 99, 101, ist in dem zusammenfassenden Tatbestand der Majestätsbeleidigung nach § 116 E. einbegriffen und Offizialdelikt geworden.

In der Hauptsache entspricht die Regelung dem geltenden Recht.

1. Neu ist das Antragserfordernis bei Fischwilderei gegen Angehörige und bei Untreue gegen Angehörige, Vormünder, Pfleger, Erzieher, sowie im Lehrlingsverhältnis oder in häuslicher Gemeinschaft, hier unter der Voraussetzung unbedeutender Vermögensbeschädigung. Die Gleichstellung des erstern Delikts mit der Jagdwilderei ist nicht zu beanstanden, da ein Grund erhöhten Strafbedürfnisses gewiß nicht besteht. Dagegen sollte die Untreue als Täuschung des besondern Vertrauens, das dem Täter rechtsgeschäftlich oder vom Gesetze geschenkt ist, abgesehen von der Verübung unter Ehegatten, stets Offizialdelikt sein. Wenn der Vormund Untreue begeht gegen den Mündel, der ihm „Angehöriger" ist, so könnte er nach dem Entwurf, ohne Rücksicht auf das Schadensmaß, nur auf Antrag bestraft werden! Die Wahrung solcher Treuepflichten gehört zu den Grundlagen gesicherten Rechtsverkehrs; der Gesetzgeber seinerseits darf Vollmachten nur erteilen unter Gewährung voller Garantien gegen Mißbrauch.

2. Die Tatbestände der frühern und der jetzigen Antragsdelikte haben mehrfach Verschiebungen erfahren. Kritische Würdigung wäre nicht möglich ohne Eingriff in fremdes Arbeitsgebiet. Erwähnt sei die Erweiterung des Antragsgebiets bei Hausfriedensbruch durch Wegfall der bisherigen die Tat zum Offizialdelikt stempelnden Qualifikationen (Begehung mit Waffen, durch

[1]) Vgl. über diesen Antrag Olshausen-Zweigert zu § 5 Bem. 7a.

[2]) Herabwürdigung verfassungsmäßiger Vertretungskörper ist im *OVE.* unter den Voraussetzungen des § 152 ein besonderes, ex officio zu verfolgendes Delikt. Der *SchVE.* hat nichts Entsprechendes.

mehrere gemeinschaftlich), § 242 Entwurf verglichen mit § 123 StGB. An Stelle des furtum possessionis nach § 289 StGB. ist getreten das weiter gefaßte Delikt der „Rechtsvereitelung“ in § 294 Entwurf unter Herübernahme des Antragserfordernisses.

3. Während nach der herrschenden Auffassung des geltenden Rechts die Begünstigung eines Antragsdelikts selbst nur ein solches ist, hat der Entwurf die Begünstigung in die selbständigen Offizialdelikte der Strafvereitelung[1]) und der Begünstigung im engeren Sinne zerlegt, §§ 172, 280[2]).

4. Aus dem Betrugstatbestand sind als eigene privilegierte Delikte ausgeschieden die Erschleichung freier Fahrt usw. und im Falle geringfügiger Schädigung die Zechprellerei usw., § 279 Entwurf. Ob dazu ein ausreichender Grund vorlag, muß dahingestellt bleiben. Das generelle Erfordern des Antrags geht jedenfalls zu weit. Ein durchschnittlich geringeres Reaktionsbedürfnis als bei andern Betrugsfällen kann nicht zugegeben werden. Auch der neue Tatbestand „böswilliger Vermögensbeschädigung durch arglistige Täuschung“ entzieht sich der Kritik. Nach Analogie der Sachbeschädigung soll die Verfolgung immer nur auf Antrag eintreten, § 292 Entwurf. Die Frage liegt nahe, ob nicht besser der Betrug zum Vorbilde gedient hätte unter Konstruktion relativen Antragsdelikts.

5. Zu beseitigen wäre der Antrag bei der Vollstreckungs-Vereitelung[3]). Solches Gebahren schlechter Schuldner wirkt besonders in den größeren Städten als schwerer Mißstand, dem mit aller Energie gesteuert werden sollte. Auch die Besitzentziehung (§ 289 StGB.), „Rechts-Vereitelung“ nach § 294 des Entwurfs, ist, mögen immerhin relativ harmlose Fälle vorkommen, zumeist ein recht bedenkliches schädigendes Tun, so daß die Verwandelung in ein Offizialdelikt sich empfiehlt[4]). Nahe liegt auch, die Streichung des Antrags zu fordern bei dem zuchthauswürdigen Delikt der Entführung wider Willen in der Absicht, die Entführte zur Unzucht zu bringen[5]). Gewiß verdient der Täter keine Schonung;

---

[1]) Strafvereitelung im Hinblick auf ein Antragsdelikt ist natürlich nur strafbar unter der Voraussetzung gestellten Antrags. Vgl. besonders Binding, Lehrbuch *II. 2, 648.*

[2]) In gleichem Sinne *OVE.* §§ 193, 194, 413. Nach dem *SchVE.* Art. 212 ist die Begünstigung zwecks Strafvereitelung Offizialdelikt.

[3]) Übereinstimmend Allfeld, *Vergl. Darst. Allg. T. II. 222.* So auch *OVE.* § 372.

[4]) Ebenso Allfeld, S. 222.

[5]) So *OVE.* § 317 II, *SchVE.* Art. 113 Abs. 2.

aber wenn's zur Unzucht wirklich gekommen ist, die Frau sich zwar der Wegführung, aber nachträglich nicht der Unzuchtsabsicht des Mannes widersetzt hat, so enthält es doch für sie eine harte, kaum billige Belastung, ihre Schwäche, die andernfalls ihre Privatangelegenheit wäre, gerade deshalb bloßgestellt zu sehen, weil eine ihr aufoktroyierte, das ethische Verschulden mildernde Situation den Anlaß gegeben hatte. So bleibt besser mit dem Entwurfe der Frau überlassen, den Antrag zu stellen, wenn sie sich schuldlos weiß. Sehr unwahrscheinlich ist's, daß bei dieser Deliktsgestaltung die Unterlassung des Antrags auf unlautere Gründe zurückführen sollte.

Was die einfache Körperverletzung und den Mundraub betrifft, Delikte, für die öfters die Beseitigung des Antragserfordernisses gefordert worden ist[1]), so kommt für dessen Beibehaltung neben den schon angeführten Gründen vom Standpunkt des Entwurfs noch ein besonderes Moment in Betracht. Ein Gesetz, das dem Gericht gestattet, in besonders leichten Fällen von einer Strafe überhaupt abzusehen, § 83 des Entwurfs in Verbindung mit §§ 227, 272 — ein Reformgedanke, der hier unmöglich diskutiert werden kann — muß zugleich wünschen, daß solche Tatbestände schon von der Schwelle des Gerichts ferngehalten werden. Dieses Ziel wird durch das Antragsverlangen gewiß nicht ausnahmslos erreicht, aber doch erheblich befördert.

Der Gesindediebstahl usw. ist, wie der häusliche Diebstahl usw. überhaupt, Antragsdelikt nach Gesetz und Entwurf nur bei unbedeutendem Wert: Offizialverfolgung aller dieser kleinen Entwendungen, wie sie zuweilen gefordert worden ist[2]), würde sicher nicht zu einer Besserung des Dienstbotenwesens führen, den schnellen Stellenwechsel — schon jetzt eine Kalamität — befördern, bestehende Unsitten doch nicht ausrotten, der Herrschaft die Möglichkeit nehmen, einen sonst tüchtigen Dienstboten zu behalten, der nun durch Strafverfolgung verbittert ist usw. Es tut nicht wohl, den Bogen zu überspannen!

6. Als Verbesserung ist zu begrüßen, daß alle von einem Beamten in oder bei Ausübung des Amtes vorsätzlich begangenen Delikte — Übertretungen ausgenommen — vom Antragserfordernis befreit sind, § 210 des Entwurfs. Diese gemeinen Delikte enthalten immer auch einen Bruch der Amtspflicht und müssen daher, wie Amtsdelikte, der Offizialverfolgung unterliegen.

7. Die Behandlung des Antrags in den Reichsspezialgesetzen scheidet aus, weil der Entwurf diese unberührt läßt.

---

[1]) So Allfeld, S. 222.

[2]) So Allfeld, S. 222.

8. Relative, nur unter Voraussetzung eines bestimmten Verhältnisses zwischen dem Täter (Teilnehmer) und dem Verletzten als solche anerkannte Antragsdelikte sind nach dem Entwurf Diebstahl, Unterschlagung, Betrug, Untreue, Jagd- und Fischwilderei. Ein technischer Fehler ist, daß § 273 Abs. 2 auch den Mundraub in diesen Zusammenhang stellt, der vielmehr nach § 272 absolutes Antragsdelikt ist. Und die Untreue wäre überhaupt zu streichen.

Bei Diebstahl und Unterschlagung nennt der Entwurf neben den Angehörigen, Vormündern, Erziehern — § 247 StG.B. — auch die „Pfleger“ als Verletzte, im Einklang mit der zivilen Rechtslage, übernimmt die Begehung im Lehrlingsverhältnis und erweitert die — in § 247 — gleichgestellte „häusliche Gemeinschaft“ durch Streichung des Erfordernisses „als Gesinde“. In den beiden letzten Fällen wird ferner „unbedeutender Wert“ des Entwendeten vorausgesetzt. Erstreckung über das Gesinde hinaus kann gebilligt werden, falls der Täter, was auch den Motiven S. 752 entspricht, in einem Autoritätsverhältnisse zum Haushaltungsvorstand steht, das diesem die Ergreifung dienlicher Maßnahmen, insbesondere gegen Wiederholung, ermöglicht. Demgemäß wäre zu formuliren: wer eine Person bestiehlt usw., „deren Aufsicht er in häuslicher Gemeinschaft untergeben ist“. Die bloße Tatsache, daß sich der Täter in Kost und Logis begeben hatte, als Gast im Hause weilte, wenn auch für längere Zeit, kann nicht genügen.

Bei Betrug kehren die gleichen Fassungen wieder, wobei die gleiche Präzisierung zu fordern ist; das geltende Recht, § 263, spricht nur von Begehung gegen „Angehörige, Vormünder, Erzieher“.

Jagd- und Fischwilderei, erstere im Einklang mit § 292 StGB., sollen Antragsdelikte sein bei Verletzung „Angehöriger“.

In gewissem Sinne gehört zu den relativen Antragsdelikten auch die im Auslande verübte, nur nach dortigem Recht dem Antrag unterworfene Tat des „Neubürgers“. Das Antragserfordernis besteht dann nach § 5 Ziff. 2b des Entwurfs nicht mit für einen Teilnehmer, der schon zur Zeit der Tat Deutscher war.

9. Im Falle der Beleidigung einer gesetzgebenden Versammlung oder einer andern politischen Körperschaft wird die Entscheidung über das Vorhandensein öffentlichen Interesses an der Strafverfolgung in die Hand des Verletzten gelegt. Es wäre pflichtwidrig, wenn die Staatsanwaltschaft nach erteilter Ermächtigung nicht klagen würde, den Bestand der allgemeinen Klagvoraussetzungen unterstellt. Der Grundgedanke ist, daß der Staatszweck das strafrechtliche Einschreiten nur fordert, wenn es zur Wahrung

der Autorität des Staatsorgans, der Körperschaft geboten ist, worüber diese zu befinden haben. Im Gegensatz zum Antrag bei Beleidigung kommt in der „Ermächtigung“ nicht ein Genugtuungsverlangen, sondern eine der Staatsanwaltschaft Macht (zur Klage) gebende und sie bindende Entscheidung zum Ausdruck[1]). In dieser

[1]) Die übliche Aufstellung, daß in den Ermächtigungsfällen nicht ein Recht auf Verfolgung, wie beim Antragsdelikt, sondern nur ein Recht, diese hintanzuhalten, bestehe, gibt keine Erklärung. Denn durch Nichtstellen des Antrags wird auch die Verfolgung gehindert. Daß der Staatsanwalt die Ermächtigung nachzusuchen pflegt, den Antrag abwartet, bleibt ohne Würdigung des inneren Gegensatzes der beiden Erklärungen eine rein formale Differenz.

Zur näheren Begründung noch folgendes: Das Strafgesetz schafft immer — in Verbindung mit dem Delikt — einen Strafanspruch des Staates, bejaht aber das Strafbedürfnis öfters nur unter Vorbehalt, in der zutreffenden Erwägung, daß im Einzelfall beachtenswerte Gegengründe bestehen können. Mit der Erteilung des Antrags-, Ermächtigungsrechts wird die Erledigung des Vorbehalts, die ja nicht anders als an der Hand des Einzelfalls erfolgen kann, in die Sphäre des Prozesses gewiesen. So entsteht konstruktiv der Gegensatz zwischen dem stets vorhandenen Strafanspruch und der Strafklagbefugnis, die sich der Staat immer nur beilegt, nachdem ihm durch Antrag, Ermächtigung Beweis für das Strafbedürfnis im Einzelfall geliefert worden ist. Reale, die Unterscheidung von materiellem und formellem Recht überwindende Rechtsbetrachtung mag immerhin im Antrag eine Bedingung der aktuellen Strafbarkeit finden. So Wach *Vergl. Darst. Allg. T. VI. 32.* Nur darf nicht außer acht bleiben, daß mit der Behandlung des Antrags usw. als Prozeßvoraussetzung sich praktisch erhebliche Folgen verknüpfen. Binding, Handbuch *I. 661,* der diese Konsequenzen voll gezogen hat (S. 610f.), erkennt dem Antrage doch zugleich prozessuale und materielle Bedeutung zu und das ist in dem angegebenen Sinne gewiß richtig.

Beim Antragsdelikt wird das öffentliche Interesse an der Verfolgung nach Ansicht des Gesetzgebers durch das im Stellen des Antrags sich bekundende Interesse des Verletzten oder doch durch das in gleicher Weise dokumentierte Fehlen eines der Bestrafung entgegenstehenden Interesses desselben mitbestimmt. Nicht korrekt wäre zu sagen, das öffentliche Interesse werde bei Ausbleiben des Antrags durch privates Interesse verdrängt. Denn die Aufstellung des Antragserfordernisses ist das Ergebnis einer Abwägung von Interessen, die sämtlich sozial erheblich sind — gut Merkel, Lehrb. S. 239 —, und der gestellte Antrag gilt dem Staate als die ausreichende Gewähr — in den Fällen der Beleidigung, überhaupt der Privatklagdelikte, noch unter dem weiteren Vorbehalt einer ferneren Prüfung seitens der Staatsanwaltschaft —, daß im Einzelfall diese Interessen kongruieren, ein konkretes Strafbedürfnis besteht, das Interesse an strikter Durchführung des Strafgesetzes nicht durch beachtenswerte anderweite Erwägungen paralysiert ist. Dagegen ist Ausgangspunkt für das Ermächtigungsdelikt nicht die Annahme eines möglicherweise vorhandenen Interessenkonflikts, vielmehr

Auffassung liegt zugleich die Billigung des vom Entwurf beibehaltenen „Ermächtigungs“delikts[1]). Auch die Verfolgung der

---

die Auffassung, daß ein Bedürfnis, die Autorität der gesetzgebenden Versammlung usw. durch Reaktion gegen ungehörigen Angriff zur Geltung zu bringen, nur besteht, wenn es von dieser selbst empfunden wird, und daß daher der abstrakt ausgesprochenen Strafbarkeit nur bei bejahendem konkreten Entscheid des Staatsorgans ein öffentliches Interesse an der Bestrafung entspricht. Das „Ermächtigen“ ist ein Machtgeben, sich vollziehend durch auktoritative Entscheidung, nicht ein bloßes Nachsuchen, wie der Antrag. Wenn man, wie Hausmann, Beleidigung gesetzgeb. Versammlungen S. 31, in dem Worte „Ermächtigung“ lediglich eine falsche Etikette sieht, kann freilich der Gegensatz zum Antrag nicht erfaßt werden.

Der Unterschied der beiden Fälle zeigt sich wesentlich auch darin, daß gegenüber der Beleidigung des Privaten der Antrag nur als conditio sine qua non der staatlichen Strafverfolgung wirkt, das öffentliche Interesse durch ihn allein noch nicht liquide gestellt ist, der Staatsanwaltschaft eine weitere Prüfung zufällt und sie immer noch mangels öffentlichen Interesses den Antragsteller auf den Weg der Privatklage verweisen kann, während das Ermächtigungsdelikt nicht Privatklagdelikt ist, der Entscheid des Verletzten über das Bestehen öffentlichen Interesses die Staatsanwaltschaft schlechthin bindet.

Ebenso erklärt sich die stets begründete Unwiderruflichkeit der Ermächtigung aus ihrer Entscheidungsnatur. Der an seine Adresse, die Staatsanwaltschaft, gelangte Entscheid bindet auch seinen Urheber.

Die Antragsfrist und die Antragsform gelten nicht für die Ermächtigung. Wohl ist sie „unteilbar“; dafür spricht nicht nur der nämliche Grund wie beim Antrag (Gleichbehandlung gleich Schuldiger), sondern auch die Entscheidungsnatur, indem der vom Staatsanwalt vorgelegte Tatbestand, wenn auch unter Berücksichtigung der bekannt gewordenen Beteiligten, für verfolgungsbedürftig erklärt wird. A. A. Allfeld S. 217.

Unwiderruflich ist auch die auf Anfrage des Staatsanwalts erklärte Versagung der Ermächtigung, die negative Entscheidung, während dem Antragsberechtigten die entsprechende Erklärung bei noch laufender Frist nicht präjudizieren würde.

[1]) Der *SchVE.* kennt Ermächtigungsdelikte nicht.

Das geltende österreichische Recht fordert in einigen wenigen Fällen (Finger, *II. 217, 453*) „Ermächtigung“, während weit häufiger Verfolgung im Weg der Privatklage (Finger, *I. 142f.*) eintritt. Antragsdelikte im techn. S. sind unbekannt (Finger *I. 99*). Dagegen enthält der Entwurf eine große Zahl von Ermächtigungsdelikten. Die Ermächtigung ist bald in eminentem Sinne Staatsakt (Ermächtigung seitens der ungarischen, bosnischen usw., der Regierung eines fremden Staats, §§ 138, 140, 141, der diplomatischen Vertretung eines solchen, §§ 142, 143), bald geht sie aus von dem Minister, dessen Ressort durch das Delikt berührt ist (§§ 164, 171, 232 II, 402), bald steht sie dem Verletzten zu. Dazu eine Reihe von Privatklagdelikten. Mit

Majestätsbeleidigung sollte (wie im röm. Recht, l. un. c. 9, 7) an die Ermächtigung des Verletzten geknüpft sein[1]).

III. Die Ausgestaltung des Antragsrechtes im Vorentwurf.

Der Vorentwurf hat, obwohl er den Charakter des Antrags als Prozeßvoraussetzung deutlich zum Ausdruck bringt, doch im Einklang mit dem geltenden StGB. und dem *O.* und *SchVE.* wegen der nahen Beziehung des Antrags (der Ermächtigung) zum materiellen Recht die Bestimmungen über den Inhaber des Antragsrechts, die Unteilbarkeit des Antrags, die Frist dafür, die Frage der Widerruflichkeit usw. dem Strafgesetzbuch zugeteilt.

1. Das Antragsrecht steht, wie bisher, regelmäßig dem Verletzten zu, § 72 Abs. 1 des Entwurfs. Dieser auch im Entwurfe nicht definierte Begriff ist im Geiste des Entwurfs und des geltenden Rechts dahin zu bestimmen: der Träger des in oder mit dem angegriffenen Rechtsgut geschützten Individualinteresses, jedoch im Falle des Diebstahls unter Beschränkung auf den Eigentümer, der im vulgären Sinne allein, nicht zugleich mit dem bloßen Gewahrsamsinhaber der „Bestohlene“ ist[2]). Mit dieser Charakterisierung

---

der Ermächtigung im techn. S. teilt diese Erklärung nur den Namen, der innere Gegensatz von Antrag und Ermächtigung ist im österreichischen Rechte nicht erfaßt. Die Würdigung der Privatklagfälle des *OVE.*, ihrer Abgrenzung von den Ermächtigungsfällen und der Gestaltung des Privatklagrechts wäre ohne Digression in das strafprozessuale Gebiet nicht möglich. Der *OVE.* v. 1893 hatte Privatklag- und Antragsdelikte; die Kommissionsentwürfe v. 1906, § 57 substituierten dem Antrag die „Ermächtigung“.

[1]) Loening, *Vergl. Darst. Allg. T. I. 461* wünscht „Genehmigung der Landesjustizverwaltung“.

[2]) Bloße Interessenverletzung als nähere oder entferntere, vielleicht erst durch viele Zwischenglieder vermittelte Deliktsfolge genügt nicht.

Der Mißdeutung ausgesetzt ist die Fassung des *SchVE.* Art. 24, wonach „jeder durch die Tat Verletzte“ Antrag stellen kann.

Zu beachten ist, daß der strafprozessuale Begriff des „Verletzten“ keineswegs immer mit dem Verletzten als Inhaber des Antragsrechts (bzw. mit der Person, die als „Verletzter“ Antragsrecht haben würde, wenn nicht das Delikt Offizialdelikt wäre) zusammenfällt. So sicher nicht bei § 170 StPO., § 177 Entwurf zu StPO.: Antrag des „Verletzten“ auf gerichtliche Entscheidung.

Zur Begründung der im Texte gegebenen Definition in Kürze das folgende:

1. Bei Rechtsgütern mit individueller Grundlage (Körperintegrität, Ehre, Vermögen usw.) ist Angriffsobjekt notwendig zugleich das Rechtsgut und ein Einzelinteresse. Das Rechtsgut der Körperintegrität usw. kann nur

sind alle Antragsdelikte des Entwurfs getroffen; ob auch die der Spezialstrafgesetze, muß dahingestellt bleiben.

Dem Antragsberechtigten mangelt die Antragsfähigkeit, wenn er geschäftsunfähig oder noch nicht 18 Jahre alt ist[1]). Dann wird er durch seinen gesetzlichen Vertreter — für die Person — auch im Gebrauche des Antragsrechts vertreten. Der über 18 Jahre

---

in der Person eines einzelnen durch die Körperverletzungsnorm mit geschützten Menschen verletzt werden. Er ist der „Verletzte".

2. Verbrechen gegen Rechtsgüter ohne individuelles Substrat (Eheordnung usw.) greifen zunächst nur das Rechtsgut an, aber es kommt zuweilen neben dem Rechtsgute ein Einzelinteresse (an ehelicher Treue des Gatten usw.) als sekundäres Schutz- und Angriffsobjekt mit in Betracht. Der Träger dieses Interesses ist der „Verletzte".

3. Während die Interessen-Verletzung im Sinne 1 und 2 Moment des gesetzlichen Deliktstatbestandes ist, wird nicht selten durch die konkrete Deliktsgestaltung zugleich ein Individualinteresse verletzt oder mitverletzt, das gegen solche Verletzung zwar rechtlichen Schutz genießt, Angriffsobjekt des Verbrechens im Rechtssinne aber nicht ist, weder in primärer noch in sekundärer Bedeutung. Dabei ist vorausgesetzt, daß dieser koindizierende Angriff nicht als ein besonderes Delikt strafbar ist, da sonst Idealkonkurrenz vorläge und eine „Verletzung" im Sinne von 1 anzunehmen wäre.

Als Beispiele können dienen vorsätzliche oder fahrlässige Verletzung fremden Vermögens durch Körperverletzung eines andern, vorsätzliche Schädigung des Verlegers durch Verleumdung eines Schriftstellers (Vorwurf des Plagiats usw.). Ein Moment des konkreten Deliktstatbestandes enthält hier eine normwidrige Verletzung fremden Interesses, ist „unerlaubte Handlung" (nach Maßgabe der §§ 823 f. BGB.). Der in diesem Sinn Verletzte ist nicht wegen Körperverletzung usw. strafantragsberechtigt, wohl wäre er zum Antrag auf gerichtliche Entscheidung usw. befugt.

4. Beim Diebstahl knüpft sich das Antragsrecht an die Eigentumsverletzung, während die Gewahrsamsverletzung als die bei weitem geringere, isoliert gar nicht strafbare Normwidrigkeit zwar ein „Verletztsein", aber nicht ein Antragsrecht ergibt. Die Entscheidung über Strafverfolgung des Täters ist und kann nur anvertraut sein dem geschädigten Eigentümer, dem „Bestohlenen". Ebenso Binding, Handbuch I S. 622.

Auf die Streitfragen, wer der „Verletzte" sei bei Sachbeschädigung, Verletzung des Briefgeheimnisses, Offenbarung anvertrauter Privatgeheimnisse usw., kann nicht eingegangen werden. Vgl. besonders Binding, a. a. O. S. 615 f.

---

[1]) Der *OVE.* gibt in einigen Fällen dem noch nicht 18jährigen die Ermächtigungsfähigkeit, §§ 252, 267, 274, 317 I. Entsprechend kann bei § 254 (Ehebruch) der noch nicht 18jährige die Privatklage selbst erheben. Im übrigen schweigt der Entwurf über die Voraussetzungen eigener Rechtsausübung (die doch bestimmt sein müßten!).

Der *SchVE.* Art. 24 läßt das 16. Jahr entscheiden.

alte Minderjährige hat ein selbständiges Antragsrecht neben dem des gesetzlichen Vertreters (wobei das letztere aus einem Vertreterrecht formell zu einer selbständigen Berechtigung wird, wenn es auch materiell noch dem Vertretungszwecke dient). Gleichstellung beschränkt Geschäftsfähiger mit den Minderjährigen in der Frage der Antragstellung war nicht veranlaßt — vgl. die Motive S. 274 —, da die Verfolgung in solchen Fällen füglich nicht gegen den Willen des Verletzten Raum haben darf.

Wegen Beschimpfung eines Verstorbenen sind antragsberechtigt der hinterbliebene Ehegatte und die Kinder, in Ermangelung dieser Personen die Eltern, Großeltern, Enkelkinder und Geschwister des Verstorbenen, § 264 Abs. 1[1]). Die Ausdehnung auf Großeltern und Enkelkinder (in § 189 StGB. nicht genannt) ist an sich zu billigen, da sonst nicht selten unmotivirte Straflosigkeit unter Verletzung des Pietätsgefühls eintreten würde. Aber es dürfte genügen, den Schutz 30 Jahre lang nach dem Tode zu gewähren[2]). Andererseits durften nicht allgemein „die übrigen Verwandten gerader Linie", wie bei Übertragung des Antragsrechts auf die Hinterbliebenen nach § 72 Abs. 3 des Entwurfs, zum Antrag berufen werden, um nicht über das wirkliche Bedürfnis hinaus Strafschutz zu geben.

In den Fällen der Beleidigung und Körperverletzung konkurriert mit dem Antragsrechte der verletzten Ehefrau ein solches des Mannes; wegen Beleidigung einer Behörde, eines Beamten usw. in Ausübung des Berufs ist auch der Vorgesetzte zum Antrag selbständig berechtigt. In allen diesen Beziehungen hält der Entwurf §§ 72 Abs. 2, 264, 233 am bestehenden Rechte fest. Zu vermissen ist eine Stellungnahme zu der bekannten Streitfrage, ob vertretungsweise Antragstellung dann zulässig ist, wenn die Wahrnehmung der durch das Delikt verletzten vermögensrechtlichen Interessen einem Dritten übertragen worden war[3]). De lege ferenda empfiehlt sich die Bejahung (die auch de lege lata durch Analogieschluß — aus WarZG. § 23, PatG. § 12, GebrMustG. § 13 — gestützt ist), um nicht Delikte straflos werden zu lassen, indem der Verletzte auf die Wirksamkeit des Vertreterantrags gerechnet hat, wozu — bei Auffassung der Antragsfrist als tempus continuum[4]) — noch die Rücksicht auf Behinderung des Verletzten an der Antrag-

---

[1]) Der *OVE.* § 333 Abs. 2 gibt Klagrecht dem Ehegatten und den Verwandten ersten Grades.

[2]) Köhler, Annalen des Deutschen Reichs 1910 S. 214, schlägt 50 Jahre vor.

[3]) Vgl. auch Köhler a. a. O. S. 213; v. Bar, Gesetz u. Schuld *III. 312.*

[4]) Bekanntlich bestritten.

stellung während der Frist infolge längerer Abwesenheit usw. hinzukommt, doch sollte, damit nicht ohne zwingenden Grund der Wille des Verletzten selbst ausgeschaltet wird, diesem die Rücknahme auch des an sich unwiderruflichen Antrags innerhalb der noch laufenden Frist freistehen. Mit dem eigenen Antragsrechte des mehr als 18 Jahre alten Minderjährigen wird auch in Zukunft selbständiges Privatklagrecht nicht verbunden sein, § 378 Entwurf II zu StPO.

Auch bei der Verführung entscheiden nach dem Entwurf § 248 lediglich die allgemeinen Grundsätze, während das Gesetz § 182 „den Eltern oder dem Vormund“ das Antragsrecht gibt.

Das selbständige Verhältnis mehrerer Antragsrechte ist zweifellos, § 62 StGB. war daher entbehrlich.

2. Auch die Unteilbarkeit des Antrags (im Gegensatz zur Teilbarkeit der Privatklage) ist geblieben, § 73 des Entwurfs[1]). Gewiß mit Recht, denn es verletzt die Gerechtigkeit, wenn von mehreren am Delikt Beteiligten nur einer zur Bestrafung herausgegriffen wird. Deshalb war auch auf den Vorschlag der Antiduelliga, beim Ehebruch die Beschränkung des Antrags auf den mitschuldigen Dritten zuzulassen, nicht einzugehen. Denn die Schuld des Gatten würde ja infolge solchen Antrags doch aufgedeckt, die Bestrafung aber auf eine Person beschränkt, die weniger strafwürdig sein kann, jedenfalls nicht durch Treuepflicht gebunden war. In der Fassung des § 73: „Die Strafverfolgung findet gegen sämtliche an der Tat Beteiligte statt, auch wenn nur gegen eine von ihnen der Antrag gestellt ist“ hätte der Charakter als gesetzliche Auslegungsregel[2]) zum Ausdruck kommen sollen durch den Zusatz: „Der Antrag ist unzulässig, wenn er die Verfolgung eines Beteiligten ausschließt“[3]).

3. Die Form des Antrags bleibt auch nach dem Entwurfe dem Strafprozeßgesetz überlassen (Entwurf II zu StPO. § 160 Abs. 2: bei der Staatsanwaltschaft; einem Gericht — d. h. nach richtigem

---

[1]) Auch die Ermächtigung des *OVE.* ist unteilbar, § 73.

[2]) Richtig Eulau, Geteilter usw. Strafantrag S. 12.

[3]) Diese Unzulässigkeit gilt auch, wenn die Verfolgung eines Beteiligten (Angehörigen) ausgenommen wird, bezüglich dessen der Antrag widerruflich wäre. A. A. Finger, Lehrbuch I S. 197, Mot. S. 277. Denn dieser Widerruf würde, der Unteilbarkeit des Antrags halber, die Verfolgung aller Beteiligten ausschließen. Anders die herrschende Meinung.

Zu tadeln ist die kategorische Fassung des *SchVE.* Art. 24: Ist wegen einer Tat ein Strafantrag gestellt, so sind alle Teilnehmer zu verfolgen. Ähnlich *OVE.* 1893 § 76.

Verständnis bei einem Gericht 1. Instanz, ausgenommen das Reichsgericht[1]); ferner immer beim Prozeßgericht, wenn im schwebenden Verfahren 1., 2. Instanz der Antrag nachgeholt wird —; einer Behörde des Polizei- und Sicherheitsdienstes durch schriftliche oder protokollarische Erklärung; das von einem Polizei- usw. Beamten aufgenommene Protokoll soll vom Antragsteller unterzeichnet sein).

4. Da nur ein verständiger Gebrauch des Antragsrechts den Staatszwecken dient, so muß der Staat, indem er dieses Recht gibt, erwarten, daß der Berechtigte nicht vorschnell, sondern nach reiflicher Erwägung der Gründe für und wider den Antrag stellt. Daher ist Rücknahme des Antrags im Prinzip zu versagen, zumal diese Möglichkeit einen unlauteren Gebrauch des Rechts begünstigt. Ist durch den Antrag eine Verfolgungspflicht der Staatsanwaltschaft begründet, das Gericht mit der Sache befaßt worden, so heißt es in der Tat beiden viel zumuten, wenn nach vielleicht erheblicher Arbeitsleistung das Verfahren wieder sistiert werden soll. Nur triftige Gründe können eine Ausnahme rechtfertigen[2]).

Rücksichtnahme auf die auswärtige Regierung, die Erhaltung der guten Beziehung zu ihr motiviert die Widerruflichkeit des Strafantrags wegen hochverräterischer Handlung gegen den ausländischen Staat, Tätlichkeit, Beleidigung gegen dessen Oberhaupt, Beleidigung des beim Reiche usw. beglaubigten Gesandten, §§ 123. 124 E. Leicht kann ja im Laufe des Strafverfahrens dessen Durchführung von der ausländischen Regierung als inopportum empfunden werden.

Im übrigen wird zu scheiden sein zwischen dem relativen und dem absoluten Antragsdelikt.

a) Wenn gerade die nahe Beziehung des Verletzten zum Täter das Antragserfordernis ergeben hat, um nicht ein der Bestrafung widerstrebendes Empfinden jenes zu verletzen, das zwischen beiden bestehende, auch sozial wertvolle Verhältnis nicht durch strafenden Eingriff zu schädigen, dem Täter in der Erwartung genügender Korrektur seitens des Verletzten die Strafe zu ersparen, so ist es am Platze, mit dem Entwurf auch die Rücknahme des Antrags zu gestatten, indem der durch die Tat erregte Unwille beim Stellen des Antrags die Rücksichten auf die Person gerade dieses Täters leicht zurückgedrängt haben kann, die nun nachträglich zum vollen Bewußtsein kommen. Auch ist gerade bei diesen Tatbeständen erkaufte Rücknahme wenig wahrscheinlich.

---

[1]) Binding I S. 657.

[2]) Die Ermächtigung des *OVE.* ist nur in wenigen Fällen (§§ 164, 322, 354, 364) rücknehmbar, § 73, der Antrag nach *SchVE.* Art. 24 dagegen stets.

Nicht so unbedenklich ist es, das absolute Antragsdelikt des Ehebruchs in dieser Hinsicht gleichzustellen, § 180 Entwurf. Die Gefahr des Mißbrauchs liegt hier näher. Immerhin wiegt sie nicht so schwer — der Erpresser liefert immer auch dem andern eine Waffe (Denunziation nach Ablauf der Antragsfrist usw.) —, um nicht dem Verletzten, der Grund hat, das Vorgehen gegen den einstigen Gatten nachher zu bereuen, die Rücknahme noch zu gestatten.

b. Bei sonstigen absoluten Antragsdelikten ist mit Ausnahme der Beleidigungstatbestände und der Beschimpfung eines Verstorbenen Rücknahme des Antrags gegen Nichtangehörige jedenfalls zu versagen. Denn es fehlt hier an dem besonderen Grunde, daß eine auf den Täter zu nehmende vom Gesetze sanktionierte Rücksicht durch den Affekt des Zornes zunächst ausgeschaltet sein kann.

Für die Beleidigungen usw. bedingt andere Entscheidung die Ermöglichung eines wirksamen Vergleichs, wie das Gesetz selbst ihn in dazu geeigneten Fällen wünscht (§ 420 StPO., §§ 383, 398 Entwurf II zur StPO.). Der Staatsanwaltschaft darf in solchem Falle nicht die Möglichkeit der Strafverfolgung bleiben infolge Unwiderruflichkeit des Antrages. Der Entwurf zur StPO. läßt sogar und mit Recht durch den Vergleich schon von selbst das Antragsrecht zerstört werden (in der fiktiven Fassung, der Antrag gelte als zurückgenommen)[1].

Der Vorentwurf gestattet — von den Beleidigungen usw. abgesehen — bei Sachbeschädigung, dem neuen Delikt der „Vermögensbeschädigung" und bei Körperverletzung Rücknahme des Antrags gegen Angehörige, bei Mundraub, Erschleichung freier Fahrt usw. und bei Wegnahme von Viehfutter die Rücknahme schlechthin. Die Frage kann von dem hier vertretenen Standpunkte aus nur sein, ob bei diesen Delikten — die Aufnahme der einbegriffenen neuen Tatbestände einmal unterstellt — der Antrag gegen A n g e h ö r i g e[2]), denen für die Fälle des Mundraubes, der Wegnahme von Viehfutter gleichzustellen wären die der Autorität des Verletzten unterworfenen Personen (wie bei Haus- und Familien-

---

[1]) Der Entwurf zur StPO. § 398 sieht übrigens auch in Unwiderruflichkeit des Antrags nicht ein Hindernis gegen Zulassung vollstreckbaren Vergleichs. Zu kritischer Stellungnahme ist hier nicht der Ort. Zu bemerken ist, daß § 74 Vorentwurf die Rücknahme zuläßt bis zur Verkündung eines auf Strafe lautenden Urteils, während Vergleich auch noch in der Berufungsinstanz möglich ist.

[2]) Erschleichung usw. im Sinne des § 279 N. 1 Entwurf Angehörigen gegenüber wird allerdings nur sehr selten vorkommen.

diebstahl) revokabel sein soll. Der Ausschluß des Widerrufs in diesen Fällen würde eine offenbare Inkongruenz ergeben gegenüber den relativen Antragsdelikten. Begehung durch Angehörige usw. unterstellt, besteht gewiß nicht ein erhöhtes Strafbedürfnis für die genannten absoluten Antragsdelikte. Es mag bei den letzteren neben dem Angehörigenverhältnis gar manche weiteren Gründe geben, den Antrag nicht zu stellen, aber sicher fällt auch diese Beziehung zum Täter wesentlich mit ins Gewicht. Hat die durch die Tat erzeugte Erregung dem Verletzten das Bewußtsein getrübt der für ihn bestehenden besonderen Rücksicht, so wird ihm die Rücknahme des Antrags ebenso zu gestatten sein, wie wenn es eines solchen überhaupt nur gegenüber dem Angehörigen bedurfte. Auch Hausfriedensbruch und unbefugte Brieferöffnung bedingen in Erweiterung des Entwurfs die gleiche Behandlung. Dem Angehörigen, z. B. der Frau gegenüber, die eine „Eheirrung" befürchtend einen an den Mann gerichteten Brief eröffnet hat, sollte, wenn im ersten Ärger der Antrag gestellt worden ist, Rücknahme noch möglich sein.

Das Widerrufsrecht müßte grundsätzlich mit Eröffnung des Hauptverfahrens enden[1]). Der Berechtigte hat nun genügend Zeit gehabt zu wiederholter ruhiger Erwägung. Zu weitgehend läßt der Entwurf § 74 die Rücknahme bis zur Verkündung eines auf Strafe lautenden Urteils zu. Die Rücksicht auf das Gericht usw. ist dabei vernachlässigt. Nur bei Verfolgung im Weg der Privatklage und nur unter der ferneren Voraussetzung, daß das Gesetz Erledigung im Wege des Vergleichs sanktioniert — ob das auch bei andern Delikten als Beleidigung geschehen, wie überhaupt der Kreis der Privatklagedelikte gezogen werden soll, entzieht sich hier der Prüfung —, wäre im Sinne des Entwurfs zu entscheiden.

Die Unwiderruflichkeit der Rücknahme selbst in jedem Falle folgt aus dem Mangel gegenteiliger Bestimmung und brauchte daher im Entwurf nicht ausgedrückt zu werden.

Zulassung der Rücknahme betreffs Angehöriger bedeutet, richtig verstanden, keineswegs indirekte Teilbarkeit des Antrags, indem das Verfahren gegen die andern trotz der Rücknahme fort-

---

[1]) So auch Allfeld, S. 225. Doch will er Zurücknahme in allen Fällen zulassen, wo überhaupt das Antragserfordernis berechtigt sei.

Der *OVE.* § 73 Abs. 2 läßt die Zurücknahme nur bis zum Beginne des Beweisverfahrens der Hauptverhandlung zu. Entschieden abzulehnen ist § 254 Abs. 3, wonach die wegen Ehebruchs verhängte Strafe von dem verletzten Ehegatten erlassen werden kann (Privatbegnadigung). Der *SchVE.* Art. 24 gibt die Rücknahme bis zur Verkündung des Urteils erster Instanz frei.

zusetzen wäre, vielmehr nur, daß wirksam lediglich ist der bezüglich des Angehörigen erklärte Widerruf, jedoch wirksam für alle Beteiligten[1]).

5. Die Unverzichtbarkeit des Antragsrechts ist geblieben, wie bisher, trotz Nichterwähnung; eine Ausnahme besteht übrigens, soweit die StPO. in Privatklagefällen einen Klagerecht und Antragsrecht ausschließenden Vergleich zuläßt.

6. Das Antragsrecht erlischt nach geltendem Gesetz mit dem Tode seines Inhabers. Man hat wohl eine Ausnahme angenommen bei Sukzession des Erben in das verletzte Rechtsobjekt, z. B. die beschädigte Sache[2]), jedoch mit Unrecht, da „verletzt" im Rechtssinne nicht ist das Objekt und sein jeweiliger Inhaber, sondern nur der Träger des betroffenen rechtlich geschützten Interesses zur Zeit des Delikts, und nicht folgerichtig, indem der Sondernachfolger nicht gleichgestellt ist. Aber es empfiehlt sich, das Recht mit dem Tode des Verletzten übergehen zu lassen auf solche Personen, von denen erwartet werden kann, daß sie die Frage des Antrags im Geiste des Verstorbenen, dem das Gesetz sachgemäße Entschließung zugetraut hatte, lösen werden. Freilich kann diese Erwartung trügen, zumal wenn das besondere Verhältnis des Täters zum Verletzten, z. B. ein Lehrlingsverhältnis, in der Person des neuen Rechtsinhabers nicht wiederkehrt, aber das größere Übel wäre unmotivierte Straflosigkeit des Täters, weil der Verletzte bald nach der Tat gestorben war. Daher ist die Übertragung des Antragsrechts auf den hinterbliebenen Ehegatten, die Kinder und in Ermangelung dieser Personen auf die übrigen Verwandten gerader Linie, sowie die Geschwister des Verletzten im § 72 Vorentwurf zu billigen[3]). Welcher innere Grund könnte es

---

[1]) Die Annahme beschränkter Wirkung des Widerrufs verstößt gegen ein Postulat der Gerechtigkeit und das positive Teilungsverbot, indem die Zulässigkeit nur teilweiser Rücknahme auch die Möglichkeit geteilter Antragstellung ergeben würde. Auch steht entgegen der generelle, die Rücknahme gegenüber dem Angehörigen mit einschließende Wortlaut im Gesetz (§ 64 Abs. 2) und Entwurf § 74 Abs. 2 (*SchVE.* Art. 24, 2):

„Die Zurücknahme des Antrags gegen einen der an der Tat Beteiligten hat die Einstellung auch gegen die anderen zur Folge." Es ist daher anzunehmen, daß Rücknahme gegen den Angehörigen, soweit nicht betreffs eines Beteiligten Unwiderruflichkeit bereits eingetreten ist (durch Urteilserlaß gegen ihn), generelle Wirkung hat.

[2]) Frank zu § 61 V.

[3]) Der *OVE.* § 73 Abs. 3 gibt nach dem Tode des Verletzten das Recht der Ermächtigung dem Ehegatten und den Verwandten ersten Grades, es sei denn, daß feststeht, der Verletzte habe sein Recht nicht ausüben

auch rechtfertigen, wegen Beschimpfung des Lebenden, vielleicht schon Todkranken, bald nachher Gestorbenen den Angehörigen das Antragsrecht zu versagen, wegen Beschimpfung des Verstorbenen aber zu gewähren (§ 189 StGB., § 264 Abs. 1 Entwurf)[1]? Dazu kommt, daß nach Entwurf II zu StPO. § 399 die Angehörigen die vom Verletzten erhobene Privatklage fortführen dürfen (bisher, § 433 StPO., nur im Falle der Verleumdung); da ist es doch nur folgerichtig, ihnen auch die Stellung des Antrags, die Erhebung der Klage zu ermöglichen.

Nur beim Ehebruch wäre streng persönlicher Charakter des Antragsrechts am Platze[2]), Übertragung auf die Kinder ist direkt verkehrt, auf andere Verwandte wenig angemessen.

War die Frist dem Verletzten gegenüber schon in Lauf gesetzt, so steht den Nachfolgern in das Antragsrecht nur der Fristrest zu Gebote[3]). Andernfalls beginnt mit ihrer Kenntnisnahme der Fristenlauf.

7. Die bisherige dreimonatige Antragsfrist ist als ausreichend beibehalten worden[4]). Ebenso der Beginn der Frist mit dem Tage, seit welchem der Antragsberechtigte von Tat und Person[5]) des

---

wollen (sehr unpraktikabele Beschränkung). Bei Entführung eines Pflegebefohlenen, § 255, geht nach dem Tode des Verletzten das Recht auf den Nachfolger in der Obhut über.

Der *SchVE.* Art. 24 nimmt Sukzession der „Angehörigen" (Art. 63 Ziff. 3) an.

Köhler, Ann. des Deutsch. Reichs 1910 S. 214, will den Übergang ausschließen, wenn der Erblasser seinen Willen kundgegeben habe, daß die Antragstellung unterbleiben solle. Das hätte praktische Bedeutung nur, wenn der Täter durch ein in seinen Händen befindliches Schriftstück den Beweis zu führen vermöchte. Und hätte nicht der Verletzte seinen Willen noch ändern können?

[1]) Mot. S. 275.

[2]) So *SchVE.* Art. 138 (zu weitgehend, daß mit dem Tode des beleidigten Gatten auch die erkannte Strafe wegfallen soll).

[3]) Diese Restfrist wird nicht erst von der Kenntnisnahme der Nachfolger an berechnet. Es geht das Recht, binnen drei Monaten von erlangter Kenntnis an den Antrag zu stellen, vom Verletzten auf die Angehörigen über.

So auch *SchVE.* § 24 Abs. 3: „Stirbt ein Verletzter, so treten die Angehörigen an seine Stelle."

[4]) Ebenso *SchVE.* Art. 24; nur beim Ehebruch ist die Frist auf einen Monat verkürzt (seit Rechtskraft des Scheidungsurteils; müßte heißen: seit Kenntnis des Berechtigten von Rechtskraft usw.).

Die Ermächtigung des *OVE.* kann nur innerhalb zwei Wochen nach der Anfrage des Staatsanwalts erfolgen, § 73.

[5]) Nicht gut *SchVE.* Art. 24: Tat und Namen des Täters.

Täters Kenntnis erlangt hat[1]), § 71 Entwurf. Darin liegt nach richtigem Verständnis die Entscheidung, daß im Falle der Mittäterschaft usw. die Kenntnis von einem Beteiligten die Frist in Lauf setzt. Die Frist erst beginnen zu lassen, nachdem der Berechtigte von allen Kenntnis erlangt hätte[2]), wäre nicht empfehlenswert. Denn es könnte sonst ein längerer Zustand der Ungewißheit — ob es zur Verfolgung kommen wird oder nicht — eintreten, der Antrag erst gestellt werden, nachdem wichtige Belastungs-, Entlastungsbeweise verloren gegangen sind. Auch müßten dann unbedingt Anträge vor Fristbeginn — und doch wohl auch deren wirksame Rücknahme — zugelassen werden, da der Verletzte öfters nicht voraussehen könnte, ob eine weitere Beteiligung sich noch ergeben möchte. Durch einen solchen Antrag aber würde vermöge des Unteilbarkeitsprinzips der später noch bekannt werdende Mitbeteiligte im voraus mit erfaßt, so daß das Argument, der Berechtigte würde, wenn er die weitere Beteiligung gekannt hätte, den Antrag vielleicht nicht gestellt haben, seine Bedeutung verlöre. Nach alledem verdient die Datierung der Frist von der ersten Kenntniserlangung als der praktikabelere Modus den Vorzug, mag immerhin in seltenen Ausnahmefällen einmal die Unwiderruflichkeit des Antrags — an sich oder nach der gegebenen Prozeßlage — im Hinblick auf einen später bekannt gewordenen Teilnehmer als mißlich empfunden werden.

Die besondere Befristung des Gegenantrags bei wechselseitigen Beleidigungen, Körperverletzungen (§§ 198, 232 Abs. 3 StGB.) ist geblieben, §§ 233 Abs. 3, 265 Entwurf.

Dem Ablaufe der Antragsfrist steht nicht entgegen, daß zunächst fälschlich in der Tat ein Offizialdelikt erblickt wurde und

[1]) Der Entwurf verzichtet mit Recht darauf, hinsichtlich des Beginns der Frist bei Dauer-, Kollektiv- und fortgesetzten Delikten Einzelbestimmungen zu treffen, Mot. S. 270. Doch sei hier auf einen durchweg übersehenen Punkt hingewiesen. Die Antragsfrist läuft zwar bei fortgesetztem Delikt für die mehreren Akte einheitlich von dem letzten an, so daß jeder neue Akt an sich eine Akkreszenz des Antragsobjekts ergibt, allein sollte zwischen zwei Akten eine längere als die Antragsfrist liegen und wegen des vorgängigen Akts Antrag nicht bereits gestellt worden sein, so müßte dieser als durch Nichtantrag präjudiziert ausscheiden. Entsprechend ist für die Verjährung zu entscheiden.

Daß bei Ehebruch, Ehebetrug, Entführung mit nachfolgender Ehe die Antragsfrist erst mit Kenntnis des Berechtigten von der Rechtskraft des Urteils auf Scheidung oder Nichtigkeit der Ehe beginnt, bedurfte keiner Hervorhebung.

[2]) So Allfeld, S. 223. Dagegen auch v. Bar, Gesetz und Schuld *III. 323.*

dann nach geänderter Auffassung das Verfahren wegen Antragsmangels eingestellt worden ist. Der Anregung, dem Verletzten noch jetzt die Antragstellung zu gestatten unter Neugewährung der Frist von der Einstellung an[1]), hat der Entwurf mit Recht nicht entsprochen, da mit wiederholter Belangung des Beschuldigten, neuer Beweiserhebung wegen des nämlichen Tatbestandes usw. überwiegende Nachteile verknüpft wären. Der Verletzte mag, soweit in der Tat ein Antragsdelikt liegen kann, für alle Fälle den Antrag stellen, der Staatsanwalt nach Befinden ihn dazu anregen.

---

§ 2.

Verjährung.

I. Kriminalpolitische Begründung der Verjährung.

Strafansprüche sind so wenig als Zivilansprüche unsterblich.

Bei der Fülle der Aufgaben, die der Rechtspflege täglich neu erwachsen, kann ihre Pflicht, Vergangenes zu untersuchen, nicht unbegrenzt sein. Soweit es der richterlichen Feststellung eines Anspruchs zu dessen Realisierung bedarf, muß dieses Verlangen in gehöriger Zeit erhoben werden. Der Richter ist bestellt, der Gegenwart ihr Recht zu weisen, und er hat damit der Arbeit reichlich genug; es kann nicht seines Amtes sein, weit zurückliegende Vorgänge aufzuhellen, soweit nicht ausnahmsweise dieser Rückgriff unerläßlich ist, um bestehende, der Normierung bedürftige Gebilde zu beurteilen, wegen der kausalen Verknüpfung von einst und jetzt. Gesunde Rechtspolitik hat dem Richter zu ersparen jede durch die Bedürfnisse rationellen Rechtsschutzes nicht erforderte Belastung, ganz besonders ein Suchen mit unsicherem Ergebnis. Die Zeit schafft für die Feststellung des Tatsächlichen Fehlerquellen, die besorgen lassen, daß statt der Wahrheit eine auf trügerische Erkenntnismittel gebaute Fiktion zur Urteilsgrundlage würde, der konkrete Prozeß den Zweck der Prozeßinstitution verfehlte[2]). Die Spuren und die Zeugen einer Tat, die Beweise der

---

[1]) Allfeld, S. 223.

In diesem Sinne *OVE.* 1893 § 82.

[2]) Sehr gut Binding, Handbuch *I. 823.* Aber der einzige Grund der Verjährung ist die Beweisvergänglichkeit nicht.

Loenings Einwand, *Vergl. Darst. Allg. T. 1. 406,* daß die Beweisunsicherheit nur zur Freisprechung führen könne, geht fehl, denn von dem

Schuld und der Nichtschuld sind vergänglich. Auf getreue Reproduktion des Tatbildes ist nicht mehr zu rechnen, nachdem die Zeit Beweise vernichtet, verschoben, die Erinnerungen der Zeugen getrübt hat. Der Staat hat nur auf so lange hinaus Justiz zu gewähren, als er es mit gutem Gewissen noch kann. Urteile, denen anhaftet nicht nur die unvermeidliche menschliche Fehlsamkeit, die vielmehr laborieren an dem problematischen Charakter ihrer Aufgaben, dienen nicht mehr der Justiz. Unverdiente Freisprechungen, Verurteilungen Unschuldiger, infolge Verlustes dort von Belastungs-, hier von Entlastungsbeweisen, falsche Feststellungen wirklicher Schuld im Sinne eines Zuviel, Zuwenig oder in der Richtung fehlgehend, aus dem gleichen Grunde der Beweisverdunkelung, wären die Früchte solcher Rechtspflege.

Das Interesse der Rechtsordnung, der nur vertrauenswürdige Urteile frommen, und die Rücksicht auf die Parteien, die zu belangende nicht nur, an die bei Sicherung vor ungerechtem Spruch in erster Linie gedacht wird, sondern auch die, für welche ein Anspruch in Betracht käme, die ihn erhebend sich in die Gefahr brächte, Unrecht zu leiden, wenn sie abgewiesen würde, Unrecht zu tun im Falle ihres Obsiegs, widerraten dringend, Ansprüche noch gelten zu lassen, die sich längere Zeit hindurch nicht geltend gemacht haben.

Wie das Dauernde im Leben der Völker und der einzelnen eine schaffende und vernichtende Macht ist, so muß auch das Recht seine Wirkung anerkennen. Ein Zustand von problematischem Rechtswert, der sich längere Zeit hindurch ungestört erhalten hat, wird zu unanfechtbarem Rechtszustand. Das Schaffen kann liegen in der Festigung, Vergewisserung, der Sicherung vor Prätensionen, während der Zustand von vornherein dem Rechte entsprach; es kann sich äußern in einer Verwandlung, indem nunmehr als rechtgemäß zu gelten hat, was einst das Recht verletzte, ungesühnter Rechtsbruch unsühnbar wird, der Schuldige die Rechtssicherheit erlangt, wie sie feststehender Nichtschuld eignet. Entsprechend ist das Vernichten erwünschtes Abschneiden unbegründeter oder

---

Beweisverlust, der Beweisverschiebung weiß doch der Richter nicht. Wenn Loening ferner bemerkt, daß bei der Bedingtheit der Verjährungszeit durch den juristischen Charakter der Handlung doch gerade zur Entscheidung über die Verjährung selbst häufig Beweiserhebungen erforderlich seien, so übersieht er, daß jede Beweisaufnahme zu unterlassen ist, deren Ziel wäre, einen sicher verjährten Anspruch festzustellen. Es ist bei der prozessualen Frage des Antrags, die auch von dem juristischen Charakter der Handlung abhängt, nicht anders.

unerwünschtes Zerstören begründeter Ansprüche. Der Zweifel, ob der Zeitablauf diese oder jene Wirkung geübt hat, entzieht sich der praktischen Lösung. Das Schaffen-Vernichten ist alternativ ein Rechtsvergewissern oder ein Anspruchs-Zerstören in Verbindung mit Legalisieren des Unrechts.

Während diese Erwägungen, wenn sie auch zunächst die Strafansprüche im Auge hatten — mit geringen Änderungen —, auch auf Zivilansprüche zutreffen, so treten weiter für beide noch besondere Gründe hinzu: Postulate des Rechtsverkehrs im Zivilrecht, die mit dem Strafzweck gegebenen Grenzen des Strafbedürfnisses für die Strafansprüche.

Rechtsgüterschutz durch Generalprävention, die belehrende, pflichtbekräftigende, warnende, abschreckende Bedeutung der Strafe für die Gesamtheit, Versuch der Umbildung oder Unschädlichmachen des Täters zur Verhütung neuen Delikts von seiner Seite: diese beiden Funktionen der Strafe können an deliktischen Vorgängen einer entlegenen Vergangenheit nicht mehr zu bestimmungsgemäßer Wirkung kommen.

Soll die Bestrafung des Täters die Unverbrüchlichkeit der Rechtspflicht und den Wert des verletzten Gutes den Rechtsgenossen eindringlich zum Ausdruck bringen, so darf das Delikt noch nicht ihrem Gedächtnisse völlig entschwunden sein. Das Straferwarten, erzeugt durch das Delikt und die Strafdrohung, bildet die Voraussetzung, unter der die Strafe — als seine Erfüllung — ihre generalprävenierende Kraft voll zu entfalten vermag. Gewiß ist's hochbedauerlich, wenn ein Delikt ungesühnt geblieben ist, aber auch der Versuch, das Vergangene der Vergessenheit zu entreißen, eine Bestrafung zu erwirken, die nicht mehr getragen ist von einem Strafverlangen der Mitwelt, ist vom Übel. Ohne die ideelle Reaktion gegen das Verbrechen im Volke, die sich nicht künstlich neu erzeugen läßt, verfehlt die Strafe des besten Teiles ihrer Wirkung. Zumal, wenn der Zweifel hinzukommt, der im Einzelfalle unbegründet sein mag, dem aber durchschnittliche Berechtigung zuerkannt werden mußte, ob ein nach langer Zeit ergangenes Strafurteil noch auf zuverlässigem Fundamente ruht. Unverkennbar treffen die beiden Gedankenreihen — Schwinden der Feststellungssicherheit; Verblassen der Erinnerung an das Delikt und damit Wegfall des Straferwartens, des empfundenen Strafbedürfnisses — in diesem Punkte zusammen. Auch eine mit der Macht des Tatsächlichen, dem Einflusse des Zeitablaufs, diesen alles Menschliche berührenden und bestimmenden Potenzen, gegebene Einwirkung speziell auf das Strafbedürfnis darf nicht ungewürdigt bleiben: das

Unbestraftbleiben des Verbrechers während langer Zeit erscheint uns als eine Schicksalsfügung, und tief in der menschlichen Natur begründet ist die Scheu, da noch ändernd eingreifen zu wollen, wo wir das Walten einer höheren Macht zu ahnen glauben. Vor solchem Empfinden, das auch seine Logik hat, macht die Zwecksetzung halt.

Ebensowenig als die Generalprävention können die Tendenzen der Besserung, Abschreckung, Unschädlichmachung des Täters, wie sie im Gefolge jener die Strafe beherrschen, noch zur Geltung kommen anläßlich fern zurückliegenden Delikts. Von diesem Standpunkte aus ist der Schluß unabweislich: entweder hat das spätere Verhalten des Täters das Bedürfnis der Spezialprävention ergeben, dann liegt eben darin der Grund des Einschreitens, oder durch dauernde gesetzmäßige Führung ist die Annahme der Gefährlichkeit des Täters widerlegt, so daß es für Umbildungsversuche und Selektion am Anlasse fehlt[1]).

Die vergeltende Bedeutung der Strafe ist an sich nicht davon abhängig, ob diese zusammentrifft mit einem Sühnebedürfnis des Täters, ob das Schuldgefühl noch besteht oder im Laufe der Zeit verblaßt und verloren gegangen ist. Aber nicht um ihrer selbst willen, sondern im Rahmen der Generalprävention betätigt sich die Vergeltung. Sie fällt daher mit dieser. Und das Gegenteil erwünschter individueller Strafwirkung wäre die Verbitterung des Betroffenen. Könnte diese aber ausbleiben, wenn zurückgegriffen würde auf eine alte Schuld, die von der Welt vergessen ist, die ihr Urheber durch streng rechtliche Lebensführung zu sühnen sich bemüht hatte und gesühnt zu haben glaubt? Gewiß, mancher einstige Verbrecher mag sich ganz anders verhalten haben, aber gerade darin läge die schwere Unbilligkeit und Ungerechtigkeit einer Strafverfolgung lange nach dem Delikt, daß sie die einstige Verfehlung herausrisse aus dem Ganzen des Lebensbildes, aus dem Zusammenhang, in den sie die Zeit gestellt hat, daß sie den redlichen Bürger von jetzt gleich behandelte dem Ungebesserten, dauernd Gesetzlosen, und daß die Verurteilung, möchte auch Begnadigung sich anschließen, des Vergangenen halber ein falsches Licht werfen würde auf die Gegenwart des Betroffenen und seine Zukunft schwer schädigen, ja vernichten könnte.

Erscheint hiernach die Verjährung der Strafverfolgung durch

---

[1]) Auf Verkennung dieser Alternative, die von einer konsequent gedachten Spezialprävention nicht abgelehnt werden kann, beruhte es, wenn öfters neben Zeitablauf Besserung als Verjährungsvoraussetzung aufgestellt wurde; Nachweisungen bei Loening. *Vergl. Darst. Allg. T. I. 412, 415, 427.*

eine Mehrheit kriminalpolitischer Gründe gestützt, so zeigt sich doch eine Differenz dieser Erwägungen darin, daß die einen, die andern je für sich zu verschiedener Gestaltung der Verjährung drängen. Bildet die Feststellungsschwierigkeit den Ausgangspunkt, so läßt sich eine Stufenfolge von Verjährungsfristen nach dem Maße der Strafbarkeit nicht gewinnen. Daß schwere Delikte einen stärkeren, dauerhafteren Eindruck zu hinterlassen pflegen als leichte Verfehlungen, ist gewiß richtig, noch immer richtig, obwohl die Gegenwart in dem bunten Spiel des Wichtigen und des massenhaften Unwichtigen, das von allen Seiten auf sie einstürmt, recht vergeßlich geworden ist. Aber bestehen deshalb auch für jene Delikte die durchschnittlich besseren Feststellungschancen? Mögen bei ihnen die Erinnerungen länger haften — was freilich auch bedeuten kann ein Überdauern der falschen Elemente des Erinnerungsbildes nach Schwinden der richtigen —, die Sterblichkeit der Zeugen und ihr Unerreichbarwerden aus anderen Gründen sind die nämlichen. Und die Spuren der Tat zu vernichten, den Beweis zu vereiteln, wird der Täter um so mehr bemüht sein, je schwerer die drohende Strafe ist. So würde die Beweisverdunkelung, wenn sie allein den Ausschlag gäbe, trotz gewisser, prima facie zugunsten der schwereren Delikte bestehender Verschiedenheiten der präsumtiven Beweislage, doch zu einheitlicher Verjährungsfrist führen müssen. Dagegen wächst ohne Zweifel mit der Schwere des Delikts das Strafbedürfnis. Ein ungesühnter Mord belastet die Justiz, schädigt die Rechtssicherheit doch ganz anders als ein unverfolgter Diebstahl oder gar nur die nicht bestrafte Übertretung. So fällt der Verzicht auf den Strafanspruch dem Staate um so schwerer, je schlimmer der Rechtsbruch war, und es findet die Abstufung der Verjährungsfristen nach dem Deliktsübel und seinem gesetzlichen Ausdruck, der Strafbestimmung, ihre natürliche Erklärung[1]). Es liegt der Einwand nahe, je höhere Strafe drohe, um so mehr fordere Beachtung die Gefahr, den Unschuldigen zu treffen. Aber der Staat muß im Vertrauen auf die Einsicht und Gewissenhaftigkeit der Richter, die bei Beurteilung entlegener Vorgänge ganz besonders in dubio pro reo entscheiden werden, in der Straflosigkeit schwerer Delikte das größere Übel finden und hier der Verfolgung noch Raum geben, während er minder Wichtiges schon auf sich beruhen läßt. Man kann in der längeren Verjährungsfrist für jene ein Kompromiß finden zwischen den Anforderungen einerseits des Zeitmoments, andererseits des Strafbedürfnisses.

---

[1]) Übereinstimmend v. Bar, Gesetz und Schuld *III. 390.*

Daß ohne die Annahme absterbenden Strafbedürfnisses eine zureichende Erklärung der Verfolgungsverjährung und ihrer Abstufungen nicht zu gewinnen ist, lehrt auch ein Vergleich mit der zivilen Anspruchsverjährung. Denn hier, nicht dort gibt es eine fixe Verjährungsfrist für alle Ansprüche (mit Vorbehalt der in den §§ 196 ff. BGB. genannten, die im Interesse baldiger Rechtssicherheit weit kürzer befristet sind). Und diese regelmäßige Frist beträgt 30 Jahre, § 195 BGB., während die Verfolgungsverjährung viel früher, selbst bei todeswürdigen Verbrechen schon nach 20 Jahren eintritt. Da ist doch trotz aller Verschiedenheit der Beweismittel, der Beweisführung, des Beweisziels in Zivil- und Strafsachen die Deutung kaum abzuweisen, daß der schnellere und stufenweise sich vollziehende Verzicht auf die Strafansprüche mit der Eigenart der Strafaufgaben zusammenhängt, während das längere und gleichmäßig lange Festhalten der Zivilansprüche aus der Scheu entspringt, ohne dringende Not es durch Nehmen und Geben zu einer Verschiebung zweier Rechtskreise kommen zu lassen.

Die dem Strafzweck entnommenen Gründe stehen auch der andern Ausprägung der Verjährungsidee, der Verjährung der Strafvollstreckung, zur Seite[1]). Mit Ableitung der Verfolgungsverjährung lediglich aus den Schwierigkeiten und Unsicherheiten der Feststellung verlöre diese zweite Form der Verjährung jede Berechtigung. So liefert ihr Bestehen im positiven Rechte zugleich den Beweis, daß auch die Verfolgungsverjährung mit aus dem Gesichtspunkte schwindenden Strafbedürfnisses zu erklären ist. Wenn auch die rechtskräftige Feststellung dem Strafanspruch größere Bestandkraft gibt, zu perpetuieren vermag sie ihn nicht. Der Strafzweck ist nicht jederzeit nach dem Delikte noch erreichbar. Diese Erwägung, wie sie für den Wegfall der Strafe bei noch nicht erwirktem Urteil spricht, trifft auch für festgestellte Strafansprüche zu. Nur daß durchweg die Zeitmaße zu verlängern sind[2]), da neben der Tatsache der Deliktsbegehung noch das Vollstreckung heischende Urteil das Straferwarten begründet und erhält. Die Abstufung der Fristen nach der Schwere der erkannten Strafen, in denen die Bedeutung des Delikts ihren formalen Ausdruck erhalten hat, folgt ohne weiteres aus dem verschiedenen Maße des festgestellten Reaktionsbedürfnisses. Die Erwägung, daß stete Aussicht auf den Vollzug der Strafe einen

[1]) Wer die Verfolgungsverjährung lediglich aus der Beweisvergänglichkeit ableitet, muß die Vollstreckungsverjährung verwerfen. So Binding, S. 828.

Der *OVE.* hat sie nicht.

[2]) Dagegen Loening, S. 467.

seelischen Druck und damit ein Leiden erzeuge, dem billigerweise nicht noch das Strafübel selbst hinzugefügt werden dürfe, würde als solche niemals den Fortfall der Strafe begründen können. Denn diese Gleichstellung von Straffurcht und Strafe wäre willkürlich und dem Einwande ausgesetzt, daß die Sorgenzeit mit fortgesetzter pflichtwidriger Nichtbefolgung des Urteils gegeben sei. Nur indirekt, aus dem Gesichtspunkte, verbitternde Strafwirkung nach Möglichkeit zu ersparen, käme dem Argumente eine gewisse unterstützende Bedeutung zu.

Die Beziehung der Vollstreckungsverjährung auf den festgestellten Strafanspruch leuchtet ein. Die Verfolgungsverjährung schließt zunächst die Klage aus, aber nicht nur wegen Unsicherheit der Feststellung des Delikts, sondern zugleich, weil der etwa entstandene Strafanspruch durch Zeitablauf untergegangen ist. Diese Alternative, das zugleich prozessuale und materiellrechtliche Fundament des Instituts, wirkt zurück auf die juristische Konstruktion[1]). Klagversagung lediglich zur Verhütung unzuverlässiger Feststellung wäre auf die Klagebefugnis zu beziehen und es ließe sich dann das Unverjährtsein der Klage als Prozeßvoraussetzung deuten[2]), so daß in einem trotzdem eröffneten Prozeß auf Ein-

---

[1]) Die Verjährungstheorien, z. B. die Loenings *Vergl. Darst. Allg. T. I. 379f., 433*, pflegen die Begehung des Delikts als gewiß zu unterstellen und fragen nun, weshalb nach Ablauf längerer Zeit von Bestrafung abgesehen werde. Dabei wird das in der Verjährungsvorschrift enthaltene Feststellungsverbot ganz übersehen (s. z. B. Loening, S. 449). Durch sicher eingetretene Verjährung etwa verübten Delikts wird dem Richter die Prüfung der Schuldfrage entzogen. Binding, Handbuch I S. 822 f. betont mit Recht die Feststellungsschwierigkeit als wesentliches Motiv der Verjährungsbestimmung, aber neben ihr steht der materielle Grund schwindenden Strafbedürfnisses. Daß jede dieser Erwägungen isoliert erfaßt zu verschiedener Konstruktion und praktischer Ausgestaltung des Instituts führen würde, hindert nicht, sie zu kombinieren und aus ihrem Zusammen- und Gegeneinanderwirken das Recht der Verjährung zu bestimmen. Gegenüber einer Mehrheit treibender Kräfte läßt sich nicht das gewordene Recht nur von einem Punkte aus erklären. Es ist ein Vorurteil Loenings, wenn er S. 380 jede Kombination strafrechtlicher und strafprozessualer Elemente zur Erklärung des Instituts von vornherein als „unklar" abweist. Trefflich die kurze, die prozessualen und materiellen Gesichtspunkte vereinende Darstellung Merkels, Lehrbuch § 89. In gleichem Sinne v. Bar, Gesetz und Schuld *III. 386ff.*

[2]) Anders die Grundauffassung Bindings, S. 809, 829 f.: Die Verjährung beseitigt das Recht des Richters zu bejahendem Sachurteil und in Konsequenz davon das Recht des Klägers auf Verurteilung; Konstruktionen, die leider in diesem Zusammenhang nicht gewürdigt werden können.

stellung zu erkennen wäre. Untergang des Anspruchs hingegen beseitigt keineswegs die Klagebefugnis, sondern entzieht nur dennoch erhobener Klage die Begründung, schließt lediglich in diesem Sinne die Klage aus. Da nun die Alternative: aufgehobener Anspruch, der Feststellung entrückter Anspruch — Nichtanspruch, im Prozesse notwendig ungelöst bleibt, so fehlt die Berechtigung die Klagebefugnis zu verneinen, den Kläger abzuweisen wegen mangelnder Prozeßvoraussetzung. Vielmehr bleibt nur übrig, den Untergang etwa entstandenen Strafanspruchs als materiellen Klagabweisungsgrund wirken zu lassen, so daß in der Hauptverhandlung sich ergebende Verjährung zur Freisprechung führt.

Es erhellt zugleich, daß feststehende Verjährung die Prüfung der Schuldfrage ausschließt[1]). Die Freisprechung ist liquide, weil sich die Straffrage negativ erledigt hat. Ein Strafanspruch hat entweder nie bestanden oder er ist durch Zeitablauf untergegangen. Diese Alternative trägt die Klagabweisung unter Nichtbeantwortung der Schuldfrage[2]).

Der Vorentwurf hat die beiden Formen der Verjährung beibehalten. Auch die Gegner der Vollstreckungsverjährung werden nicht bestreiten können, daß ein Versuch diese zu beseitigen gegenüber den zurzeit dominierenden Anschauungen aussichtslos gewesen wäre.

Billigung verdient ferner, daß der Vorentwurf nicht, einem zuweilen gemachten Vorschlage folgend, in Gestalt der Verjährung der Strafwirkung eine dritte Form des Instituts anerkannt hat. Rehabilitation Bestrafter durch bloßen Zeitablauf, in Nachbildung der französischen réhabilitation de droit, ist ein Unding. Mit vollem Rechte knüpft vielmehr der Entwurf §§ 50, 51 die Wiedereinsetzung in aberkannte Ehrenrechte und die Löschung der Bestrafung im Strafregister an die Voraussetzung längerer guter Führung, wobei die Motive S. 170 f. zutreffend die Rehabilitation auf den Gedanken lohnweiser Aufrechnung zurückführen.

Der entbehrliche, die beiden Verjährungsarten konstatierende § 66 StGB. ist gestrichen worden. Statt das „Verbrechen" verjähren zu lassen, § 94 Entwurf, sollte der Ausschluß der Strafverfolgung durch Verjährung (des Strafanspruchs) ausgesprochen werden[3]).

---

1) Binding, a. a. O. S. 831.

2) Oetker, Gerichtssaal Bd. 65 S. 441; Glaser-Oetker, Strafprozeß III S. 354.

3) Etwa in der Form: Die Strafverfolgung ist ausgeschlossen durch Verjährung — noch deutlicher: durch Verjährung des Strafanspruchs — bei Verbrechen nach 20 Jahren usw.

Es kommt so der alternative Charakter des Instituts, der Ausschluß der Verfolgung wegen etwa begangenen Verbrechens, der Untergang des etwa entstandenen Strafanspruchs, zum Ausdruck. Auch die Verjährung der „rechtskräftig erkannten Strafe“, § 97 Entwurf, ist zu beanstanden; Strafverjährung statt Strafanspruchsverjährung paßt auf die réhabilitation de droit, die nicht voraussetzt, daß die Strafe vollstreckt worden ist. Es wäre zu sagen: Die Vollstreckung rechtskräftig erkannter Strafen ist durch Verjährung (sc. des Anspruchs) ausgeschlossen nach 30 Jahren usw. Ist so eine Präzisierung an der entscheidenden Stelle gegeben, so mögen im übrigen die zweifellos ungenauen[1]), aber durch Kürze eingebürgerten und schwer zu entbehrenden Wendungen „Verfolgungsverjährung“, „Vollstreckungsverjährung“ beibehalten werden.

Dem Ablaufe des größern Teils der Frist für die Verfolgungsverjährung wurde im frühern Rechte öfters — entweder schlechthin oder unter Voraussetzung des Wohlverhaltens — die Bedeutung eines Strafmilderungsgrundes beigelegt[2]). Im Widerspruche sicher mit der Spezialprävention! Wird ein Abschreckungs-, Besserungsbedürfnis noch angenommen, so kann es nicht, wenn anders völlig willkürliche Schätzungen vermieden werden sollen, als ein durch den Zeitablauf, das Wohlverhalten (Besserung zur Hälfte aus eigener Kraft, zur andern durch nun einsetzende Bestrafung!) gemindertes erachtet werden. Und Generalprävention wird in ihrem Maße lediglich durch das Delikt bestimmt, kann durch Zeitablauf wohl erübrigt, aber nicht reduziert werden. Die Annahme endlich einer „erwerbenden Verjährung“[3]) durch gute Führung, die dem Verbrecher auf Strafmilderung einen Rechtsanspruch gäbe, wäre Übertreibung des Lohngedankens, da die Vermeidung der Bestrafung in einem wenn nicht rechtswidrigen, so doch sittlich tadelnswerten Verhalten des Täters gründet. Der Entwurf hat daher mit Recht einen solchen Milderungsgrund verworfen[4]).

---

[1]) Wach, *Vergl. Darst. Allg. T. VI. 32.*

[2]) Nachweisungen bei Loening, S. 399, 404.

Der *OVE.* § 44 sieht einen mildernden Umstand in vorwurfsfreiem Verhalten des Täters während eines der Verjährungszeit nahekommenden Zeitraums. Der *SchVE.* Art. 50 verlangt nur, daß das Verbrechen bei Beginn der Strafverfolgung nahezu verjährt sei (fakultativer mildernder Umstand).

[3]) Treffend Binding, S. 824.

[4]) Loening, S. 470, 471, befürwortet Strafmilderung nach Ablauf der Hälfte der Verjährungsfrist. Ausgangspunkt hierfür, wie für seine Verjährungsauffassung überhaupt, ist die von ihm (in teilweisem Anschluß an Merkel) vertretene Theorie des durch das Verbrechen verschobenen, durch die Strafe

Entsprechend kann im Hinblick auf die Vollstreckungsverjährung die nahebei erfüllte Voraussetzung nur nach Befinden im Gnadenwege strafmildernd usw. berücksichtigt werden.

II. Die Verfolgungsverjährung im Vorentwurf.

An den Grundlagen des bestehenden Rechts, Bemessung der Fristen[1]) nach der Schwere der angedrohten Strafen, Unterbrechung der Verjährung durch richterliche Verfolgungshandlung gegen den Täter, Ruhen der Verjährung, solange die Strafverfolgung durch gesetzliche Vorschrift inhibiert ist, hat der Entwurf festgehalten. Eine bedeutsame Neuerung liegt besonders darin, daß den Unterbrechungen mit Ablauf der doppelten Verjährungsfrist eine absolute Zeitgrenze erwachsen soll.

1. Die Verjährungsfristen[2]).

a) Die Befristungen des § 67 StGB. für Verbrechen sind im § 94 Entwurf geblieben. Die mittlere 15 jährige Frist ist ausdrücklich mitbezogen auf Delikte, die mit „einer anderen", d. h. nicht

---

wiederherzustellenden rechtlichen Gleichgewichts zwischen dem Täter und den übrigen Rechtsgenossen: diese ausgleichende Bedeutung habe auch der im Laufe der Zeit sich vollziehende Wechsel der rechtlichen Beziehungen und ergäbe zum Teil auch der schon nach Ablauf eines Teils der Verjährungszeit eintretende Wegfall eines Teils der Verbrechenswirkungen. Wenn nun auch die Strafrechtstheorie Loenings sich hier der kritischen Würdigung entzieht, so ist doch klar, daß die Konsequenz seiner Argumentation nur sein könnte kontinuierliche Reduktion der verwirkten Strafe während der Verjährungszeit bis zum völligen Wegfall. Der von ihm gemachte Einschnitt ist willkürlich.

Bei der Strafzumessung kann längere rechtliche Lebensführung des Täters in Betracht kommen, so daß bei genügender Weite des Strafrahmens Härten vermieden werden. Ist Todesstrafe usw. absolut angedroht, so liegt der Fehler hierin, nicht in Nichtberücksichtigung des vermeintlichen Strafmilderungsgrundes. Vgl. auch Mot. *I. 27, 28.*

[1]) Die feste Verjährungsfrist ist — im Interesse der Rechtssicherheit — gebotener Rechtsformalismus. Treffend Wach, *Vergl. Darst. Allg. T. VI. 34.* Die unerläßliche durchschnittliche Wertung kann nicht zugleich jedem Einzelfalle konform sein.

[2]) Im *OVE.* § 76 sind die Fristen für schwere Delikte länger (25, 20 Jahre); in der Mittelstufe (wenn Freiheitsstrafe im Höchstmaße von sechs Monaten oder mehr angedroht ist) soll gelten eine dem Doppelten des Höchstmaßes gleichkommende, aber mindestens 2 und höchstens 15 Jahre betragende Frist (bei der großen Mannigfaltigkeit von Fristen, die sich danach ergeben kann, technisch nicht empfehlenswert).

Der *SchVE.* Art. 59, 241 hat durchweg längere Fristen. Zu verin Zuchthaus bestehenden, „lebenslänglichen Freiheitsstrafe“ bedroht sind. In Betracht kommen die lebenslängliche Gefängnisstrafe des MStGB. §§ 16 Abs. 1, 93 Abs. 1, 100 Abs. 2, von der Auslegung schon jetzt überwiegend unter der 15 jährigen Frist mit befaßt, und die lebenslängliche Haftstrafe des Entwurfs, § 19 Abs. 1.

Die Verfolgung von Vergehen soll in fünf Jahren verjähren, wenn sie mit Freiheitsstrafe von mehr als einjähriger Dauer, in drei Jahren, wenn sie mit geringerer Strafe bedroht sind, § 94 Abs. 2 Entwurf. Bisher bildet dreimonatige Gefängnisstrafe die Grenze. Die Änderung hängt zusammen mit der Einweisung solcher Delikte, die nur mit Gefängnis oder Haft (im Sinne des Entwurfs) bis zu drei Monaten bedroht sind, unter die Übertretungen, § 1 Abs. 3 Entwurf, einer hier nicht zu erörternden Neuerung.

Die kurze, vielfach als unzureichend empfundene[1]) Verjährungsfrist für Übertretungen — von nur drei Monaten —, § 67 Abs. 3 StGB., ist verdoppelt worden. Dafür sprach auch die Verschiebung der Strafgrenze zwischen Übertretungen und Vergehen in § 1 Abs. 3 Entwurf. Eine Erhöhung der Frist auf ein Jahr, wie sie Loening, S. 460 f., vorgeschlagen hatte, wäre nicht möglich gewesen bei Aufrechterhaltung der bestehenden sechsmonatigen Frist für Preßverbrechen und Preßvergehen, § 22 Preßgesetz. An den reichsrechtlichen Sonderbestimmungen aber wollte der Entwurf nicht ändern. Es kann jedoch die neue sechsmonatige Frist im Hinblick auf die unten (sub 2) zu besprechende Bestimmung des Entwurfs über das Ruhen der Verjährung während schwebenden Hauptverfahrens und bei Annahme des daran angeschlossenen Verbesserungsvorschlags (s. sub 2) auch als ausreichend gelten.

Was unter der angedrohten Strafe zu verstehen ist in den Fällen des Versuchs, der Beihilfe, der Jugend des Täters, des Rückfalls, bei sonstigen Qualifikations-, bei Privilegierungsgründen usw., hat der Entwurf, wie das Gesetz, mit Recht der Auslegung anheimgestellt.

Zu erwähnen ist die kurze, durch irgend stichhaltige Gründe

---

werfen sind die Sonderbestimmungen über Verjährung der Abtreibung und Blutschande in zwei Jahren (Art. 68, 137), anonymer Preßinjurien in einem Jahre von der Veröffentlichung an im Hinblick auf den Redaktor (Art. 109; die preßrechtliche Verjährung wäre generell zu ordnen!), ferner die Herabsetzung der (Verfolgungs- und Vollstreckungs-) Verjährungsfristen gegenüber Jugendlichen zwischen 14 und 18, 18 und 20 Jahren auf die Hälfte (Art. 12, 13; zeitliche Begrenzung der Strafbarkeit durch die Jugend ist ganz unmotiviert!).

[1]) Loening, S. 460, 461.

nicht gestützte, aus dem Ges. v. 17. Februar 1908 entnommene Verjährungsfrist (von sechs Monaten) für Majestätsbeleidigung, §§ 116, 117. Unter dem Gesichtspunkt der gewöhnlichen Beleidigung (die mit jener in Gesetzeskonkurrenz zusammentreffen kann) gilt die normale Verjährung.

b) Das Gesetz, § 67 Abs. 4, läßt die Verjährung beginnen mit dem Tage, an welchem die „Handlung" begangen ist, ohne Rücksicht auf den Zeitpunkt des eingetretenen Erfolgs. Der Fehler springt in die Augen, da Tat und Erfolg untrennbar zusammengehören, das Bewirken des Erfolgs verboten ist und wegen dieser Bewirkung, nicht wegen der bewirkenden Handlung unter Abstandnahme vom Erfolg, geklagt werden soll. Berichtigende Auslegung kann nur teilweise Abhilfe bringen: falls die Strafbarkeit überhaupt erst durch den Erfolgseintritt begründet wird, wie insbesondere bei allen Fahrlässigkeitsdelikten („Handlung" in Abs. 4 = „strafbare Handlung" zu deuten), und ist insofern auch unerläßlich. Aber die Konsequenz bleibt, daß kausal gewordenes vorsätzliches Tun, das auch bei Nichteintritt des Erfolgs bereits strafbar sein würde, von diesem isoliert der Verjährung unterstellt wird. Der Entwurf § 95 Abs. 1 hat daher mit vollem Rechte Tun und Erfolg zu der Einheit „strafbare Handlung" zusammengefaßt und läßt mit dem Tage ihrer Begehung die Verjährung beginnen[1]).

Der Tatbestand eines Unterlassungsdelikts liegt erst vor nach Erschöpfung der dem Täter zum Handeln gegebenen (durch die

---

[1]) Sachlich ebenso Loening, S. 462.

Die Fassung des *OVE.* § 77 („wenn die strafbare Tätigkeit abgeschlossen ist oder das strafbare Verhalten aufhört") stellt (nicht ganz zweifelsfrei!) auf das Tun im Gegensatz zum Erfolg ab. So ausdrücklich Entwurf 1893 § 66. Ebenso das geltende österreichische Recht, Finger I S. 425.

Der *SchVE.* Art. 59 läßt den Erfolgseintritt entscheiden.

v. Bar, Gesetz und Schuld *III. 405* (ähnlich Kitzinger, *Vergl. Darst. Allg. T. I. 195*), schlägt vor, die Verjährung zwar erst mit dem Zeitpunkte des die Strafbarkeit bedingenden Erfolges eintreten zu lassen, aber daneben eine von der Handlung beginnende gegen die sonstigen Fristen etwas verlängerte Verjährung einzuführen. Dagegen spricht, daß es für eine fahrlässige Handlung abzüglich des Erfolges eine Verjährungsfrist überhaupt nicht gibt, daß die Fahrlässigkeit bis zum Erfolgseintritt fortwährt (Binding, Handbuch *I. 839*) und daß vorsätzliches Tun, das abzüglich des Erfolges als Versuch strafbar ist, von der Sonderbestimmung nicht erfaßt wäre, sonach die Verjährung ohne inneren Grund nach der Schuldart verschieden normiert würde. Gegen den Mißstand, daß unter Umständen noch lange Zeit nach der „Handlung" eine Strafverfolgung möglich ist, kann nur besonders sorgsame Prüfung der Schuldfrage schützen.

Situation) oder bestimmten (vom Rechte) Zeit. Es bedurfte weder hierüber, noch über den Verjährungsbeginn bei fortgesetzten, Dauer-, Zustandsverbrechen usw. einer besonderen Bestimmung. Nur sei erinnert an die früher betonte Präklusion des Strafantrags betreffs der früheren Akte fortgesetzten Delikts, wenn zwischen ihnen und den folgenden eine längere als die Antragsfrist verstrichen ist: entsprechend werden durch Ablauf der Verjährungsfrist vor der Deliktsfortsetzung die vorgängigen Akte präjudiziert.

Da das Preßdelikt durch die Verbreitung begangen wird, so sollte nicht bestritten sein, daß das Ende und nicht der Beginn der Verbreitung die ohnehin so kurze Verjährung des § 22 Preßgesetzes einleitet.

Das Tun der Mittäter ergibt eine Gesamthandlung, so daß erst mit dem letzten Tatakte eines von ihnen und nach dem Entwurf mit dem Eintritt des Erfolgs die Verjährung für alle in Lauf gesetzt wird.

Die Anstiftung und die Beihilfe erweisen auch insofern ihre — im Entwurf §§ 78, 79 zweifellos approbierte — akzessorische Natur, als sich der Verjährungsbeginn für sie nach der Haupttat richtet; es müßte denn der Gehilfe noch oder erst nach dem Täter zur Beförderung des in der Tat nicht eingetretenen Erfolgs — sonst nach dem Entwurf Verjährungsbeginn erst mit diesem — gehandelt haben[1]).

Während nach dem Gesetze die Verjährung gleichmäßig beginnt für Delikte, die durch ein und dasselbe Tun ein und desselben Tages begangen wurden, verschieden für real konkurrierende Delikte bei Handeln an verschiedenen Tagen, bedingt der Entwurf gegenteilige Entscheidung, wenn die Erfolge der ideell konkurrierenden Delikte — man denke an Brandstiftung als Mittel der Tötung — an verschiedenen, die der reell konkurrierenden an dem nämlichen Tage eintreten.

Übernommen ist die Besonderheit des Verjährungsbeginns bei Doppelehe „mit dem Tage, an dem eine der beiden Ehen aufgelöst oder für nichtig erklärt worden ist", § 179 Abs. 2 Entwurf = § 171 Abs. 3 StGB.[2]). Der Tatbestand ist nicht Dauerdelikt, auch nicht notwendig Zustandsdelikt (dann nicht, wenn die erste Ehe ungültig, die zweite gültig ist: ein rechtswidriger Zustand

---

[1]) Vgl. dazu Binding, S. 840.

[2]) Fehlt im *OVE.* § 251.

Der *SchVE.* Art. 139 schließt (nicht ganz präzis) die Verjährung aus, „solange eine mehrfache Ehe besteht".

wird hier durch die Eingehung der zweiten Ehe nicht geschaffen), vielmehr an sich in einer die Verjährung ermöglichenden Weise gegeben mit dem Eingehen der zweiten Ehe. Aber seiner Existenz wird öfters, solange beide Ehen noch ungelöst sind, nicht auch Evidenz entsprechen[1]). Es soll verhütet werden, daß mittlerweile bereits Verjährung eintritt.

2. Unterbrechung und Ruhen der Verjährung.

Daß es eine Unterbrechung der Verjährung durch Verfolgungshandlungen geben muß, ist bei einer für die „Verfolgung" laufenden Verjährung selbstverständlich. Nicht aber, welchen Handlungen dieser Charakter zukommen soll.

Da verfolgende Behörde die Staatsanwaltschaft ist, so liegt es nahe, an ein Vorgehen dieser gegen den Täter die Unterbrechung zu knüpfen. Entsprechendes müßte dann für den Privatkläger gelten. Allein die Verfolgungshandlungen des Staatsanwalts bedürfen überwiegend, um die gewollte prozessuale Wirkung zu erreichen, einer Vermittlung durch das Gericht, so die Klagerhebung, die erst mit gerichtlicher Eröffnungsverfügung die Voruntersuchung oder das Hauptverfahren begründet. Die Verfolgung geschieht regelmäßig in der Weise, daß der Staatsanwalt eine richterliche Handlung, Prozeßeröffnung, Erlaß eines Haftbefehls, Steckbriefs, Zeugenvernehmung, verantwortliche Vernehmung des Beschuldigten beim Richter beantragt. Wie somit der Staatsanwalt zumeist durch das Medium des Richters „verfolgt", steht zugleich bei Gefahr im Verzuge vielfach dem letzteren selbst die Verfolgung unmittelbar zu. Durch das Verlangen der Intervention des Richters wird eine wesentliche Garantie geschaffen für die Gesetzmäßigkeit des Verfolgungsakts. Auch dem nicht gesetzentsprechenden, nicht als gesetzlich vom Richter beglaubigten Akte des Staatsanwalts unterbrechende Wirkung beizulegen, wäre gewiß nicht empfehlenswert. Gegenüber den Tendenzen des Prozeßgesetzes, vom Beschuldigten durch das Verlangen richterlicher Vorprüfung abzuwehren nichtgesetzliche, ja auch vielfach materiell unbegründete Verfolgungshandlungen des Staatsanwalts, wäre es eine starke Inkongruenz, wenn das Strafgesetz bereits in dem einseitigen, nicht erst in dem richterlich gebilligten, in dem „legalisierten" Vorgehen der klagenden Behörde den verjährungsunterbrechenden Akt sähe. Und von diesem Standpunkte aus ist es sachgemäßer, ex nunc von der

[1]) Dieses legislatorische Motiv verkennt v. Bar, Gesetz und Schuld *III. 415.*

richterlichen Billigung an, nicht ex tunc von der gebilligten Handlung des Staatsanwalts an die Unterbrechung zu datieren, diese zu finden in der „wegen der begangenen Tat gegen den Täter gerichteten Handlung des Richters“, § 68 des StGB., § 95 Abs. 2 Entwurf[1]), wobei zugleich einbegriffen ist der sonst besonderer Entscheidung bedürftige Fall unmittelbar vom Richter selbst ausgegangener Verfolgungshandlung. Dazu tritt die weitere Erwägung, daß die „künstlichen Unterbrechungen“, eine sehr unerfreuliche Erscheinung der bestehenden Praxis, sich noch bedeutend steigern würden, wenn die Unterbrechung ganz in die Hand der Staatsanwaltschaft gelegt wäre oder doch ihr und dem Richter gleichmäßig zustände, wie nach dem Entwurf des norddeutschen StGB. § 66[2]). Dem von Loening[3]) gemachten Vorschlag, die Unterbrechung wesentlich nur an die Klagerhebung zu knüpfen, wird in den Motiven S. 402 mit Recht die Besorgnis entgegengehalten, daß dann leicht, um nicht Verjährung eintreten zu lassen, mangelhaft vorbereitete Klagen würden erhoben werden.

Während es nicht die Aufgabe sein kann, die einzelnen Unterbrechungshandlungen zu charakterisieren, die Bedeutung fehlender Zuständigkeit des Richters zu prüfen, muß Stellung genommen werden zu der vielverhandelten Frage der „künstlichen Unterbrechungen“, weil der Entwurf diesen Mißstand in seinen Vorschlägen zu berücksichtigen in der Tat genötigt war. Bestimmungsgemäß darf es nur die Folge, nicht der Zweck einer Prozeßhandlung sein, die Verjährung zu unterbrechen. Zweck des Handelns soll sein die Förderung des Prozesses durch Sammlung, Sicherung der Beweise, Sistierung des Beschuldigten, der Beweismittel, Erhebung, Durchführung der Klage, Erwirkung des Urteils. Sofern nicht dem konkreten Prozeßzweck dienliche Handlungen die Unterbrechung mit sich bringen, ist nicht die Verhinderung, sondern der Eintritt der Verjährung vom Gesetzgeber gewollt. Aber es kann nicht der Unterbrechungseffekt abhängig sein von materiellem Prozeßwert des Aktes[4]), so daß z. B. wirkungslos wäre eine unnütz wiederholte Zeugenvernehmung. Eine solche nachträgliche Prüfung von anderer Seite ließe sich aus einleuch-

---

[1]) Ebenso *OVE.* § 77 Abs 2.

[2]) Die Änderung des Entwurfs mit Loening S. 441 auf „veraltete rein inquisitorische Anschauungen“ zurückzuführen, ist unbegründet. Solche lagen auch dem Antragsteller Lasker ganz fern.

[3]) S. 463 f.

[4]) So die Ansicht von Kreß, Gerichtssaal Bd. 71 S. 88, 101 f.

tendem Grunde gar nicht durchführen. Daher kommt nicht in Frage, die „künstliche Unterbrechung“ im Gesetze für wirkunglos zu erklären. Die Rechtslage ist die: Ein reiner Formalakt, der seiner Natur nach prozeßrechtlich ohne Effekt ist, z. B. Erneuerung eines Haftbefehls, Steckbriefs (d. i. bloße Erinnerung an eine rechtlich noch fortwirkende Prozeßhandlung), ist untaugliches Mittel der Verjährungsunterbrechung; der Richter kann und soll ferner eine Handlung, wiederholte Zeugenvernehmung z. B., ablehnen, wenn er die Überzeugung gewinnt, daß sie in concreto gar nicht bestimmt und geeignet ist, den Prozeßzweck zu fördern, sondern nur die Verjährung unterbrechen soll; nimmt aber der Richter die Handlung vor, so ist sie auch vermöge ihrer abstrakt gegebenen prozeßrechtlichen Wirksamkeit tauglich zur Verjährungsunterbrechung.

Den künstlichen Unterbrechungen läßt sich nur indirekt steuern und dazu geben die vorliegenden Erfahrungen auch Anlaß. Zugleich widerraten die für das Verjährungsinstitut bestimmenden Gründe ein allzuweites Hinausschieben des Verjährungsziels auch durch sachentsprechende, „natürliche“ Unterbrechungen. Der Entwurf § 95 Abs. 3 läßt demzufolge die Verjährung spätestens enden mit Ablauf der doppelten ursprünglichen Verjährungsfrist, so daß nur bis dahin Unterbrechungen noch möglich sind und eine neue Verjährung einleiten können[1]). Es wird so auch dem Beschuldigten die Beurteilung, ob er noch verfolgt werden könne, ermöglicht. Zu weitgehend aber ist die Erstreckung auf das Doppelte, es genügt Verlängerung um die halbe Frist[2]). Um jedoch zu verhüten, daß durch diese Begrenzung ein anhängiges Hauptverfahren ein jähes Ende erleide, soll nach § 96 die Verjährung ruhen während schwebenden Hauptverfahrens, jedoch bei Verbrechen und Vergehen nicht über zwei Jahre, bei Übertretungen nicht über ein Jahr[3]). Die Motive S. 404, 405 suchen darzutun, daß so für alle Fälle, auch bei den kürzeren Verjährungsfristen, der Verfolgung

---

[1]) Ähnliches in partik. Forststrafgesetzen, z. B. in dem revid. Forstges. für die Pfalz Art. 16 (Knoch, Allgem. Grundsätze des bayer. Forststrafrechts S. 213). S. weiter Loening, S. 455 f.

[2]) So auch *SchVE.* Art. 59 und Loening, S. 466. Der *OVE.* § 77 Abs. 3 verlangt die doppelte Frist.

[3]) Diese Regelung ist weit richtiger als die des *OVE.* § 77, wonach mit der Unterbrechung durch richterliche Verfolgungshandlung ein Ruhen der Verjährung eintritt bis zum Urteil, der Einstellung oder „einem andern Abschluß des Verfahrens“ ohne Einrechnung in die Verjährungsfrist. Denn danach fehlt jede zeitliche Begrenzung der Verjährungsruhe.

und der Entwickelung eröffneten Prozesses genügend Raum gelassen sei. Man wird dem beistimmen können, mit einer wesentlichen Einschränkung. Die Regelung im Entwurf ergibt die Möglichkeit, daß ein Prozeß nach ergangenem Urteil, während die Rechtsmittelfrist noch läuft oder nachdem das Rechtsmittel eingelegt ist, vom Eintritte der Verjährung betroffen wird und so eine sehr unangemessene Situation entsteht, dem Verurteilten in der Rechtsmittelinstanz die inzwischen eingetretene Verjährung zugute kommt usw. Daher empfiehlt sich folgende Änderung: „Die Verjährung ruht, solange gegen den Täter das Hauptverfahren schwebt, jedoch in erster Instanz bei Verbrechen und Vergehen nicht über zwei Jahre, bei Übertretungen nicht über ein Jahr und in höherer Instanz nicht über die Hälfte dieser Fristen“[1]). An Stelle der einheitlichen Fristen des Entwurfs treten so unter Berücksichtigung des Instanzenzugs elastische Fristen, die je nachdem eine Verlängerung oder Verkürzung jener ergeben. Eine Verlängerung, wenn das Verfahren erster Instanz mehr als die Hälfte der Frist beansprucht hat; eine Verkürzung im gegenteiligen Falle, es müßte denn durch Zurückverweisung an die untere Instanz die für diese gesetzte Frist sich erneuert haben. Zur Erledigung eines Rechtsmittelverfahrens reicht die halbe Frist immer aus und sie ergibt zugleich eine Kautel gegen Verschleppung. Dagegen ist, was entschieden gegen den Entwurf spricht, wohl denkbar, daß ein Hauptverfahren in komplizierter, rechtliche Zweifel ergebender Sache infolge wiederholter Zurückverweisung mehr als die volle Frist des Entwurfs beansprucht.

Die Vollmacht zur Rechtsprechung ist suspendiert gegenüber Reichstagsmitgliedern unter den Voraussetzungen des Art. 31 RV.: nach Abs. 1 in Ermangelung der Genehmigung des Reichstags zur Strafverfolgung, nach Abs. 3 mit dem Verlangen usw. der Aufhebung des Strafverfahrens. Die Vollmacht fehlt gegenüber öffentlichen Beamten unter den Voraussetzungen des § 11 EG. zu GVG., solange nicht die landesgesetzlich unbedingt erforderliche Vorentscheidung ergangen ist; sie ist suspendiert mit dem Verlangen der vorgesetzten Behörde auf Vorentscheidung, wenn das Landesrecht die letztere nur unter dieser Bedingung eintreten läßt. Die Vollmacht ist suspendiert mit Erhebung des Kompetenzkonflikts, soweit das Landesrecht solchen gegenüber einem Strafverfahren

---

[1]) Eine gewisse Analogie bietet das bayerische Forstgesetz (Neuredaktion v. 4. Juli 1896) Art. 72, wo sich die Verjährungsfristen selbst nach Instanzen gliedern (Unterbrechung nur durch Urteil).

zuläßt, und aufgehoben mit verneinender Entscheidung des Kompetenzgerichtshofs, § 17 GVG. Der Strafrechtsweg ist noch nicht zulässig, wenn bei Ehebetrug, Ehebruch, Entführung Auflösung, Scheidung, Nichtigerklärung der Ehe noch nicht stattgefunden hat, §§ 170, 172, 238 StGB., §§ 178, 180, 238 Entwurf. Beiseite bleiben die Besonderheiten nach §§ 164 Abs. 2, 191 StGB. (vorübergehende Unzulässigkeit des Strafrechtswegs bei falscher Anschuldigung und Beleidigung, „solange ein infolge der gemachten Anzeige eingeleitetes Verfahren anhängig ist" usw.), da der Entwurf sie nicht reproduziert hat. Alle die erwähnten Fälle werden umfaßt von der Vorschrift des Gesetzes § 69 S. 1 und des Entwurfs § 96 Abs. 1 Halbs. 1: „Die Verjährung ruht während der Zeit, in der auf Grund gesetzlicher Vorschrift die Strafverfolgung nicht begonnen oder nicht fortgesetzt werden kann." [1]) Mit Recht hat der Entwurf den Satz 2 des § 69: „Ist der Beginn oder die Fortsetzung eines Strafverfahrens von einer Vorfrage abhängig, deren Entscheidung in einem anderen Verfahren erfolgen muß, so ruht die Verjährung bis zu dessen Beendigung" als durch Satz 1 (eingefügt durch Ges. v. 26. März 1893 unter Beibehaltung des nun entbehrlich gewordenen Satzes 2) bereits umfaßt gestrichen.

Geblieben ist als Abs. 2 des § 96 der bisherige § 69 Abs. 2, wonach der Lauf der Verjährung nicht gehindert wird durch den Mangel des Antrags oder der Ermächtigung. Es könnte sonst die Verjährungsfrist eine sehr unangemessene Verlängerung erfahren, zumal wenn der Antragsberechtigte erst nach Ablauf der entsprechenden Zeit, vielleicht erheblich später, von der Tat und der Person des Täters Kenntnis erhielte.

Die Wirkung der Verjährungsunterbrechung ist beschränkt wie bisher auf denjenigen, den die Handlung betrifft, § 95 Abs. 2 Entwurfs.

Indem „mit" der Unterbrechung eine neue Verjährung beginnt, § 95 Abs. 3 Entwurf, erledigt sich eine durch die bisherige Fassung „nach der Unterbrechung" § 68 Abs. 3 StGB., entstandene Streitfrage [2]).

---

[1]) Der *OVE.* § 78 läßt die Verjährung auch ruhen, solange der Täter im Auslande weilt, um sich der Verfolgung zu entziehen (ist geeignet die Verjährung vielfach illusorisch zu machen).

Der *SchVE.* Art. 59 erwähnt seltsamerweise als Ruhen der Verjährung nur den Fall der Strafverbüßung im Auslande (wozu kein Anlaß vorliegt).

[2]) Vgl. einerseits Binding, S. 853, andererseits Loening, S. 442.

III. Die Vollstreckungsverjährung im Vorentwurf.

1. Die Verjährung sichernder Maßnahmen.

Eine über den Bereich strafrechtlicher Legislation herausgehende Neuerung des Entwurfs ist die Ausdehnung der Vollstreckungsverjährung auf vom Strafrichter rechtskräftig erkannte sichernde Maßnahmen, § 97 Abs. 2[1]). Kritische Prüfung ist nicht möglich, ohne die Natur dieser Maßregeln zu erwägen und zu ihrer Überweisung an den Strafrichter Stellung zu nehmen. Aber um den Eingriff in fremdes Arbeitsgebiet auf das Mindestmaß zu reduzieren, ist gedrängte Kürze am Platze.

Verjährbar — in drei Jahren — sollen sein drei nicht strafweise eintretende Freiheitsentziehungen: Unterbringung in ein Arbeitshaus, §§ 42 und 310 Entwurf, dazu die nach § 305 Ziff. 4 zulässige Unterbringung einer Prostituierten, die wegen Übertretung der Kontrollvorschriften verurteilt ist, in eine Besserungs- oder Erziehungsanstalt oder in ein Asyl; Unterbringung in eine Trinkerheilanstalt, § 43; Verwahrung in einer öffentlichen Heil- oder Pflegeanstalt nach Freisprechung usw. wegen Unzurechnungsfähigkeit zur Zeit der Deliktsbegehung oder nach Verurteilung zu milderer Strafe wegen geminderter Schuldfähigkeit, wenn die öffentliche Sicherheit es erfordert, § 65 Entwurf.

Die Beschränkung des Aufenthalts, § 53 Entwurf, die aus der Polizeiaufsicht des Gesetzbuchs übernommen ist, untersteht nicht der Verjährung, vielmehr wird die Zeit (höchstens fünf Jahre), wie bisher, von dem Tage berechnet, an dem die Freiheitsstrafe, neben der die Maßregel erkannt wurde, verbüßt, verjährt[2]) oder erlassen ist.

---

[1]) Ähnliche Bestimmungen im *SchVE.* Art. 31 (Verwahrung von Gewohnheitsverbrechern; Urteil wird unwirksam, wenn 25 Jahre lang „nicht vollzogen"; Ausdruck „Verjährung" ist nicht gebraucht), 32 (Arbeitserziehungsanstalt, 5 statt 25 Jahre, sonst wie Art. 31), 33 (Trinkerheilanstalt, 5 Jahre usw.), 240 (Arbeitserziehungs- u. Trinkerheilanstalt auch bei Übertretungen in den gesetzlich bestimmten Fällen, vgl. Art. 261 Ziff. 3, 264, 275, 278, 279, 287: Arbeitsscheu, Liederlichkeit usw. gehört dabei bald zum Tatbestand als causa delicti, bald nicht; wunderlich Art. 287: Nichtbezahlen einer Buße aus Arbeitsscheu; die Strafe einer Übertretung verjährt nach Art. 241 in zwei Jahren, während für die sichernde Maßnahme nach Art. 233 seltsamerweise die fünfjährige Frist gilt). Art. 56 (224) des Entwurfs von 1903 ließ die sichernden Maßnahmen in fünf Jahren verjähren (Unterbrechung durch Vollzugshandlungen). Vgl. dazu auch Wüst, Die sichernden Maßnahmen im *SchVE.* S. 184 ff. Offenbar sind diese Vorschläge für den *DVE.* mitbestimmend gewesen.

[2]) Für Streichung von „verjährt" Loening S. 470.

a) Die Bekämpfung der Liederlichkeit, Arbeitsscheu durch Detention im Arbeitshause, um den Eingewiesenen wieder an ein gesetzmäßiges und arbeitsames Leben zu gewöhnen, hat zur Voraussetzung, daß jenes Verhalten eine strafbare Handlung ergeben hat; es tritt das Arbeitshaus neben die Strafe oder, falls diese drei Monate nicht übersteigt, nach richterlichem Ermessen auch an deren Stelle, §§ 42, 310 Entwurf. Daß der Strafrichter in Zukunft selbst auf die Unterbringung erkennen, nicht nur die Polizeibehörde dazu ermächtigen soll, wird nicht zu beanstanden sein. Die Behandlung im Arbeitshause ist, wenn auch die Maßregel der Spezialprävention dienen will, doch eine entschieden strafartige, dem Vollzuge der Zuchthausstrafe sich annähernd. Dazu kommt das nach dem Entwurf mögliche Vikariieren für Strafe. Also praktische Analogien zwischen der Arbeitshaushaft und der Strafhaft trotz begrifflicher Selbständigkeit! Daher läßt sich — die Verwendung des Arbeitshauses im Sinne des Entwurfs unterstellt — die Annahme der Verjährbarkeit rechtfertigen[1]). Sind drei Jahre verstrichen, ohne daß der Verurteilte rückfällig wurde, so kann das Bedürfnis der Spezialprävention als erledigt gelten. Wiederholtes Delikt würde von neuem die Maßnahme begründen.

Kaum richtig aber ist, mit der Unterbringung Prostituierter in Asylen usw. den Strafrichter zu befassen. Nur in der Negative ist dem Entwurf beizustimmen, daß die Verbringung ins Arbeitshaus wegen Übertretung der Kontrollvorschriften wenig angemessen und nicht ersprießlich wäre. Zwischen einem richtig geleiteten Asyl usw. und dem Arbeitshaus besteht keine Analogie, im Vordergrunde steht die moralische Einwirkung, nicht der Arbeitszwang. Entsprechend ist auch die Verjährung nach Art einer Strafe nicht zu rechtfertigen. Die Strafe heischt Vollstreckung, solange sie nicht verjährt ist. Für die Verbringung in ein Asyl aber sollte das verständige Ermessen der Verwaltung entscheiden, Änderung der bedingenden Situation entzieht der Maßregel den Anlaß. Die Einweisung in eine Besserungsanstalt kann gegen eine Jugendliche als Erziehungsmaßregel angeordnet werden, § 69 Abs. 2 Entwurf. Da ist von Verjährung nicht die Rede. Dagegen Verjährung, wenn die Betroffene über 18 Jahre alt ist?

b) Der Versuch zwangsweiser Heilung der Trunksucht durch Anstaltsbehandlung sollte, wie immer die Voraussetzungen zu bestimmen wären (Gefährlichkeit usw.), jedenfalls nicht mit § 43 Ent-

[1]) Die bestehende korrektionelle Nachhaft setzt Strafverbüßung voraus und ist an die Höchstdauer von zwei Jahren gebunden.

wurf durch strafbare Handlung bedingt sein. Schon deshalb gehört die Maßregel nicht zu den Aufgaben des Strafrichters. Eine strafartige Heilbehandlung ferner ist doch gewiß nicht gewollt. Und ist's vernünftig, den Heilungsversuch verjähren zu lassen? Nicht Wegfall der Maßregel durch Zeitablauf, sondern mit Erledigung des Bedürfnisses oder nachdem die Heilung in einer solchen Anstalt aussichtslos geworden ist!

c) Die Verwahrung in Anstalten wegen Gemeingefährlichkeit nach § 65 ist nicht durch Verurteilung bedingt, sollte nicht vom Strafrichter verfügt werden, der nur bei Gefahr im Verzug provisorische Maßregeln zu treffen hätte, führt niemals zu strafähnlicher Behandlung und ist am Platze, solange das Bedürfnis besteht. Die sichernde Maßnahme als „verjährt" zu erachten, obwohl ihr Grund fortdauert, ist ebenso verkehrt, als sie nach dessen Beseitigung noch zu vollstrecken, weil sie noch nicht „verjährt" sei.

Für den Fall der Freisprechung wegen selbstverschuldeter sinnloser Trunkenheit läßt § 65 Satz 2 Unterbringung des Gemeingefährlichen in eine Trinkerheilanstalt zu. Es gilt dann das zu b Gesagte.

Die Anordnung sichernder Maßnahme hat im Gegensatz zur Strafe immer zu erfolgen unter der stillschweigenden, zugleich erhaltenden und aufhebenden Klausel: rebus sic stantibus. Die Gleichstellung mit der Strafe in der Verjährungsfrage ist unnatürlich. Wenn es in den Mot. heißt: „Auch diese Freiheitsbeschränkungen unterliegen oft, wenn längere Zeit nach dem Urteil verflossen ist, wegen der inzwischen veränderten Umstände bezüglich ihrer Angemessenheit und Wirksamkeit einer anderen Beurteilung als zur Zeit ihrer Verhängung", so ist ganz klar, daß die „inzwischen veränderten Umstände" den Grund des Wegfalls bilden, während es daneben auf den Ablauf längerer oder kürzerer Zeit nach dem Urteil nicht ankommt.

2. Die Verjährungsfristen[1]).

Der Entwurf hat eine Steigerung der Fristen über die bisherigen Grenzen hinaus mit Recht abgelehnt. Denn Maximalfristen über 30, 20 Jahre usw. würden die Verjährung im Hinblick auf die durchschnittliche Lebensdauer vielfach illusorisch machen, Mot. S. 406, während Erhöhung nur in den unteren Stufen die im

[1]) Der *SchVE.* Art. 60, 241 hat die gleiche Gliederung unter Hinzufügung des Satzes von 25 Jahren. Zu tadeln ist die Datierung vom Tage der Verurteilung statt der rechtskräftigen Verurteilung.

Gesetz festgehaltene Proportion zwischen Frist und Schwere der erkannten Strafe beseitigte.

Die Abweichungen des Entwurfs § 97 vom Gesetz § 70 beruhen auf den Änderungen des Strafensystems — Wegfall der Festungshaft, Einführung von Haft bis zu 15 Jahren und auf Lebenszeit —, auf Verschiebung der Übertretungsgrenze, wonach Gefängnis bis zu drei Monaten, Geldstrafe bis zu 300 M Übertretungsstrafen sind (§ 1 Entwurf) und auf Mitberücksichtigung der im Gesetz nicht genannten lebenslänglichen und mehr als zehnjährigen Gefängnisstrafe[1]). Auch ist der Redaktionsfehler in Ziff. 4 und 5 des § 70 (Gefängnis von gerade zwei Jahren fällt unter beide Positionen) berichtigt. Durch die allgemeine Fassung der Ziff. 6 des Entwurfs „geringere Strafe" ist auch der Verweis (im Gesetz vergessen) mitgedeckt. Endlich ist an Stelle von 6000 M Geldstrafe in Ziff. 4 und 5 des § 70 dem Dezimalsystem entsprechend 5000 gesetzt.

Der Ablauf nur des größern Teils der Verjährungsfrist hat auch auf erkannte Todesstrafe keinen Einfluß[2]), nur Begnadigung — unter Voraussetzung tadelfreier Lebensführung — kann in Betracht kommen.

Von der Verjährung nicht ergriffen werden auch nach dem Entwurf die Verwirkungsstrafen, bei denen Strafvollstreckung begrifflich undenkbar ist.

Ist wegen derselben Handlung neben einer Freiheitsstrafe auf eine Geldstrafe erkannt, so verjährt, wie der Entwurf § 98 Abs. 4 in zutreffender, von der richtigen Auslegung[3]) schon jetzt angenommener Verallgemeinerung des § 71 StGB. sagt, die Vollstreckung der einen Strafe nicht früher als die der andern.

3. Unterbrechung und Ruhen der Verjährung.

a) Eine wichtige Änderung liegt darin, daß die mit der Unterbrechung beginnende neue Verjährung spätestens mit Ablauf der doppelten ursprünglichen Verjährungsfrist enden soll, § 98 Abs. 3. Auch hier muß die anderthalbfache Frist als ausreichend erachtet

---

[1]) Vgl. dazu Entwurf §§ 69 Abs. 1, 76 Abs. 2, 91 Abs. 3. Dazu MStGB. §§ 16, 93, 100.

[2]) Mot. *I. 27, 28.* Wenn es hier heißt, es werde kaum vorkommen, daß ein zum Tode Verurteilter sich der Strafvollstreckung zu entziehen vermöge, so mag auf den sehr interessanten Fall bei Heuser, Krim. Entsch. des OAG. Cassel *1. 1 ff.* (wo Begnadigung doch wohl am Platze gewesen wäre) verwiesen werden.

[3]) Binding, S. 855; Loening, S. 446.

werden[1]), noch spätere Vollstreckung würde dem Strafzwecke sicher nicht mehr entsprechen.

Von Unterbrechung „durch die zum Zwecke der Vollstreckung erfolgende Festnahme des Verurteilten", § 72 Abs. 1 StGB., ist nicht mehr die Rede. Sofern diese Festnahme im Auftrage oder auf Ersuchen der Vollstreckungsbehörde geschieht, fällt sie bereits unter den Begriff der „auf Vollstreckung gerichteten Handlung derjenigen Behörde, welcher die Vollstreckung obliegt", § 72 StGB., § 98 Abs. 2 Entwurf. Nur wenn man annimmt, daß in Analogie des § 127 Abs. 2 StPO. (§ 128 Abs. 1 Entwurf II zu StPO.) Polizeibeamte vor Erlaß eines Vorführungs-, Haftbefehls zur Festnahme zwecks Vollstreckung befugt seien[2]), würde die Weglassung eine Einschränkung ergeben, aber eine unbedenkliche, da der Festnahme alsbald die entsprechende Entschließung und Handlung der Vollstreckungsbehörde folgte.

Daß der Entwurf allgemein von Handlungen spricht, die „auf Vollstreckung", nicht nur auf Vollstreckung „der Strafe" gerichtet sind, erklärt sich aus Einbeziehung der sichernden Maßnahmen in die Vollstreckungsverjährung.

„Mit" der Unterbrechung (§ 72 Abs. 2 StGB.: „nach der Unterbrechung") beginnt eine neue Verjährung.

b) Ein Ruhen der Verjährung ist schon zurzeit anzunehmen für Freiheitsstrafen während Vollstreckung einer andern Freiheitsstrafe wider denselben Schuldigen[3]). Der Entwurf § 99 geht erheblich weiter: die Verjährung ruht auch, solange Vollstreckung durch Fristerteilung bei Geldstrafe oder durch bedingte Strafaussetzung[4]) (§§ 31, 38—41 Entwurf) ausgeschlossen ist — eine mit diesen Instituten sich von selbst ergebende Bestimmung — und ferner, während eine der „verjährbaren", nicht strafartigen Freiheitsentziehungen „vollstreckt" wird. Auch das letztere ist zu billigen, denn die Detention in den Heil-, Verwahrungsanstalten kann nicht den Effekt haben, den Eintritt der Strafverjährung zu befördern. Ob ein Strafvollstreckungsaufschub während der Behandlung, Verwahrung eintritt, richtet sich nach §§ 471, 473 Entwurf II zu StPO., 487, 488 StPO. „Vollstreckung" einer Heil- usw. Behandlung aber ist ein sprachlich und sachlich unrichtiger Ausdruck. Es muß

---

[1]) So *SchVE.* Art. 60.

[2]) So Binding, S. 858, 859. A. A. Olshausen-Zweigert zu § 72 Bem. 7.

[3]) Binding S. 855.

[4]) So auch *SchVE.* Art 60.

heißen: „solange eine Freiheitsstrafe vollstreckt wird oder eine der . . . erwähnten Freiheitsentziehungen besteht".

Wenn die Motive S. 410 weiter ausführen, es habe einer Bestimmung darüber nicht bedurft, daß während vorläufiger Entlassung die Verjährung ruhe, da bei der Entlassungsfrage der Stand des Verjährungslaufs berücksichtigt werden könne, so ist bei dieser Begründung übersehen, daß in der unbedingt normierten Zulässigkeit des Widerrufs, § 27 Entwurf, § 24 StGB., eine dem Verjährungsablauf entgegenstehende Spezialvorschrift liegt.

VII.

Versuch und Teilnahme.

(§§ 75—80.)

Von

Dr. Max Ernst Mayer,
Professor an der Universität in Straßburg i. E.

A. Der Versuch.

I.
Der Begriff des Versuchs[1]).

Nur der böse Wille, der sich in einer bösen Tat kundgibt, soll bestraft werden. Wenn man diesen kriminalpolitischen Leitsatz, der auf allgemeine Anerkennung sollte rechnen dürfen, juristisch formuliert und zugleich auf den Versuch strafbarer Handlungen anwendet, so ergibt sich, daß nur diejenige Betätigung, die zur Schuld zurechenbar ist und ein Rechtsgut gefährdet, als Versuch strafbar sein kann.

1. In der Erörterung der Schuldseite darf die Frage, ob die Bestrafung auf fahrlässige Handlungen erstreckt werden soll, beiseite geschoben werden; denn auch im Kreise derer, die — wie ich meine, zu Unrecht — einen fahrlässigen Versuch für denkbar halten, tritt niemand für Bestrafung ein[2]). Somit ist Vorsatz erforderlich, und zwar, was ebenfalls unbestritten ist, der Vorsatz, das Delikt zu vollenden. Im geltenden Recht ist dieses Erfordernis durch die Worte, „Entschluß, ein Verbrechen oder Vergehen zu verüben", deutlich zum Ausdruck gebracht, nach dem Entwurf kann es nur aus dem Wesen des Versuchs entnommen werden,

---

[1]) Vorentwurf § 75: „Wer die Ausführung eines Verbrechens oder vorsätzlichen Vergehens begonnen hat, ist, wenn dieses nicht vollendet worden ist, wegen Versuchs zu bestrafen. — Der Versuch eines Vergehens wird jedoch nur in den im Gesetz besonders bestimmten Fällen bestraft." — Auf Abs. 2 geht diese Arbeit nicht ein, da angenommen werden darf, daß die hier auftauchenden Fragen in der Besprechung der Dreiteilung der strafbaren Handlungen und des *Bes. T.* zur Sprache kommen. Es sei aber darauf verwiesen, daß Wach, DJZ. *XV. 14* (siehe auch *Vergl. Darst. Allg. T. VI. 57ff.*), schon auf Mängel, die im *Bes. T.* bei der Behandlung des Versuchs hervortreten, aufmerksam gemacht hat.

[2]) Frank, Vollendung und Versuch in der *Vergl. Darst. Allg. T. V.* (im folgenden nur mit dem Autornamen zitiert) *189; VEBegr.* 282.

während der Wortlaut des § 75 die Auslegung zuläßt, es genüge ein auf den Beginn der Ausführung gerichteter Vorsatz. Die Vereinfachung, die der Vorentwurf in dieser Beziehung einnimmt, geht also auf Kosten der Deutlichkeit. Die Rückkehr zur geltenden Fassung ist wünschenswert. Wenn aber gegen den Begriff des Entschlusses geltend gemacht wird, er lasse es unklar, ob jede Dolusart genügt[1]), so wähle man [im Anschluß an den *OVE.* § 14[2])] die jeden Zweifel ausschließende Wendung: Wer mit dem Vorsatz, ein Verbrechen oder Vergehen zu vollenden, dessen Ausführung begonnen hat, ist ... zu bestrafen.

2. Der legislative Gedanke, nach dem bloß die ein Rechtsgut gefährdende Tat als Versuch bestraft werden soll, wird vom Vorentwurf in sachlicher Übereinstimmung mit dem StGB.[3]) in dem als Tatbestandsmerkmal besser verwertbaren Begriff eines Anfanges der Ausführung ausgeprägt. Hiermit ist der (äußere) Tatbestand oder, was dasselbe heißt, der für den Versuch charakteristische Erfolg gekennzeichnet. Der Anfang der Ausführung der Tötung ist der Erfolg des Tötungsversuches. Materiell gewürdigt hat das Merkmal aber zweifache Bedeutung: Es soll die Versuchs- von den Vorbereitungshandlungen abgrenzen, es soll zweitens die Beschaffenheit des strafbaren Versuchs[4]) präzisieren. Im Grunde fließen diese beiden Funktionen in die eine zusammen, die jedem gesetzlichen

---

[1]) Darüber Frank, 190—194, der mit der herrschenden Ansicht zu dem Ergebnis gelangt, daß auch der eventuelle und alternative Vorsatz für den Versuch ausreicht. Ein Stützpunkt der gegenteiligen Ansicht liegt darin, daß § 43 StGB. von der Nichtvollendung des beabsichtigten Verbrechens spricht. Mit Recht ist dieser irreführende Ausdruck im Vorentwurf ausgemerzt worden. *VEBegr.* 282.

[2]) „Wer mit dem Vorsatz, eine strafbare Tat zu begehen ..."

[3]) Die Ausdrucksweise hat sich verändert; an die Stelle der substantivischen Form („Anfang der Ausführung") ist eine verbale getreten („die Ausführnng beginnen"). Hierbei ist ohne ersichtlichen Grund das altüberlieferte Wort „anfangen" durch „beginnen" ersetzt worden.

[4]) Dazu gehört auch der unverkennbare Unterschied zwischen Nichtvollendung und Mangel am Tatbestand; die so bezeichneten Fälle sind auf Tatirrtum beruhende Wahnverbrechen und können überhaupt nicht als Versuch, geschweige denn als Versuch im Sinne des § 43 StGB. angesehen werden. Es besteht in dieser Arbeit aber kein Anlaß, auf die Streitfrage einzugehen, da sie rein dogmatisch ist. Vgl. die durchaus zutreffenden Ausführungen Franks S. 252ff. u 267/268, denen die Begr. S. 289 leider nicht gefolgt ist. Soeben veröffentlicht Graf zu Dohna eine beachtenswerte Verteidigung der richtigen Lehre, die mir in den Korrekturbogen vorliegt. („Der Mangel am Tatbestand", Festgabe für Güterbock.)

Tatbestand eigen ist, nämlich die fundamentale Voraussetzung der Bestrafung anzugeben; es ist jedoch zweckmäßig, die Unterscheidung durchzuführen, schon weil in der Literatur die erste Funktion allgemein anerkannt, die zweite vielfach bestritten wird.

a) Der Gegensatz von Vorbereitung und Anfang der Ausführung enthält ein taugliches Kriterium; dafür spricht neben der internationalen Anerkennung[1]) vor allem die Tatsache, daß unsere Praxis überall zu befriedigenden und im wesentlichen auch zu einheitlichen Ergebnissen gelangt ist, — zu einheitlichen trotz des Gegensatzes von subjektiven und objektiven Theorien. Es ist also Frank (S. 188) völlig darin beizupflichten, daß die Schwierigkeit mehr eine theoretische als eine praktische ist. Indessen scheint mir auch die konstruktive Seite der Frage nicht mit erheblichen Schwierigkeiten verknüpft zu sein. Es würde wohl niemand einer rein subjektiven Theorie das Wort reden, wenn er nicht glaubte, es mit Rücksicht auf den untauglichen Versuch tun zu müssen. Sieht man aber von diesem Problem ab, beschränkt man sich also auf die Ausscheidung der Vorbereitungshandlungen, so leisten die objektiven Formulierungen alles, was verständigerweise von einer Interpretation erwartet werden darf. Unverständiges fordert hier wie anderwärts, wer nur Auslegungen gelten läßt, die in jedem zu entscheidenden Fall eindeutige Resultate mit Sicherheit indizieren. Freilich sind deswegen noch nicht alle objektiven Theorien gleich brauchbar; wenn man sich aber über den Grundgedanken geeinigt hat, kommt es kaum auf mehr an, als eine persönlich befriedigende Formulierung zu wählen. Mir hat die Unterscheidung von Handlungen, die das Rechtsgut angreifen, und solchen, die den Angriff bloß vorbereiten oder sichern, immer gute Dienste geleistet; die erste Angriffshandlung ist der Anfang der Ausführung.

An diesem Merkmal festzuhalten, ist unsere Gesetzgebung um so mehr veranlaßt, weil ein offenbar überlegenes weder im Strafrecht des Auslandes, noch in Gesetzesvorschlägen[2]) zutage ge-

---

[1]) Frank 177 ff., *VEBegr.* 283.

[2]) Namentlich würde ein Gesetz, das nach Seufferts Vorschlag (Mitteil. der JKV. *X. 463/64*) den strafbaren Versuch als ernsthafte Betätigung des Vorsatzes definieren wollte, darauf verzichten, einen objektiven Tatbestand anzugeben, womit dem richterlichen Ermessen ein schrankenloser Spielraum gewährt wäre. Ebenso Frank 188, vgl. *VEBegr.* 284. Auch der Vorschlag, den v. Bar (Gesetz und Schuld *II. 516*) gemacht hat, scheint mir keinen Fortschritt zu enthalten; danach soll wegen Versuchs bestraft werden, „wer eine nicht nur als Vorbereitung anzusehende Tätigkeit

treten ist. Auch der *SchVE.*[1]) und der *OVE.* enthalten keine abweichenden Regelungen. Im letzteren (§ 14 Abs. 1) finden sich allerdings andere Worte, nämlich: „Wer mit dem Vorsatz, eine strafbare Tat zu begehen, eine unmittelbar zu ihrer Ausübung führende Handlung vornimmt, ...“ Man könnte meinen, daß hiermit die Grenze der Strafbarkeit weiter in das Gebiet der Vorbereitungshandlungen hinausgerückt ist[2]), zumal da die Formulierung an StGB. § 82 (Unternehmen des Hochverrats) erinnert. Indessen darf nicht übersehen werden, daß im § 82 die unmittelbar der Ausführung des (hochverräterischen) Vorhabens dienende Handlung, im *OVE.* jedoch das unmittelbar auf Ausführung der strafbaren Tat gerichtete Verhalten der Strafe überantwortet ist, — ein wichtiger Unterschied[3]), den wir noch in anderem Zusammenhang zu würdigen haben. Hier muß er beachtet werden, weil er beweist, daß zwischen dem Österreichischen und Deutschen Entwurf sachlich kein Unterschied besteht. Eine Handlung, die direkt zur Ausübung der Straftat führt, ist ein Anfang der Ausführung des Deliktes. Bei dieser sachlichen Übereinstimmung ist der deutschen Formulierung der Vorzug zu geben, weil sie altüberliefert und weil sie viel deutlicher ist, während der Gegenüberstellung von unmittelbar und mittelbar immer eine gewisse Verlegenheit anhaftet. Hält man aber die hier vertretene Interpretation des *OVE.* für unrichtig, so ist immer noch kein Grund gegeben, sich ihm anzuschließen; der könnte nur darin gefunden werden, daß der *DVE.* die Strafbarkeit zu spät beginnen läßt, wofür die bisherige Praxis durchaus keine Anhaltspunkte geliefert hat.

b) Da im Anfang der Ausführung der tatbestandsmäßige Erfolg der Versuchshandlungen liegt, erschöpft sich die Bedeutung des Merkmals nicht in seinem Gegensatz zur Vorbereitung, vielmehr grenzt dieser Begriff den gefährlichen und darum strafbaren Versuch vom ungefährlichen ab oder — wenn man, statt auf den legislativen Grundgedanken zurückzugehen, sich auf die vorher (S. 334) erwähnte Interpretation beziehen will — er schließt die Handlungen von der Strafbarkeit aus, die, wiewohl sie über das

vornimmt“; bei der Interpretation würde sich der Anfang der Ausführung wieder einstellen.

[1]) *SchVE.* Art. 22 Abs. 1 Satz 1: „Wer ein Verbrechen auszuführen versucht und mit der Ausführung begonnen hat, wird milder bestraft.“

[2]) So faßt Graf Gleispach, Der Österr. Strafgesetzentw. (1910) S. 29/30, die Bestimmung auf.

[3]) Siehe M. E. Mayer, *Vergl. Darst. Bes. T. I. 268.*

Vorbereitungsstadium hinausgewachsen sind, doch nicht einen Angriff auf ein Rechtsgut enthalten.

Hiermit haben wir durchaus strittiges Gebiet betreten, und zwar gilt der Kampf nicht bloß der Frage, ob die eben angegebene Interpretation richtig ist, sondern vor allem der andern, ob das Gesetz über die Beschaffenheit des Versuchserfolges überhaupt etwas bestimmt hat. Diese zweite wichtige Frage darf nicht verneint werden, da es bare Willkür ist, ein Tatbestandsmerkmal bloß bei einer Interpretationsaufgabe gelten lassen zu wollen, muß aber verneint werden, wenn eine subjektive Theorie vertretbar werden soll. Denn der Kernsatz der unter dieser Bezeichnung bekannten Anschauungen besteht ja darin, daß Handlungen, in denen sich der verbrecherische Vorsatz unzweideutig äußert, für die Versuchsstrafe reif sind; niemand aber kann die Behauptung erhärten, daß der Begriff der eindeutigen Äußerung eines verbrecherischen Willens (oder eine ähnliche Formulierung) den Sinn trifft, dem im Gesetz mit den Worten „Anfang der Ausführung eines Verbrechens“ Ausdruck gegeben ist. Die Ausführung eines Entschlusses beginnen und mit der Ausführung einer in allen ihren Merkmalen bestimmten Tat anfangen, ist eben zweierlei. Wer sich gegen einen viele Zentner schweren Stein stemmt, um ihn beiseite zu schieben, versucht Unausführbares auszuführen; darin einen Anfang der Ausführung seines Vorhabens zu erblicken, ist statthaft, lächerlich ist es jedoch, in seiner Köperanstrengung den Anfang der Fortwälzung des Steines finden zu wollen. Vor dieser Verwechslung, die allen Verteidigungen subjektiver Theorien zugrunde liegt, z. B. auffällig in Bierlings Juristischer Prinziepienlehre (*III. 131/132*) hervortritt[1]), muß dringend gewarnt werden. Denn sobald man sich von ihr befreit hat, ist es klar, daß der Anfang der Ausführung des Verbrechens nur durch eine Auslegung, die den Anfang der Tat mit ihrer Vollendung in Beziehung setzt, also nur objektiv erläutert werden kann.

Die Konsequenzen, die sich hieraus für den untauglichen Versuch ergeben, bedürfen keiner ausführlichen Darstellung: Der Versuch am absolut untauglichen Objekt und der mit absolut untauglichen Mitteln ist nach dem Vorentwurf wie nach dem StGB. straflos, weil in ihm bloß eine auf die Ausführung eines verbrecherischen Entschlusses abzielende Handlung und durchaus nicht ein Anfang der Ausführung des Verbrechens gefunden werden kann.

---

[1]) Zum Zwecke der Auslegung des § 43 untersucht Bierling die Beziehungen zwischen Wille und Tat, während es auf das Verhältnis des Versuchserfolges zum gesetzlichen Tatbestand des vollendeten Deliktes ankommt.

Mit all dem soll weder der Objektivismus noch sein den untauglichen Versuch betreffendes Resultat de lege ferenda verteidigt sein, vielmehr soll lediglich das geltende und das gleichlautende vorgeschlagene Gesetz interpretiert sein. Diese Interpretation aber ist notwendig gewesen, weil (namentlich mit Rücksicht auf die gleich zu besprechende Begr. zum Vorentwurf) an die Frage, wie das Gesetz gestaltet werden soll, erst herangetreten werden kann, wenn feststeht, wie es nach dem vorliegenden Entwurf gestaltet ist. Und ich möchte keinen Zweifel darüber lassen, daß ich diese Auslegung für unumstößlich halte; ich habe sie nicht zum erstenmal vertreten[1]), aber in den seitdem verflossenen Jahren nirgends ein Argument gefunden, durch das sie erschüttert werden könnte. Denn wer auf die Prinzipienfrage zurückgeht, stellt eine Untersuchung an, die mit derjenigen, für die ich hier Interesse erbitte, nichts gemein hat; und wer darauf hinweist, daß nach den Motiven zum StGB. die Streitfrage offen bleiben sollte, legt den amtlichen Materialien eine Autorität bei, die ihnen nicht zukommt; wer aber gar die oft erwiesene Unrichtigkeit des Satzes, was nicht vollendet werden kann, könne nicht angefangen werden, ins Feld führt, hat das Wesentliche außer acht gelassen. Natürlich ist es ein Sophisma[2]), daß nur das Vollendbare angefangen werden kann, und zweifellos stände der absolut untaugliche Versuch unter Strafe, wenn ein Rechtssatz maßgebend wäre, der bloß einen Anfang der Ausführung des Entschlusses forderte; darauf, daß das Verbrechen begonnen sein muß, liegt aller Nachdruck. Es ist sehr bezeichnend, daß Frank S. 251, wo er von den Autoren berichtet, die aus dem § 43 eine Antwort entnehmen wollen, das entscheidende Wort ausläßt und bloß angibt, es werde darauf hingewiesen, „daß das Gesetz ja einen Anfang der Ausführung fordere“; — „des Verbrechens“ — fehlt!

Diese Ausführungen stehen in schroffem Widerspruch zu der Begr. unseres Vorentwurfs. Dort (S. 289) heißt es: „Der Entwurf bekennt sich daher grundsätzlich zu der konsequenteren subjektiven Theorie . . . . Dem steht der Wortlaut des § 75 nicht entgegen. Denn wenn dort auch der Ausdruck gebraucht ist, ‚wer die Ausführung eines Verbrechens oder vorsätzlichen Vergehens begonnen hat‘, so soll dieser doch lediglich der Abgrenzung der Versuchshandlungen von den vorbereitenden Handlungen dienen, so daß aus ihm, wie bereits oben betont, nichts für die Beurteilung

[1]) DJZ. VII. (1902) S. 330 ff.

[2]) So v. Bar, Gesetz u. Schuld II, 526.

der Frage der Strafbarkeit des untauglichen Versuchs zu entnehmen ist." Bei allem Respekt vor der hochstehenden Leistung, als welche die Begr. sich darstellt, muß gesagt werden, daß diese Stelle auf das gründlichste mißlungen ist. Erstens ist es nach den Darlegungen, die hinter uns liegen, eine nackte Tatsache, daß der Wortlaut des § 75 der Anerkennung des Subjektivismus entgegensteht, eine Tatsache, die durch das Verbot, den Text noch anders als für die Abgrenzung des Versuchs von der Vorbereitung zu verwerten, nicht aufgehoben werden kann. Zweitens ist es widerspruchsvoll, zu behaupten, der Entwurf bekenne sich zu der subjektiven Theorie, und es könne aus ihm doch nichts für die Beurteilung des untauglichen Versuchs entnommen werden; wenn aus ihm solche Schlüsse nicht gezogen werden können, so bekennt er sich eben zu gar keiner Theorie. Und wenn wir diese Indifferenz des Entwurfs zugeben wollen, weil sie der Annahme, von der die Begr. ausgeht, ebenso entspricht wie der Auffassung, die sich unter der Herrschaft des StGB. bei der großen Mehrzahl der Subjektivisten und Objektivisten festgesetzt hat, so ist der Begr. der dritte, wahrlich nicht leichte Vorwurf zu machen, daß sie meint, der Streit über den untauglichen Versuch könne außerhalb des Gesetzesentwurfes und bloß durch die kategorische Erklärung halbamtlicher Materialien beendet werden. Dieser Standpunkt ist um so energischer abzulehnen, weil die Begr. selbst im Hinblick auf den unausgetragenen Kampf, der seit Jahrzehnten Wissenschaft und Praxis spaltet, eine „Entscheidung durch das künftige Gesetz" als unerläßlich ansieht (S. 285) und somit den Anschein erweckt, als ob das vorher zitierte Bekenntnis zum Subjektivismus und seinen Konsequenzen die Erfüllung dieser Forderung enthalte. Ja in der Wendung, „der Entwurf bekennt sich . . .", wird sogar mit dürren Worten die lediglich in der Begr. ausgesprochene Willenserklärung in den Gesetzesvorschlag hineingetragen[1]). Über die Unzulässigkeit und Wirkungslosigkeit eines derartigen Verfahrens braucht kein Wort verloren zu werden.

So ergibt sich, daß im Vorentwurf nicht der kleinste Fortschritt über das geltende Recht hinaus angebahnt ist, was die Begr. insofern einräumt, als sie an anderer Stelle (S. 284) die völlige Übereinstimmung zwischen StGB. und Vorentwurf betont. Da ferner eine langjährige Praxis bewiesen hat, daß die leise Anerkennung der objektiven Theorien, die wir aus dem StGB. und

---

[1]) Dagegen v. Liszt, Z. *XXX. 271* und Wach, DJZ. *XV. 109* in ihren Besprechungen des Vorentwurfs.

dem Vorentwurf herauslesen, nicht genügt, sich Gehör zu verschaffen, muß nunmehr — nicht ohne sacrificium intellectus — der mehrfach vertretenen Forderung[1]) beigepflichtet werden, nach der sich das neue Gesetz einer unzweideutigen Stellungnahme zum Streit der Theorien und damit zur Behandlung des untauglichen Versuchs nicht mehr entziehen darf.

Von welcher Art soll diese Stellungnahme sein? Unter den gegebenen Umständen scheint es mir die Hauptsache zu sein, daß überhaupt eine Lösung der Probleme zur gesetzlichen Anerkennung gelangt; wie sie beschaffen sein soll, das ist in Vergleichung hiermit eine weniger wichtige, freilich an und für sich durchaus keine gleichgültige Angelegenheit. Sie ist sehr oft und von manchen, insbesondere von Delaquis[2]), in der breitesten Ausführlichkeit behandelt worden. Hier kann nur an die wesentlichen Argumente erinnert werden.

Für die subjektive Theorie spricht nur ein weiter nicht diskutierbarer, gerade deswegen aber starker Grund, nämlich das Rechtsempfinden derer, die die Straflosigkeit absolut untauglicher Versuchshandlungen für anstößig erklären[3]). Daß der zum Mord Entschlossene straflos bleiben soll, nur weil ihm ein Zufall statt des todbringenden Mittels ein harmloses in die Hand gespielt hat, erscheint vielen ungerecht. Mir nicht, wenigstens wenn ich als Jurist urteile. Das Recht ist von Natur Erfolgshaftung; so sehr es nun unseren Kulturanschauungen entspricht, diese natürliche Eigenschaft durch Berücksichtigung der Schuldseite in weitestem Maße einzuschränken, so unberechtigt ist es, sie gänzlich zu verleugnen, also den nackten bösen Willen, wenn er sich nur in einer Tat verraten hat, zu bestrafen. So soll der Erzieher, nicht der Hüter einer Rechtsordnung verfahren. Somit spricht gegen den Subjektivismus die Preisgabe des wohlweisen kriminalpolitischen Grundsatzes, der an der Spitze dieser Abhandlung steht: Nur der böse Wille, der sich in einer bösen Tat kundgibt, soll bestraft werden. Wohin es führt, wenn die Tat als irrelevanter Faktor behandelt wird, zeigt sich am schärfsten beim abergläubischen Versuch (Totbeten und ähnliche Fälle). Der

---

[1]) Frank 263; *VEBegr.* 285; Wach, *Vergl. Darst. Allg. T. VII. 7* und DJZ. *XV. 109*; v. Liszt a. a. O.; v. Bülow DJZ. *XV. 222*; van Calker, Z. f. Rechtspflege in Bayern *VI. 48.*

[2]) Der untaugliche Versuch, ein Beitrag zur Reform der Strafgesetzgebung, 1904.

[3]) Frank 264.

konsequente Subjektivist muß hier den Fluch der Lächerlichkeit auf sich nehmen und Strafe eintreten lassen[1]). Natürlich fehlt es nicht an Konstruktionen, die diese Folgerung abschneiden; es ist immer eine leichte Mühe, für die Abweisung absurder Resultate Gründe zu finden. Und auch die Sorge, daß das Gesetz nicht auf den abergläubischen Versuch erstreckt werden darf, wiegt nicht schwer; die Erklärung, daß man so weit nicht gehen will, braucht nur aus dem Russischen StGB.[2]) übernommen zu werden. Mit all dem wird aber die Tatsache nicht beseitigt, daß die Bestrafung des abergläubischen Versuchs eine Konsequenz des Subjektivismus ist. Und auf diesen klassischen Zeugen lege ich Wert.

Der Aufgabe, den prinzipiellen Mangel der subjektiven Theorie zu überwinden, haben sich die sog. gemischten Theorien unterzogen. Dort wird in einer oder der andern Weise der Nachweis erbracht, daß auch der untaugliche Versuch als böse Tat angesehen werden kann. So wird z. B. von Kohler[3]), dem sich Frank angeschlossen hat (S. 266), der Gedanke ausgeführt, daß der (absolut) untaugliche Versuch zwar nicht für das Rechtsgut, das der Täter angreifen wollte, aber für die Rechtsordnung gefährlich ist[4]). Die konstruktive Seite solcher Theorien muß immer bedenklich sein, weil es in der Natur des Kompromisses liegt, daß er des Prinzips oder doch des einfachen Prinzips entbehrt. (Der Mord ist gegen das Individuum, der Mordversuch gegen das Interesse des Staates an der Wahrung des Rechtsfriedens gerichtet.) Damit könnte man sich abfinden. Aber der Schönheitsfehler hindert auch die technische Verwertbarkeit. Die legislativen Gedanken, die in den gemischten Theorien vertreten werden, entziehen sich der praktikablen Formulierung. Auch Frank hat uns nicht gesagt, wie sein Ergebnis, „der untaugliche Versuch ist insoweit für strafbar

[1]) Frank 255. „In der Tat kann sich der Subjektivismus dieser Folgerung schwer entziehen, und die Art und Weise, wie sie seine Vertreter zu umgehen suchen, ist meist recht anfechtbar." Am allerwenigsten genügt es, darauf zu verweisen, daß in der Praxis Anklagen wegen solcher Fälle nicht vorkommen, wie das kürzlich v. Bülow in einer Besprechung des untauglichen Versuchs nach dem Vorentwurf getan hat (DJZ. *XV. 217*).

[2]) Frank 263.

[3]) Studien aus dem Strafrecht *I.* (1890) *7ff.*

[4]) Mit dieser Auffassung ist nahe verwandt der Gedanke, den v. Bar seiner Versuchslehre zugrunde legt; der Eindruck, den die Tat auf weitere Kreise macht, soll für die Begrenzung der Strafbarkeit maßgebend sein (Gesetz u. Schuld *II. 490ff.*). Vgl. hierzu die eingehende und sehr beachtenswerte Besprechung der Versuchslehre v. Bars, die Kriegsmann soeben veröffentlicht hat (Z. *XXX. 542ff.*).

zu erklären, als er eine Störung des Rechtsfriedens enthält“ (S. 267), im Gesetz zum Ausdruck gebracht werden könnte. Sollte die Meinung aber dahin gehen, daß diesem Satz in derselben Prägung legislative Tauglichkeit zukommt, so müßte energisch widersprochen werden. Dann wäre den Kontroversen Tür und Tor geöffnet, ohne daß die Entscheidungen auf eine andere Basis als die des persönlichen Rechtsgefühls gestellt werden könnten.

In der Begr. zum Vorentwurf wird der grundsätzliche Fehler des Subjektivismus nicht gewürdigt, obwohl es unter dem daselbst in den Vordergrund gerückten Gesichtspunkt „praktischer Rechtspolitik“ durchaus nicht gleichglltig ist, ob ein in farbloser Tat bekundeter verbrecherischer Wille Strafe verdient. Dagegen sucht die Begr. den Subjektivismus durch folgende Ausführungen (S. 288/89) annehmbar zu machen: „Bei Annahme der subjektiven Theorie wird in den Fällen, in denen das allgemeine Rechtsgefühl eine Bestrafung für unangebracht hält, wohl stets ein ‚besonders leichter Fall‘ im Sinne des Entwurfs vorliegen und daher Straflosigkeit eintreten können, während in den übrigen das weitgehende Milderungsrecht es gestattet, die mangelnde objektive Gefährlichkeit der Handlung da, wo es angezeigt erscheint, ausreichend zu berücksichtigen.“ Man könnte sich mit diesem Ausweg allenfalls befreunden, wenn nicht gerade auf der wichtigsten Strecke ein Hindernis läge. Nach § 83 Abs. 2 darf ein „besonders leichter Fall“ nur angenommen werden, „wenn die rechtswidrigen Folgen der Tat unbedeutend sind und der verbrecherische Wille des Täters nur gering und nach den Umständen entschuldbar erscheint, so daß die Anwendung der ordentlichen Strafe des Gesetzes eine unbillige Härte enthalten würde“. In den hier interessierenden kritischen Fällen sind nun allerdings die Folgen der Tat unbedeutend, bis zur Nichtexistenz unbedeutend, dagegen kann von der Intensität des verbrecherischen Willens regelmäßig nicht dasselbe behauptet werden. Die Schwangere, die mit absolut untauglichen Mitteln die Abtreibung versucht, der Abergläubische, der seines Feindes Hemd nachts auf dem Kirchhof vergräbt, der Wilderer, der in leidenschaftlichem Haß seine Kugel auf ein Etwas richtet, das nur in seiner Vorstellung der Jäger ist, — alle diese bekannten Figuren sind von einem verbrecherischen Willen beseelt, der wahrlich nicht „gering“ ist. Deswegen können sie nicht straflos bleiben, die eine der im § 83 Abs. 2 aufgestellten Voraussetzungen fehlt[1]. — Dieses Versagen des Ventils ist ein notwendiges Er-

[1] Namentlich ist der abergläubische Versuch in seiner typischen Gestalt kein besonders leichter Fall im Sinne des § 83 Abs. 2, so daß die An-

gebnis: Ein Gesetzesvorschlag, der die Bestrafung und das Strafmaß überall von der Schuld- und Tatseite abhängig macht, wird sich selbst untreu, wenn er in einer Frage der Strafe die eine Stütze entzieht. Diesen singulären Monismus dann wieder korrigieren zu wollen durch Verweisung auf Vorschriften, in denen der prinzipielle Dualismus gewahrt ist, das ist ein unsystematisches und darum unfruchtbares Unternehmen.

Gegen die objektiven Theorien spricht nur eines: die Notwendigkeit zwischen absoluter und relativer — besser abstrakter und konkreter — Untauglichkeit unterscheiden zu müssen. Sie besteht, weil es dem Rechtsgefühl widersprechen würde, konkret untaugliche Handlungen straflos zu lassen. Die Schwäche der Konstruktion liegt aber durchaus nicht in einer mangelhaften prinzipiellen Fundierung oder in einer Inkonsequenz[1]. Denn der abstrakt untaugliche Versuch muß sowohl nach dem legislativen Grundgedanken — es fehlt die Rechtsgütergefährdung — als nach dem gesetzlichen Tatbestande — es fehlt der Anfang der Ausführung des Verbrechens — straflos bleiben, während im konkret untauglichen Versuch jene Gefährung und dieser Anfang zutage treten. Im ersten Fall ist die Nichtvollendung notwendig, im zweiten zufällig. Selbst wenn aber gegen die logische Geschlossenheit dieser Unterscheidung Einwände möglich sind, so bleibt davon doch die praktische Rechtspolitik unberüht. Sie kann mit Fug nur geltend machen, daß die Abgrenzung der konkreten von der abstrakten Untauglichkeit auf unzuverlässigen Kriterien beruht. Darin und darin allein liegt die Schwäche des Objektivismus. Abstrakte ist begriffliche Untauglichkeit, konkrete ist zufällige. Soll ich nun aber den Begriff der Tasche oder den der leeren Tasche bilden, den der Schußwaffe oder, wenn eine 100 m weit tragende Pistole auf die doppelte Entfernung benutzt wurde, diesen engeren Begriff? (Beide Male ist meines Erachtens der weitere Begriff maßgebend.) Das Problem steckt also in der Frage: Von welchen Umständen muß bei der Begriffsbildung abgesehen werden? Nehmen wir an, das Problem sei bisher nicht befriedigend gelöst worden, so kann doch seine Unlösbarkeit nicht behauptet werden. Die Schwierigkeit liegt in nichts anderem als in der Unterscheidung von wesentlichen und unwesentlichen Eigenschaften, also in einer Problemlage, die für die Rechtswissenschaft typisch ist. Deswegen

---

nahme der Begr. (S. 297), eine besondere Bestimmung, durch die die Strafbarkeit solcher Handlungen verneint wird, sei unnötig, nicht stichhaltig ist.

[1]) Begr. 287.

wäre es maßlose Übertreibung, dem Objektivismis die Brauchbarkeit abzusprechen mit der Begründung, die abstrakte Untauglichkeit könne nicht scharf von der konkreten getrennt werden[1]). Aber wir müssen noch einen Schritt weiter gehen: Ist denn die haarscharfe Grenze etwas so unbedingt Wünschenswertes? Ich meine, Theorien, die der Auslegung eines Gesetzes dienen, sind zu loben, wenn sie die starre Schablone vermeiden und statt dessen wegweisende Kriterien bieten. Dann tragen sie das ihrige dazu bei, individualisierende und gerechte Entscheidungen zu zeitigen. Deswegen wird durch die Anerkennung der objektiven Theorien, selbst wenn ihre Schwäche irreparabel wäre, der Praxis eine Aufgabe gestellt werden, die einer gesunden Rechtspflege willkommen sein muß. Daß diesen Theorien bisher kaum Gelegenheit zu praktischer Betätigung geboten war, darf nicht vergessen werden. Man biete sie ihnen, sie werden sich bewähren!

Da das hiermit gewonnene Resultat durch die Fassung des Vorentwurfs § 75 nicht genügend gesichert erscheint (vgl. oben S. 338/39 empfiehlt es sich, etwa folgenden Absatz beizufügen:

> Der Versuch bleibt straflos, wenn das Mittel, mit dem, oder der Gegenstand, an dem jemand eine strafbare Handlung auszuführen versucht, seinem Begriffe nach die Vollendung ausschließt.

Soll jedoch trotz aller Bedenken der absolut untaugliche Versuch Strafe finden, so kann dies mit den entsprechenden Worten geschehen, jedenfalls aber muß eine ausdrückliche Erklärung aufgenommen werden, wie sie sich auch im *SchVE.* Art. 22 Abs. 2[2]), an dessen Wortlaut sich mein sachlich entgegengesetzter Vorschlag lose anschließt[3]), findet. Aus unseren früheren Erörterungen geht aber hervor, daß ein Gesetz, das solchermaßen verfährt, den Erfolg des Versuches als Anfang der Ausführung des Entschlusses kennzeichnen muß, weil es sonst dem Vorwurf ausgesetzt bleibt,

---

[1]) So neuerdings wieder v. Bülow, DJZ. *XV. 218.*

[2]) Nach dem Schweizerischen Entwurf wird der untaugliche Versuch insofern milder bestraft wie der taugliche, als der Richter ermächtigt wird, die Stafe „nach freiem Ermessen" zu mildern; danach ist er (vgl. Art. 53) an das Strafmaß und die Strafart, die für das Verbrechen angedroht sind, nicht gebunden.

[3]) Der Schweizrische Entwurf spricht davon, daß das Verbrechen mit einem solchen Mittel oder an einem solchen Gegenstand „unter keinen Umständen" ausgeführt werden konnte; mir scheint es präziser, auf die im Begriff des Mittels oder Gegenstandes liegende Negation der Vollendungsmöglichkeit zu verweisen.

daß es in ein und demselben Artikel zunächst den Objektivismus anerkennt und dann zum Subjektivismus übergeht.

Der *OVE.* hat zur Streitfrage nicht ausdrücklich Stellung genommen. Da aber die Praxis bisher schon den objektiven Theorien gefolgt ist[1]), mag die leise Anerkennung, die im Entwurf ausgesprochen ist („eine unmittelbar zu ihrer Ausübung [nämlich der strafbaren Tat] führende Handlung“), in Österreich genügen[2]).

II.
Die Bestrafung des Versuchs.

1. In der oft behandelten Frage, ob der Versuch milder zu bestrafen ist als die Vollendung, tritt der Entwurf in Übereinstimmung mit dem geltenden Recht für die mildere Bestrafung ein. Die Begr. rechtfertigt diesen Standpunkt, der in Deutschland namentlich von Herm. Seuffert[3]) bekämpft worden ist, damit, „daß dem durch die Tat angerichteten Schaden für die strafrechtliche Beurteilung eine selbständige und wesentliche Bedeutung zukommt“ (S. 294). Das ist in der Tat die entscheidende Erwägung, die namentlich angesichts eines Entwurfes, der die Strafhöhe überall dualistisch bestimmt (vgl. bes. die §§ 81, 83, 84, 89), nicht entkräftet werden kann. Befremdend wirkt es aber, daß die Verfasser des Entwurfs, die sich wenigstens in der Begründung zur subjektiven Theorie bekannt haben, für die mildere Bestrafung eintreten, obwohl dafür nur die Gründe der Objektivisten geltend gemacht werden können. Wie die subjektive Theorie mit der Bestrafung absolut untauglicher Versuche, so ist sie mit dem Grundsatz, daß Versuch und Vollendung gleich zu bestrafen sind, unzertrennlich verbunden. Die Begründung gibt also mit dem Eintreten für Strafmilderung ihre Versuchstheorie auf und bestätigt dadurch deren Unhaltbarkeit[4]).

---

[1]) Frank 257, Begründung 288.

[2]) Graf Gleispach, Der Österr. Strafgesetzentwurf S. 30, lehnt den Schluß auf Anerkennung des Objektivismus ab.

[3]) Ein neues StGB. für Deutschland (1902) S. 52ff. und Mitteil. der IKV. *X. 466* bes. *474*. Vgl. Frank 225.

[4]) Auf diese „schwerbegreifliche Inkonsequenz“ hat schon v. Liszt (Z. *XXX. 272*) aufmerksam gemacht; v. Lilienthal (ebenda S. 226) sucht sie milder erscheinen zu lassen. — Das Entsprechende gilt für den *SchVE.*, da er trotz seines subjektiven Standpunktes (oben S. 343) es ablehnt, den Versuch wie die Vollendung zu bestrafen; vgl. Hafter, Z. *XXX. 619*.

Die mildere Bestrafung, die im Entwurf gefordert ist, besteht nicht etwa aus einer Milderung der Strafe, die der Richter festsetzen würde, wenn das Delikt vollendet worden wäre, geht also nicht von einer hypothetischen Strafzumessung aus[1]), vielmehr hat der Richter die Strafe nach freiem Ermessen innerhalb eines herabgesetzten Strafrahmens (vgl. § 76) auszumessen[2]). Bei dieser Methode ist es dem Richter überall, wo eine relative Strafdrohung eingreift, und somit fast ausnahmslos freigestellt, den Versuch mit einer Strafgröße zu belegen, die auch das vollendete Delikt hätte treffen können; mit anderen Worten, der Richter verfügt über den ganzen ordentlichen Strafrahmen mit der praktisch belanglosen Einschränkung, daß er hinter dem für die Vollendung angedrohten Höchstmaß um eine Strafeinheit zurückbleiben muß. Und weil dem so ist, kann der in den letzten Jahren zuweilen stark betonten Erörterung, ob die Strafmilderung ganz aufgegeben (dafür nur Seuffert) oder doch ihres obligatorischen Charakters entkleidet werden solle (v. Liszt u. a.), wenigstens unter praktischen Gesichtspunkten keine große Bedeutung beigelegt werden. Die obligatorische Strafmilderung, so wie sie im Vorentwurf vorgesehen ist, wirkt, wenn wir von absoluten Strafdrohungen absehen, nicht anders als eine fakultative. Das eine Gericht belegt einen Diebstahlsversuch mit der Strafe, die vom andern für die Vollendung ähnlicher Diebstähle verhängt zu werden pflegt. Der freien richterlichen Strafzumessung ist das entscheidende Wort überlassen, gleichviel ob das Gesetz die mildere Bestrafung gebietet oder bloß erlaubt. Zu praktisch wichtigeren Problemen gelangen wir erst, wenn wir fragen, ob die Strafmilderung mit der Erweiterung des ordentlichen Strafrahmens nach unten hin und mit der Verdrängung der absoluten Strafen (Todesstrafe, lebenslängliche Freiheitsstrafe) das Richtige trifft[3]).

2. Die Erweiterung des Strafrahmens nach unten ist

---

[1]) Vgl. Wach, *Vergl. Darst. VI. 7* Anm. 1, woselbst Bedenken geäußert sind.

[2]) Herrschende Lehre, vgl. Frank 222.

[3]) Die Bestimmung des § 76 Abs. 3 Vorentwurf — „Auf Nebenstrafen und sichernde Maßnahmen kann auch neben der Versuchsstrafe erkannt werden" — bedarf keiner Erörterung. Namentlich wird es ohne weiteres klar sein, daß diese Rechtsfolgen nur ausgesprochen werden können, wenn sie neben dem vollendeten Delikt zugelassen oder geboten sind. Vom StGB. § 45 weicht der Vorentwurf insofern ab, als die Ehrenstrafe beim Versuch niemals obligatorisch ist (vgl. Begr. S. 297), was übrigens schon heute für militärische Dilikte gilt (MStGB. § 46).

insofern eine Konsequenz des Grundgedankens, als die ordentliche Mindeststrafe der vollendeten Tat entspricht, die ihrem psychischen wie äußeren Bestandteil nach die denkbar niederste Schuldstufe einnimmt, und somit eine zu strenge Strafe ist für denjenigen Versuch, der mit einem ebenso geringen verbrecherischen Willen ausgeführt worden ist, aber wegen des Erfolgmangels jene niederste Schuldstufe nicht erreicht. Eine andere Frage ist es aber, ob man in der Strafmilderung so weit gehen darf, wie es im Vorentwurf in Aussicht genommen ist. Nach § 76 Abs. 3 soll nämlich abweichend vom StGB., wo nur ein Herabgehen bis zum Viertel des ordentlichen Mindestbetrages gestattet ist, jede dem Strafensystem entsprechende mildere Freiheitsstrafe ausgesprochen, in „besonders leichten Fällen“ (§ 83) sogar von Strafe abgesehen werden dürfen. Ein mit Zuchthaus bedrohtes Verbrechen kann, wenn es im Versuchsstadium stehen bleibt, mit einem Tag Haft geahndet werden, eine mißlungene Brandstiftung kann straflos bleiben. Solchen Möglichkeiten darf ein Gesetz nicht Raum geben, sonst provoziert es den Vorwurf, daß seine Strafdrohungen willkürlieh gewählt sind. Da nämlich der Versuch, wie nochmals betont sei, nur dann weniger strafwürdig erscheint, wenn sich mit der ihm eigentümlichen Erfolglosigkeit der Vollendungsvorsatz in seiner verzeihlichsten Form verbindet, kann die mildeste Beurteilung, die dem Versuch zugebilligt werden darf, nur wenig hinter der zurückbleiben, die dem vollendeten Delikt zugestanden ist. Und der Nullpunkt der Strafskala kann nur dann erreicht werden, wenn das für die Vollendung geltende Minimum von ihm nicht zu weit entfernt ist.

Vermutlich haben sich die Verfasser des Entwurfs über das offenbare Mißverhältnis ihrer Strafdrohungen deswegen hinweggesetzt, weil sie in lückenloser Stufenfolge bis zur Straffreiheit hinabsteigen wollten. Und um diese war es ihnen zu tun, weil die Strafbarkeit des untauglichen Versuchs des Korrektivs bedarf. Da aber dieses versagt (oben S. 341), entfällt auch der Grund, sich ihm schrittweise zu nähern.

An die Stelle der beanstandeten Regelung sollten folgende Grundsätze treten: Die Herabsetzung des Strafrahmens muß mit Rücksicht auf das ordentliche Minimum bestimmt und darf nur in engen Grenzen zugelassen werden. Von zahlenmäßig fixierten Vorschlägen möchte ich absehen, da die vorhandenen Möglichkeiten nicht so stark differenziert sind, daß eine den anderen entschieden überlegen wäre. — Die für besonders leichte Fälle vorgesehene Straflosigkeit kann nicht generell auf den Versuch aller mit zeitigen Freiheitsstrafen bedrohten

Handlungen erstreckt, muß vielmehr auf bestimmte, im *Bes. T.* zu bezeichnende Versuchshandlungen beschränkt werden[1]). Hierdurch würde die widerspruchsvolle Möglichkeit, den Versuch eines Verbrechens oder schweren Vergehens straflos zu lassen, aufgehoben werden. Der naheliegende Einwand, die Praxis werde in solchen Fällen von dieser Befugnis keinen Gebrauch machen, versagt schon deswegen, weil die Gewährung eines Spielraums, von dem der Gesetzgeber von vornherein annimmt, er werde nicht ausgenutzt werden, mit einer rationellen Gesetzgebungspolitik unvereinbar ist. Außerdem entspricht die Beschränkung der Straflosigkeit auf einzelne Fälle, sobald man vom untauglichen Versuch absieht, den Intentionen, die für dieselbe Beschränkung gegenüber den vollendeten Delikten maßgebend gewesen sind[2]). Auch hier darf nur, wo es im *Bes. T.* ausdrücklich gestattet ist, von der Bestrafung abgesehen werden. Für uns scheiden aber die Fälle, in denen bis jetzt dieses Privilegium vorgesehen ist, aus, weil es sich ausnahmslos um Delikte handelt, deren Versuch straflos ist[3]). Es müssen also neue Anordnungen getroffen werden. So würde es sich z. B. empfehlen, in den §§ 170 Verleitung zur Ableistung eines falschen Eides, 228 gefährliche Köperverletzung, 240 Nötigung, 269 Diebstahl, 289 Sachbeschädigung dem Absatz, der Versuch ist strafbar, die Worte einzufügen, „es sei denn, daß ein besonders leichter Fall (§ 83) vorliegt“.

3. Das StGB. (§ 44 Abs. 2 und 3) läßt an die Stelle der Todesstrafe Zuchthaus von 3 bis 15 Jahren, an die Stelle der lebenslänglichen Strafen Freiheitsstrafe derselben Art von 3 bis 15 Jahren treten. Diese Regelung hat der Vorentwurf übernommen, außerdem aber für den Fall, daß das vollendete Verbrechen mit dem Tode bedroht ist, lebenslängliches Zuchthaus vorgesehen (§ 76 Abs. 2). Die hierin liegende Neuerung hat, wenn wir von

---

[1]) Hierbei ist vorausgesetzt, daß die Straflosigkeit für besonders leichte Fälle überhaupt beibehalten werden soll, was ich für meinen Teil nur in der Beschränkung auf Übertretungen befürworten könnte.

[2]) Begr. S. 323/324: „Ausnahmsweise, nämlich da, wo es im Gesetz besonders bestimmt ist, ist ihm (dem Richter) auch das Recht gegeben, von Strafe ganz abzusehen. Diese Befugnis ihm ganz allgemein zu erteilen, würde eine zu weitgehende Durchbrechung des Legalitätsprinzips enthalten. Vielmehr war sie nur da zuzulassen, wo die besondere Art des gesetzlichen Tatbestandes erfahrungsgemäß es gestattet, weil unter ihn auch so geringfügige und entschuldbare Taten fallen können, daß eine Bestrafuug nicht nötig und Straflosigkeit vom Standpunkte der Prävention nicht schädlich erscheint.“

[3]) §§ 168 Abs. 3, 227, 259, 272, 296 Abs. 1, 310 Abs. 1.

den Kriegsgesetzen absehen, nur für den Mord Bedeutung, da, wo sonst noch die Todesstrafe angedroht ist, der Versuch der Vollendung gleichsteht (StGB. § 80, Vorentwurf § 100) oder undenkbar ist (Sprengstoffgesetz v. 9. Juni 1884 § 5 Abs. 3, Sklavenraubgesetz v. 28. Juli 1895 § 1 Abs. 2). Somit soll der Mordversuch künftig unter einer strengeren Strafdrohung stehen als bisher. Wir pflichten diesem Vorschlag durchaus bei, da er mit der übertriebenen Strafmilderung, die nach dem Vorentwurf regelmäßig gelten soll, in Widerspruch, mit den Argumenten, die wir gegen diese Übertreibung vorgebracht haben, in Einklang steht. Der vollendete Mord ist nämlich im Vorentwurf § 212 mit dem Tode, bei mildernden Umständen mit lebenslänglichem Zuchthaus oder mit Zuchthaus nicht unter zehn Jahren bedroht. Da nun der Mordversuch ebenfalls mit Zuchthaus auf Lebenszeit oder mit Zuchthaus von 10 bis zu 15 Jahren bestraft werden kann, ist zunächst die erste Forderung, die an die Verhältnismäßigkeit der beiden Strafdrohungen zu stellen ist, erfüllt, sie greifen ineinander über[1]). Da der Mordversuch außerdem mit Zuchthaus von 3 bis zu 10 Jahren, also mit Strafgrößen geahndet werden kann, die unmittelbar an das für die Vollendung vorgesehene Minimum angrenzen und sich von ihm nicht zu weit entfernen, ist auch dem Fall, daß sich die Erfolglosigkeit mit einem geringen verbrecherischen Willen verbindet, in angemessener Weise Rechnung getragen. Ich meine, gegen diese Regelung kann auch von denjenigen, die bloß eine fakultative Strafmilderung für richtig halten, nichts eingewendet werden, und wer jedwede Strafmilderung bekämpft, wird sich, wenn er seine theoretischen Bedenken zurückstellt, ebenfalls einverstanden erklären können. So bleibt nur zu wünschen, daß die maßvolle und einwandsfreie Normierung, die für den Mordversuch gefunden ist, auch dem Versuch anderer Verbrechen und dem der Vergehen zuteil werden möge.

4. Der *OVE.* weicht scheinbar beträchtlich vom *DVE.* ab, da er grundsätzlich den Versuch „den Bestimmungen, die für den Täter der vollendeten strafbaren Handlung gelten“, unterstellt (§ 14 Abs. 1). Da aber trotzdem an die Stelle der Todesstrafe und des lebenslänglichen Kerkers beim Versuch Kerker von 5 bis zu 20 Jahren tritt (§ 14 Abs. 2), beschränkt sich die praktische Verschiedenheit im wesentlichen darauf, daß eine Erweiterung des Strafrahmens nach unten hin nicht vorgesehen ist. Aus Gründen,

---

[1]) Mit Recht führt die Begr. S. 296 aus, daß die lebenslängliche Strafe als das zur zeitigen Zuchthausstrafe überleitende Mittelglied nicht übersprungen werden darf.

die dargelegt sind (S. 345), kann ich hierin keinen Vorzug sehen wäre aber in Verlegenheit, wenn zwischen der übermäßigen Strafmilderung des *DVE.* und der Unüberschreitbarkeit des ordentlichen Minimums im *OVE.* kein Platz für Mittelwege bliebe.

Einen, aber einen unebenen schlägt der *SchVE.* ein: Beim nichtbeendigten Versuch ist die Strafmilderung obligatorisch, beim beendigten fakultativ (Art. 22 Abs. 1)[1]). Die milderen Strafsätze sind im Art. 51 angegeben; lebenslängliches Zuchthaus wird auf Zuchthaus nicht unter zehn Jahren, Zuchthaus nicht unter zehn auf Zuchthaus nicht unter fünf Jahren herabgesetzt usw. Es sind also, abgesehen von der lebenslänglichen Strafe, durchweg ineinander übergreifende Strafrahmen angesetzt. Da sich nun der Richter innerhalb des herabgesetzten Strafrahmens ebenso ungehemmt bewegt wie innerhalb des normalen, steht es ihm, sowohl wenn die Strafmilderung seine Pflicht, wie wenn sie sein Recht ist, frei, über das für die Vollendung geltende Mindestmaß hinauszugehen und hinter ihm zurückzubleiben. So ergibt sich, daß die Unterscheidung von obligatorischer und fakultativer Strafmilderung in ihrer praktischen Wirkung durch die Freiheit der Strafzumessung völlig aufgehoben wird, mit der einen Ausnahme, daß zwar der beendigte, nicht aber der unbeendigte Versuch mit der für die Vollendung geltenden Höchststrafe belegt werden kann, was sich wiederum bloß insofern praktisch fühlbar macht, als der unbeendigte Versuch mit lebenslänglichem Zuchthaus verschont werden muß, der beendigte verschont werden kann. So gelangt der *SchVE.* auf einem mühsamen Umweg zu den Resultaten des *DVE.*: Erweiterung der Strafrahmen nach unten, Ausschließung der lebenslänglichen Strafe (jedoch nicht in allen Fällen obligatorisch). Nur wenn die Milderungspflicht so aufzufassen wäre, daß sie die Pflicht einschlösse, hinter dem ordentlichen Minimum zurückzubleiben, würde sich ein anderes Bild ergeben; dafür fehlt aber jeder Anhaltspunkt. Nimmt man hinzu, daß diese ergebnisarme Trennung der obligatorischen von der fakultativen Strafmilderung auf die zum mindesten problematische Unterscheidung von unbeendigten und beendigten Versuchshandlungen[2]) gegründet ist, sowie daß stichhaltige Bedenken be-

---

[1]) Über die vorangehenden Schweiz. Entwürfe vgl. Delaquis, Der untaugliche Versuch 308 und 327.

[2]) „Daß die Scheidung von beendigtem und unbeendigtem Versuch zuweilen nicht so sicher ist, wie man überwiegend annimmt“, wird von Frank 237 überzeugend ausgeführt. Vgl. etwa noch v. Bar, Gesetz und Schuld *II. 517 ff.*

stehen, ob sich diese Unterscheidung mit generell differenzierten Schuldstufen deckt[1]), so wird die Anregung, die Schweizer Bestimmung zu revidieren, und die Warnung, ihr zu folgen, nicht unbegründet erscheinen.

III.
Der Rücktritt vom Versuch.

1. Die Erwägungen, die für die Straflosigkeit des vom Versuch zurücktretenden Täters sprechen, sollen hier nicht nochmals überprüft werden, zumal da den Bedenken, die bei der rationellen Begründung bestehen bleiben können[2]), im Hinblick auf die historische Überlieferung keine entscheidende Bedeutung beigelegt werden darf. Der Vorentwurf § 77 erkennt die Straflosigkeit in demselben Umfang an wie das StGB. (§ 46). „Die veränderte Fassung der Vorschrift strebt nur danach, den ihr zugrunde liegenden Gedanken unter Ausscheidung alles Unwesentlichen und Entbehrlichen zu einfacherem Ausdruck zu bringen.“ Das ist vollständig geglückt.

Grundlegend ist der Gedanke, daß nur der freiwillige Rücktritt strafbefreiend wirken darf. Bei seiner Durchführung kann die Unterscheidung von nichtbeendigtem und beendigtem Versuch nicht eliminiert werden, da ihr eine „natürliche Wichtigkeit“ zukommt[3]); der Rücktritt vom nichtbeendigten Versuch vollzieht sich durch Verzicht auf die Fortsetzung der begonnenen Ausführungstätigkeit, vom beendigten Versuch kann man nur durch tätige Reue, d. h. durch erneutes, den Enderfolg abwendendes Handeln zurücktreten. Gerade weil es sich aber hier um tatsächliche und unüberwindliche Modalitäten handelt, darf ein Gesetz auf sie Bezug nehmen, ohne sie ausdrücklich angeben zu müssen. So verfährt das StGB., so der Vorentwurf. Die Vereinfachung wird aber dadurch erreicht, daß für beide Versuchsarten nichts anderes als Freiwilligkeit des Rücktritts gefordert wird; im ersten Fall (nichtbeendigter Versuch) tritt dieser Begriff an die Stelle der schwerfälligen und infolge der doppelten Negation undurchsichtigen Umschreibung der Freiwilligkeit, die sich im § 46 Ziff. 1 StGB. findet; im zweiten Fall (beendigter Versuch) geht die im § 46 Ziff. 2 hervorgehobene Voraussetzung der

---

[1]) Frank 237/238, vgl. auch 167/168.

[2]) Vgl. Frank 241ff., woselbst diese Theorien und ihre Schwächen besprochen werden.

[3]) Begr. 298.

Freiwilligkeit (verbis „zu einer Zeit, zu welcher die Handlung noch nicht entdeckt war“) in dem Grundbegriff auf und verliert hierdurch ihre selbständige (unheilvolle) Bedeutung. Die auf diese Weise resultierende Bestimmung lautet: „Die Strafbarkeit des Versuchs fällt weg, wenn der Täter freiwillig die Ausführung aufgegeben oder den Eintritt des zur Vollendung gehörigen Erfolges abgewendet hat[1].“

Die Formulierung würde wohl noch deutlicher werden[2]), wenn das Wort „freiwillig“ hinter „oder“ wiederholt wird; jedenfalls muß die Norm so verstanden werden. Die Auslegung und Anwendung wird sich ohne Schwierigkeit vollziehen, zumal da Frank mit der Formel, freiwillig ist der Rücktritt, wenn der Täter sich sagt, ich will nicht weiter handeln, selbst wenn ich es könnte, ein durchaus zuverlässiges Kriterium aufgestellt hat[3]). Besonders ist es zu billigen, daß der Begriff der Entdeckung ausgemerzt worden ist, da mit ihm Streitfragen und unbillige Ergebnisse verbunden sind. Diese beruhen darauf, daß in der Zeit nach der Entdeckung die Straflosigkeit selbst dann nicht erworben werden kann, wenn sich der Täter für nicht entdeckt hielt, während es ihm andererseits nichts schadet, wenn er die Entdeckung fälschlich annahm. In solchen Fällen wird der legislative Grundgedanke verleugnet. Nach dem Vorentwurf kommt er vollständig zur Geltung, da die tätige Reue bei Unkenntnis der Entdeckung als freiwillige, bei irriger Annahme der Entdeckung als unfreiwillige zu würdigen ist.

2. Daß der Rücktritt als persönlicher Strafaufhebungsgrund zu charakterisieren ist, also Teilnehmern, die ihn nicht mitgemacht haben, nicht zugute kommt, ist eine aus dem Wesen des Verbrechens und der Teilnahme folgende wissenschaftliche Lehre, die spezieller gesetzlicher Bestätigung nicht bedürfen sollte[4]). Ebenso ist es eine

---

[1]) Hiermit ist „die sachliche und formelle Ausgleichung der Rücktrittsbedingungen für beide Arten des Versuchs“, auf die Frank 235 mit Recht den größten Wert legt, vollzogen.

[2]) Der *OVE.* § 16 sucht, ohne daß dafür ein Bedürfnis besteht, die Freiwilligkeit durch ihr Gegenteil zu erläutern: „Wer freiwillig und nicht wegen eines von seinem Willen unabhängigen Hindernisses von seiner Tätigkeit absteht, bevor er sie beendet hat, oder wer freiwillig und nicht weil er weiß, daß seine Tat entdeckt ist, den Erfolg verhindert oder abwendet, ist wegen Versuchs nicht mehr strafbar.“ Mit Recht ist die Kenntnis der Entdeckung und nicht etwa die Entdeckung der Freiwilligkeit gegenübergestellt.

[3]) Kommentar II zu § 46, *Vergl. Darst. 231;* freilich ist die Formel nur für den nichtbeendigten Versuch brauchbar.

[4]) Allerdings ist die Lehre bestritten, vgl. Frank 197, Olshausen (7. Aufl.) Anm. 2 zu § 46. Da die Gegner sich auf den Wortlaut des § 46,

von der Ausdrucksweise des Gesetzes unabhängige Folgerung, daß die Strafbarkeit eines mit dem Versuch ideell konkurrierenden vollendeten Delikts (sog. qualifizierter Versuch) durch den Rücktritt nicht aufgehoben werden kann; daher ist es sachlich gleichgültig, sprachlich ein Fortschritt, daß die ängstliche Wendung des StGB.s, „der Versuch als solcher bleibt straflos“ im Vorentwurf nicht wiederkehrt, zumal da sie zu falschen Interpretationen Anlaß gegeben hat[1]).

Dagegen verträgt die Frage, ob der Rücktritt seine Wirkung auch in den Fällen äußert, in denen der Versuch unter selbständige Strafe gestellt ist (delictum sui generis), zwei Antworten[2]), muß also zum Gegenstand einer ausdrücklichen Willenserklärung gemacht werden. Sie ist im *SchVE.*, der im übrigen nur sprachlich vom *DVE.* verschieden ist, enthalten (Art. 22 Abs. 3): „Wer freiwillig von dem Versuche absteht oder den Erfolg des Verbrechens verhindert, wird straflos, wenn sein Versuch nicht ein besonderes Verbrechen begründet[3]).“ Soll dieser Standpunkt geteilt werden, so muß ein ähnlicher Zusatz in das deutsche Gesetz aufgenommen werden, weil sonst die heute bestehende Kontroverse weitergetragen wird; durch die Erklärung der Begründung (S. 292, 299), § 77 sei nur insoweit anwendbar, als die Strafbarkeit des Versuchs auf § 75 beruht, kann sie natürlich nicht beseitigt werden[4]). Eine andere Frage ist es aber, ob diese Beschränkung sachlich zu billigen ist. Sie würde dazu führen, daß im Falle der Nötigung eines Privatmannes strafbefreiender Rücktritt möglich, im Falle der Nötigung einer Behörde ausgeschlossen ist (Vorent-

---

„der Versuch als solcher bleibt straflos“, stützen und dieses Argument auch bei Auslegung des § 77 Vorentwurf verwerten können, weil dessen Worte, „die Strafbarkeit des Versuchs fällt weg“, dieselbe falsche Deutung zulassen, scheint es angebracht, dem Anfang des § 77 eine subjektive Fassung zu geben, wie etwa: Wegen Versuchs ist nicht mehr strafbar, wer freiwillig . . .

[1]) Siehe die vorige Anm.

[2]) Oder auch drei, da die Meinung, es komme auf die Art des besondren Deliks an, vertreten ist. Über die Gruppierung der Ansichten vgl. Olshausen Anm. 5 zu § 46. Ferner Frank 216/217.

[3]) Allerdings kann der Passus auch auf den qualifizierten Versuch bezogen werden. Wenn ihm nur diese Bedeutung beigelegt werden sollte, was auch von Hafter Z. *XXX. 619* verneint wird, wäre er irreführend, zumal da der Ausdruck „besonderes Verbrechen“ eine Verweisung auf del. sui generis zu enthalten scheint.

[4]) Ebenso v. Liszt Z. *XXX. 273.* „Der Entwurf hat die Frage nicht entschieden.“

wurf § 240 und § 126). Wer den Versuch, einen anderen zur Ableistung eines falschen Eides zu verleiten, aufgibt, bliebe straflos, wer vom Versuch, einen Meineid herbeizuführen, absteht, täte rechtlich Irrelevantes (Vorentwurf § 170 und § 167). Solche Resultate können nicht verteidigt werden[1]). Vielleicht haben sie sich in die Begründung nicht zum mindesten deswegen eingeschlichen, weil die Kommission von einer Ausdehnung des § 77 auf den *Bes. T.* eine zu weitgehende, unkontrollierte Wirkung befürchtet hat, gleichsam als ob der Gesetzgeber hiermit die Zügel aus der Hand gäbe. Und in der Tat ginge es zu weit, wenn der § 77 anwendbar wäre auf Handlungen, die, materiell betrachtet, als Versuch aufgefaßt werden können, es aber ihrer formellen gesetzlichen Kennzeichnung nach nicht sind[2]). Dagegen steht nichts im Wege, überall wo die Vollendungsstrafe auf die mit dem technischen Begriff des Versuchs gekennzeichnete Vorstufe erstreckt ist, dem zurücktretenden Täter Straflosigkeit zu gewähren. Da es sich im Entwurf um wenig Paragraphen handelt[3]), könnte man darauf verfallen, sie im § 77 aufzuzählen; jedoch erscheint dies mit Rücksicht auf die Nebengesetze nicht wünschenswert. Eine generelle Formulierung ist erforderlich[4]).

In die also umgrenzte Gruppe würden Vorbereitungshandlungen, die selbständig unter Strafe gestellt sind, nicht hineinfallen. Es wäre aber ebenso unkonsequent wie ungerecht, sie von der Rechtswohltat des § 77 auszuschließen. Da es sich hier nun um wenige und nicht völlig gleichartig gestaltete Delikte handelt — im Entwurf finde ich nur die §§ 102, 162 und 284

---

[1]) Liszt a. a. O. tadelt sie mit Recht als „formalistisch". Hafter a. a. O. spricht dem Schweiz. Entwurf „eine gewisse formale Korrektheit" zu und bezweifelt im übrigen die sachliche Richtigkeit der Lösung.

[2]) Beispiele bietet der Vorentwurf in den §§ 149 Ziff. 1, 152, 159, 205 Abs. 2 Tl. 2, 293.

[3]) Hierher gehören zunächst die Paragraphen des Vorentwurfs, in denen der Begriff des Unternehmens durch den des Versuchs ersetzt ist (ein willkommener Fortschritt!), nämlich §§ 101, 118, 126, 130, 167, ferner die §§ 119, 122, 157 1. Tl.

[4]) Es ist nicht nötig, sie auf die Fälle auszudehnen, in denen ein Unternehmen unter Strafe gestellt ist; im Vorentwurf findet sich dieser Begriff nicht mehr (vgl. die vorige Anm.), in den Nebengesetzen ist er in einigen Fällen verwertet (vgl. das Sachregister in Stengleins Kommentar zu den Nebengesetzen); diese sind jedoch untereinander so verschieden, daß eine einheitliche Regelung der Rücktrittsfrage kaum durchführbar erscheint. Am besten wäre es, wenn der Begriff des Unternehmens auch aus den Nebengesetzen verschwände.

Abs. 3 — empfiehlt es sich, von einer allgemeinen Bestimmung abzusehen und statt dessen in jedem einzelnen Fall festzusetzen, daß § 77 anwendbar ist[1]).

3. Der *OVE.* (vgl. oben S. 351 Anm. 2) ist für uns namentlich wegen seiner Stellungnahme zu den zuletzt behandelten Fragen von Interesse[2]). Daß der § 16, woselbst dem freiwillig zurücktretenden Täter Straflosigkeit gewährt ist, nicht ohne weiteres auf die im *Bes. T.* bedrohten Versuchshandlungen ausgedehnt werden soll, ist daraus zu entnehmen, daß daselbst mehrmals seine Anwendbarkeit ausdrücklich und unter verengerten Voraussetzungen (vgl. § 111)[3]) ausgesprochen wird (vgl. § 138, 140, 141). Das Anwendungsgebiet des österreichischen § 16 stimmt also mit dem des deutschen § 77 nur formell überein, sachlich erfüllt der *OVE.* die von uns vertretene Forderung. Daß hierbei die spezielle Anordnung bevorzugt, also der Weg eingeschlagen wird, den wir für die Vorbereitungshandlungen empfohlen haben, bedeutet nicht viel. Mit ihnen beschäftigt sich der *OVE.* im § 17: „Wer eine strafbare Handlung vorbereitet, ist in den vom Gesetze bezeichneten Fällen strafbar. Die Strafbarkeit erlischt, wenn der Täter freiwillig und nicht wegen eines von seinem Willen unabhängigen Hindernisses von seiner Tätigkeit absteht und bewirkt, daß die vorhandenen Mittel oder Werkzeuge zur Verübung strafbarer Handlungen unbrauchbar werden.“ Die Vorschrift gewinnt nur in wenigen Fällen Bedeutung (§§ 112, 216, 229, 420), in andern ähnlichen ist sie modifiziert im *Bes. T.* wiederholt worden (§§ 128, 230, 473/474), was alles für die Entbehrlichkeit der allgemeinen Bestimmung spricht. Sehen wir aber von dieser technischen Frage und von der Technik überhaupt ab, so finden wir im österreichischen Entwurf die im deutschen Entwurf vermißte Ausdehnung des Strafaufhebungsgrundes wie auf selbständige Versuchs-, so auf besonders bedrohte Vorbereitungshandlungen.

---

[1]) Es sei bei dieser Gelegenheit erneuter Prüfung empfohlen, ob nicht die Generalklausel des § 102 Abs. 3 („Andere vorbereitende Handlungen . . .“) aufgegeben werden kann. Dafür mit guten Gründen van Calker, *Vergl. Darst. Bes. T. I. 44.*

[2]) Graf Gleispach, Der Österr. Strafgesetzentw. S. 31.

[3]) Der Täter darf keinen Nachteil verursacht oder muß den schon entstandenen wieder beseitigt haben. (Der Begriff des Nachteils ist sehr dehnbar, auch im Dtschen. MStGB., das ihn in anderem Zusammenhang verwertet — vgl. § 86, 93, 141 — hat er sich nicht bewährt.)

B. Die Teilnahme.

I.

Die akzessorische Natur der Teilnahme und der Einfluß persönlicher Eigenschaften.

In der prinzipiellen Konstruktion der Teilnahme, die mit der Stellungnahme zu ihrer akzessorischen Natur unzertrennlich verbunden ist, hat der Entwurf unter starker Abweichung vom geltenden Recht eine durchaus befriedigende Lösung gefunden. Freilich sind sich die Verfasser des Vorentwurfes über das erreichte Ziel nicht restlos, über den Weg durchaus nicht klar gewesen, aber dieses Mißverständnis, das auch in den bisher publizierten kritischen Besprechungen nicht aufgehoben worden ist, läßt den Entwurf selbst unberührt. Wir schlagen daher zunächst einen Weg ein, auf dem wir, ohne uns um die Begr. zu kümmern, zum Verständnis des Entwurfs vorzudringen hoffen.

1. Es gibt einen Begriff der akzessorischen Natur, der mit dem der Teilnahme unauflösbar verknüpft ist. Wie jedes Teilnehmen ein Etwas voraussetzt, worauf es sich bezieht, so sind auch Anstiftung und Beihilfe nur in einem Abhängigkeitsverhältnis denkbar. Ebenso zweifellos ist es, wovon ihre Existenz abhängig ist: vom Dasein der Täterhandlung. Abhängigkeiten sind aber graduierbar, sie können schwächer oder stärker sein; in unserem Fall bestimmt sich der Grad nach den Merkmalen, die für die Täterhandlung als wesentlich erachtet werden. Will man über das Mindestmaß des Erforderlichen nicht hinausgehen, so ist die Täterhandlung zu definieren als die Verwirklichung eines objektiven gesetzlichen Tatbestandes. Hiervon ist die Teilnahme zum mindesten abhängig. Und diese minimal-akzessorische Form ist es, die mit dem Wesen der Teilnahme unzertrennlich verknüpft ist, da sie über die rein logisch bedingte Abhängigkeit nicht hinausgeht. Kein Gesetzgeber kann das Wort Teilnahme aussprechen, ohne das Dasein „der äußeren Verbrechensfigur“ vorausgesetzt zu haben. Andrerseits kann er auf dieser Stufe nicht stehen bleiben, weil sonst die Teilnahme an rechtmäßigen Tatbestandsverwirklichungen unter das Gesetz fiele. So öffnet sich erst mit der Frage, wie weit über die conditio sine qua non hinausgegangen werden soll, dem Ge-

staltungswillen freies Feld. Man kann die Abhängigkeit der Teilnahme verstärken, indem man Anstiftung und Beihilfe nur bestraft, wenn die Täterhandlung im Sinne einer rechtswidrigen Verwirklichung eines äußeren gesetzlichen Tatbestandes vorhanden ist; und man kann schließlich noch einen Schritt weiter gehen und die Täterhandlung mit dem vollen Verbrechensbegriff identifizieren, womit die Bestrafung der Teilnahme davon abhängig wird, daß der Täter einen gesetzlichen Tatbestand rechtswidrig und schuldhaft verwirklicht hat. So tritt zu der minimal-akzessorischen Form die legislative Möglichkeit einer limitiert- und einer extrem-akzessorischen Gestaltung der Teilnahme[1]). Die erstere ist, wie wir sehen werden, im Entwurf, die letztere ist im StGB. durchgeführt. Eine noch stärkere Abhängigkeit würde sich ergeben, wenn man persönliche Eigenschaften, die die Strafe des Täters erhöhen oder vermindern, dem Teilnehmer zurechnen wollte. So weit ist das StGB. bekanntlich nicht gegangen (§ 50).

Daß das StGB. den soeben angegebenen Standpunkt einnimmt, ist durchaus herrschende Lehre; ihre Gründe müssen aber in Kürze revidiert werden. Im Vordergrund steht gewöhnlich die Erwägung, daß die Täterhandlung nach den Worten des Gesetzes (§ 48 „strafbare Handlung“, § 49 „Verbrechen oder Vergehen“) vollen Verbrechenscharakter haben müsse. Nimmt man hinzu, daß die von den Strafausschließungsgründen handelnden §§ 51—54 mit den Worten „eine strafbare Handlung ist nicht vorhanden“ beginnen, so steht fest, daß nach dem StGB. an einer unverschuldeten oder nicht widerrechtlichen Handlung nicht „teilgenommen“ werden kann. Ich lege auf dieses Argument geringen Wert, weil es entkräftet werden kann durch den Nachweis, daß das Gesetz einen guten Sinn behält, auch wenn man an beiden Stellen (§§ 48, 49 und 51 ff.) unter strafbarer Handlung Verschiedenes und beide Male etwas anderes als vollwertiges Verbrechen versteht. Auch ist diese am Wort klebende Lehre in Gefahr, den richtigen Weg zu verfehlen, sobald ihr Stichwort fehlt, was sich im Falle des subjektiv

[1]) Die gesamte Lit. krankt daran, daß sie die Graduierbarkeit der akz. Natur ignoriert oder, wie man es auch ausdrücken kann, daß sie das dynamische Wesen der Abhängigkeit ins Mechanische überträgt. — So kann auch v. Birkmeyers Ausgangspunkt, — „die Teiln. am Verbrechen“ in der *Vergl. Darst. Allg. T. II. 1—159* (im folgenden nur mit dem Autornamen zitiert), — mit dem Begriff der Teilnahme sei ihre akz. Natur gegeben, richtig und falsch sein, je danach, welchen Grad der akz. Natur man zugrunde legen soll, wofür Birkmeyer (S. 3, 11 usw.) keinen sichern Anhaltspunkt gibt. Im allgemeinen wird in der Lit. unter akz. Natur ihre extreme Stufe verstanden.

formulierten § 55 (Strafunmündigkeit) erwiesen hat[1]). — Nach meiner Ansicht kann der Wille des Gesetzes nur aus § 50, aus dieser Bestimmung aber mit voller Sicherheit erschlossen werden. Im § 50 ist der akzessorischen Natur der Teilnahme ein Grenzstein gesetzt; sie erstreckt sich nicht auf diejenigen persönlichen Eigenschaften und Verhältnisse des Täters, die das Gesetz als strafmindernde und straferhöhende Umstände verwertet. Ein unwiderlegliches argumentum e contrario ergibt, daß strafausschließende und strafbegründende Momente immer, mögen sie sich als persönliche Eigenschaften des Täters oder als sachliche seiner Tat darstellen, dem Teilnehmer zuzurechnen sind, wenn sie in der Täterhandlung vorliegen. Dieses Resultat wird nur noch dadurch modifiziert, daß unter den Sammelbegriff der Strafausschließungsgründe Umstände fallen, die zwar der Bestrafung entgegenstehen, aber den Deliktscharakter unangetastet lassen. Auf solche Umstände — sie zerfallen in persönliche Strafausschließungs- und in Strafaufhebungsgründe — kann die Abhängigkeit der Teilnahme nicht ausgedehnt werden; nur für Gründe, die den Deliktscharakter aufheben, also für Gründe, die die Schuld oder die Rechtswidrigkeit ausschließen, hat die Kehrseite des § 50 Gültigkeit. Hieraus folgt der bekannte und oft beklagte Mißstand, daß Teilnahme an der Tat eines Unzurechnungsfähigen undenkbar ist. Durch den Begriff der mittelbaren Täterschaft wird, je danach ob man ihn enger oder weiter faßt, dieses Ergebnis in mehr oder wenigen Fällen, keineswegs in allen korrigiert[2]). Es ist eine Aufgabe des Entwurfs gewesen, hierin Wandel zu schaffen; er hat sie einwandsfrei gelöst.

An die Stelle des § 50 tritt der § 80, der — abgesehen davon, daß er zu einer besseren, allerdings aber nicht zu einer guten sprachlichen Einkleidung des Gedankens vordringt[3]), — eine wichtige Neuerung bringt: Persönliche Eigenschaften des Täters, die die Strafbarkeit ausschließen, sollen künftig so

---

[1]) Bekanntlich wird die Ansicht vertreten, daß an der Handlung eines Strafunmündigen Teilnahme möglich ist; Olshausen N. 5 und 6 zu § 55, Frank I zu § 55, Begr. S. 224/225.

[2]) Es sei denn, daß man zu einer tollkühnen Fiktion seine Zuflucht nimmt, wie das der *OVE.* getan hat, darüber vgl. unten S. 362.

[3]) „. . . werden nur hinsichtlich desjenigen berücksichtigt, bei dem sie vorliegen.“ Das ist kein gutes Deutsch. Einfacher und ebenso klar ist der Satz: Persönliche Eigenschaften und Verhältnisse des Täters, die die Strafbarkeit erhöhen, vermindern oder ausschließen, werden bei der Bestrafung eines Teilnehmers nicht berücksichtigt.

behandelt werden, wie schon heute die straferhöhenden und strafmildernden Umständen der nämlichen Art. Die erste Voraussetzung für das Verständnis dieser Stelle ist: festzuhalten, daß der Vorentwurf ganz wie das StGB. nur den allgemeinen Begriff des Strafausschließungsgrundes gebraucht[1]) und die Unterscheidung seiner Arten der wissenschaftlichen Interpretation überläßt; nur eine Unterscheidung trifft der Vorentwurf selbst, die von persönlichen Eigenschaften, die die Strafe ausschließen, und von sachlichen Umständen, denen die gleiche Wirkung zukommt. Zweitens muß man sich hüten, die sog. persönlichen Strafausschließungsgründe (wie Exterritorialität, Aszendenteneigenschaft beim Diebstahl) mit den persönlichen Eigenschaften, die die Strafe ausschließen, zu identifizieren; wie sie nur eine Art der Strafausschließungsgründe sind, so sind sie auch nur eine Art der in der Persönlichkeit wurzelnden Strafausschließungsgründe. Diesem weiteren Begriff unterfällt z. B. auch die Unzurechnungsfähigkeit. Da nun nach § 80 alle strafausschließenden persönlichen Eigenschaften des Täters bei der Bestrafung des Teilnehmers nicht berücksichtigt werden sollen, ersetzt der Entwurf die extrem-akzessorische Gestaltung der Teilnahme durch eine limitiert-akzessorische[2]).

Zu den strafausschließenden persönlichen Eigenschaften und Verhältnissen gehören in erster Linie alle Schuldausschließungsgründe, also namentlich Unzurechnungsfähigkeit, Strafunmündigkeit, ebenso (in hier nicht interessierenden Grenzen) der Irrtum und der rechtswidrige Befehl des Vorgesetzten, in zweiter Linie und ohne daß darauf etwas ankommt (vgl. oben S. 357) gehören hierher alle persönlichen Strafausschließungs- und einige Strafaufhebungsgründe. Nur die Gründe, die die Rechtswidrigkeit ausschließen,

---

[1]) Wenn es eines Beweises bedarf, daß dem so ist, so liegt er in der Überschrift des 4. Abschnittes sowie darin, daß der Vorentwurf daselbst heterogene Strafausschließungsgründe zusammenfaßt und alle in gleicher Weise formuliert („Nicht strafbar ist, wer . . .").

[2]) Der einzige, der diese Wandlung bisher nicht verkannt hat, ist Mittermaier (*Z XXX. 629*): „Mir beweist der § 80 des Entwurfs mit seinen Folgen, daß der Satz von der akz. Natur der Teilnahme nach dem Entwurf grundsätzlich nicht mehr zu halten ist." Das ist dem Sinne nach völlig zutreffend, da Mittermaier mit der allgemeinen Meinung die akz. Natur mit dem Grad von Abhängigkeit, den ihr das StGB. zuspricht, identifiziert. Da v. Liszt dasselbe tut, ist sein Postulat (ebenda S. 278), „die akz. Natur der Teilnahme muß aufgegegeben werden", gegenstandslos; der Vorentwurf hat es erfüllt.

bedürfen noch einer Erörterung. Sie sind gemischter Natur. Es gibt erstens solche, die von der Persönlichkeit des Handelnden unabhängig sind, wie z. B. die Notwehr, die Durchführung eines Heilverfahrens, — ihre Rechtmäßigkeit ist nicht an die Person des Arztes gebunden, — die Einwilligung des Verletzten. In diesen Fällen wird das ohnehin feststehende Resultat, daß man an rechtmäßigen Taten straflos teilnehmen kann, durch die Kehrseite des § 80[1]) bestätigt. Es gibt zweitens tatbestandsmäßige Handlungen, deren Rechtmäßigkeit in der Persönlichkeit des Handelnden wurzelt, wie etwa die Verhaftung durch den zuständigen Beamten oder die Züchtigung durch einen dazu Berechtigten. Wer hier die Entscheidung lediglich nach Maßgabe des § 80 treffen wollte, käme zu dem offenbar verkehrten Ergebnis, die Veranlassung oder Unterstützung einer rechtmäßigen Verhaftung oder Züchtigung sei strafbare Anstiftung oder Beihilfe[2]); natürlich stellt sich aber sofort die berichtigende Erwägung ein, daß der Teilnehmer selbst nicht rechtswidrig, geschweige denn schuldhaft handelt. Immerhin haftet dem § 80 eine gewisse theoretische Unsauberkeit an; seine begriffliche Tragweite ist größer als seine faktische. Da nicht im geringsten zu befürchten ist, daß die Praxis hierdurch auf Irrwege geführt wird, ist eine Korrektur unnötig. Andererseits wäre sie ohne Schwierigkeit durchzuführen, wenn man sich entschließen könnte, den straferhöhenden und strafmindernden persönlichen Eigenschaften die Schuldausschließungsgründe als solche zu koordinieren. Freilich bekäme dann das Gesetz eine wissenschaftliche Färbung, und davor hat unsere Zeit eine unüberwindliche Abscheu.

Wir sind zu dem Ergebnis gekommen, daß die Strafbarkeit der Teilnehmer nach dem Vorentwurf von der Rechtswidrigkeit der Täterhandlung abhängig, von der Schuld des Täters unabhängig ist[3]). Eine einwandsfreie und wichtige Neuerung! Die Bestrafung dessen, der an der Tat eines Unzurechnungsfähigen teilgenommen hat, wird künftig an der akzessorischen Natur nicht mehr scheitern, die dem Rechtsgefühl entsprechende Entscheidung wird ausnahmslos ermöglicht sein. Namentlich aber ist es zu billigen, daß die Strafbarkeit des Teilnehmers nicht

---

[1]) Sachliche Umstände, die die Strafbarkeit des Täters ausschließen, kommen auch dem Teilnehmer zugute.

[2]) Darin würde eine Anerkennung der minimal-akzessorischen Form liegen.

[3]) Hiermit ist, soweit es auf das Prinzip ankommt, die Forderung erfüllt, die Beling in seiner Lehre vom Verbrechen (1906) vertreten hat (S. 453ff., bes. 458).

auf die Veranlassung und Unterstützung rechtsmäßiger Taten ausgedehnt ist. Das würde dem Rechtsempfinden widersprechen[1]; denn es ist ein gewaltiger Unterschied, ob die Straflosigkeit des Täters darauf beruht, daß seine Tat nicht verwerflich ist, oder darauf, daß ihm aus der Verwerflichkeit kein Vorwurf gemacht werden kann; im ersten Fall hat der Teilnehmer sowenig wie der Täter etwas Unrechtes getan, im zweiten hat er Unrecht befördert, und kann nicht dadurch entschuldigt werden, daß der andere aus höchst persönlichen Gründen nicht verantwortlich gemacht wird. Beide Fälle dürfen also durchaus nicht über einen Leisten geschlagen werden.

2. In der Begr. spiegelt sich der Vorentwurf wesentlich anders. Mit ihr stimmen die vorangehenden Ausführungen nur überein in der Einsicht, daß auch die Teilnahme an Straftaten, die dem Täter nicht zurechenbar sind, der Strafe überantwortet werden muß, und in der Überzeugung, daß dieses Ziel erreicht ist. Die Begr. glaubt jedoch es dadurch erreicht zu haben, daß „der Entwurf den Begriff der Schuldausschließungsgründe aufgibt und nur noch den der Strafausschließung kennt" (S. 311, vgl. 224). Wenn das richtig wäre, fiele auch die Teilnahme an Notwehrhandlungen und an andern der Widerrechtlichkeit entbehrenden Taten grundsätzlich unter das Gesetz[2] und könnte nur aus besondern, auf die Teilnahmehandlung beschränkten Gründen straflos bleiben; die minimal-akzessorische Gestaltung der Teilnahme (oben S. 355) wäre durchgeführt, die vorher von uns getrennten Fälle würden gleich behandelt werden. So schreibt die Begr. dem Entwurf einen Fehler zu, von dem er frei ist. Glücklicherweise steht es aber nicht im Belieben der Kommission, die Schuldausschließungsgründe zu beseitigen[3]. Kirchmanns Wort vom Federstrich des Gesetzgebers, durch den Bibliotheken Makulatur werden, setzt immer noch voraus, daß sich der Strich im Gesetz findet. Und selbst dann bliebe die Unzurechnungsfähigkeit ein Schuldausschließungsgrund. Ein Gesetz kann sich begnügen, — und der

---

[1]) Ebenso unter andern Oppler, der folgendes Beispiel bringt: A. liegt gelähmt in seiner Wohnung, verpflegt von seiner Tochter; B. dringt in die Wohnung und versucht die Tochter zu vergewaltigen; auf Befehl des Vaters, der unfähig ist, zu helfen, schießt das Mädchen den B. nieder. (GS. *LXX.* 400.)

[2]) Die Begr. erkennt diese Folgerung ausdrücklich an, glaubt aber, dem Ergebnis wesentliche Bedeutung absprechen zu dürfen (S. 311).

[3]) Diese Verirrung ist schon beleuchtet worden von Liszt *Z XXX. 252ff.*, Mittermaier ebenda S. 627 („die Begr. kann das gar nicht meinen wollen, was sie zu sagen scheint!") und Kohler Goltd. Arch. *LVI. 293/94.*

Vorentwurf hat es getan — im Sammelbegriff der Strafausschließungsgründe die einheitliche Wirkung hervorzuheben, die Jurisprudenz aber kann nicht gehindert werden, den Quellen dieser Wirkung nachzuspüren und ihre Vielfältigkeit aufzudecken.

Die Beseitigung der Schuldausschließungsgründe wirkt nun umso befremdender, weil sie lediglich dem Zwecke, die akzessorische Natur der Teilnahme zu begrenzen, also einem im § 80 einwandsfrei erreichtem Ziele dient. Die Tragweite dieser Bestimmung ist in der Begründung total verkannt. Es wird von ihr gesagt (S. 312), sie habe nichts Neues eingeführt, da ja die Rechtsprechung schon bisher die persönlichen Strafausschließungsgründe nach Maßgabe des § 50 StGB. behandelt habe. Die Behauptung ist in gleichem Grade ungereimt, ob man den Standpunkt einnimmt, von dem aus die Schuldausschließungsgründe verschwunden sind, oder ob man einsieht, daß sie eine Art der im § 80 genannten Strafausschließungsgründe bilden. Im einen wie im andern Falle ist es ausgeschlossen, den § 80 bloß auf die persönlichen Strafausschließungsgründe im engen und hergebrachten Sinne des Wortes (Exterritorialität usw.) zu beziehen, im einen wie im andern Falle muß gesagt werden, daß § 80 eine wichtige Neuerung einführt. Enthielte er sie nicht, so wäre wiederum nicht zu ergründen, warum v. Birkmeyers Anregung (S. 158), den Paragraphen zu streichen, nicht befolgt worden ist. Die Antwort, die auf diese Frage gegeben wird (S. 313), die Bestimmung erleichtere dem Laien das Verständnis des Gesetzes, ist eine neue Überraschung. Einem Paragraphen, der von einem doppelten Gegensatz ausgeht, also vier sich kreuzende Glieder schafft, von denen wiederum jedes einzelne mannigfache Modalitäten umspannt, einem so komplizierten begrifflichen Gebilde kann Volkstümlicheit nicht beschieden sein. Auch wird wohl jeder Strafrechtslehrer bestätigen, daß kaum eine Bestimmung des StGB. den Studierenden solche Schwierigkeiten bereitet wie § 50. Sind doch sogar die Verfasser der Begründung ihnen nicht ganz gewachsen gewesen.

Es ist schließlich noch die Meinung zu erwähnen, die Beseitigung der Schuldausschließungsgründe sei im Entwurf dadurch zum Ausdruck gebracht, daß die §§ 63, 66, 67 und 68 mit den Worten beginnen, „nicht strafbar ist, wer . . .“[1]). Warum aber diese subjektive Wendung der subjektiven Motivierung der Straflosigkeit, die sich im Begriff des Schuldausschließungsgrundes ausspricht, entgegenstehen soll, ist nicht einzusehen; natürlich bietet

---

[1]) Begr. 225, vgl. oben S. 358 Anm. 1.

sie ihr eine Stütze. Nur die Annahme eines die objektive Seite des Unrechtes ausschließenden Umstandes wird durch die neue Fassung erschwert, (nicht vereitelt!). Deswegen ist sie in den §§ 63, 67[1]), 68 ein Fortschritt, im § 66 ein Rückschritt. Für die Begrenzung der akzessorischen Natur ist sie aber ebenso irrelevant wie überflüssig; diese ist im § 80 befriedigend durchgeführt.

3. Der *SchVE.* enthält im Art. 23 Abs. 3 eine mit dem deutschen § 80 übereinstimmende Vorschrift und kommt deshalb auch in der Begrenzung der akzessorischen Natur zu demselben Ergebnis[2]). Dagegen hat der *OVE.*, wie aus § 13 Abs. 3 hervorgeht, die extrem-akzessorische Gestaltung der Teilnahme beibehalten[3]), gleichzeitig aber ihre fehlerhaften Konsequenzen durch einen weitgespannten Begriff der mittelbaren Täterschaft (§ 13 Abs. 4) ausgeschlossen[4]). Der Frage, ob diese in der Methode vom *DVE.* abweichende, im Ergebnis mit ihm übereinstimmende Regelung den Vorzug verdient, kann ich keine Bedeutung beilegen, allerdings nicht etwa, weil beide Methoden gleich einwandsfrei sind, sondern weil beiden eine theoretische Unvollkommenheit anhaftet. Die des *DVE.* ist schon zur Sprache gekommen (oben S. 359), die des *OVE.* besteht darin, daß die natürlichen Grenzen der mittelbaren Täterschaft im § 13 Abs. 4 gesprengt werden. Es ist eine Fiktion, den als Täter anzusehen, der Wache steht, während der Strafunmündige den Diebstahl ausführt, und eine groteske Konstruktion, denjenigen, der die widernatürliche Unzucht eines geisteskranken Freundes dadurch erleichtert, daß er ihm sein Zimmer überläßt, als einen mittelbaren Päderasten zu verurteilen.

---

[1]) Ich fasse den Notstand als Schuldausschließungsgrund auf, auch nach dem Vorentwurf, obwohl die Begr. S. 249 diese Auffassung verboten hat.

[2]) Vgl. Hafter, Z. *XXX. 620*; Hafters Ausdruck, „das hohle Gespenst der Akzessorietät ist verschwunden“, erscheint von meinem Standpunkt aus nicht zutreffend, will aber wohl nichts anderes besagen, als daß die akz. Natur limitiert ist.

[3]) § 13 Abs. 3 stellt den persönlichen Eingenschaften, die die Strafe erhöhen oder vermindern, diejenigen gleich, die sie „aufheben“, und versteht darunter, wie namentlich aus Abs. 4 hervorgeht, Strafausschließungsgründe, die den Deliktscharakter unberührt lassen, nicht aber Schuldausschließungsgründe; sonst wäre Abs. 4 überflüssig. Ebenso Graf Gleispach, der Österr. StG.-Entw. S. 27/28.

[4]) § 13 Abs. 4 lautet: „Wer bewirkt, daß ein anderer eine mit Strafe bedrohte Tat begeht, die diesem nicht als vorsätzliche Handlung zugerechnet werden kann, oder wer zu einer solchen Tat Hilfe leistet, ist Täter.“

II.

Die einzelnen Teilnahmeformen und ihre Bestrafung.

Der Vorentwurf läßt die Mittäterschaft unerwähnt, gibt den Tatbetsand der Anstiftung und der Beihilfe in kurzen Worten an und setzt für die erstere die ordentlichen Strafrahmen, für die letztere die milderen an, die auch für den Versuch gelten (§ 78 und 79).

Die Kritik dieser Regelung soll nicht auf die diametral entgegengesetzte „Verselbständigung der Teilnahme“, wie sie im Norwegischen StGB. durchgeführt ist, ausgedehnt werden[1]), darf auch an dem komplizierten System, das Binding entworfen hat[2]), vorübergehen, da nur das Bessere der Feind des Guten sein kann. Dagegen muß die Frage, ob die gesetzliche Unterscheidung der überlieferten Teilnahmeformen beibehalten werden soll[3]), um ihrer selbst willen und um einen gesicherten Standpunkt zu gewinnen, behandelt werden.

1. Mittäterschaft, Anstiftung und Beihilfe gehören, weil sie unverkennbare Verschiedenheiten der Teilnahme repräsentieren, zu den Erscheinungsformen des Verbrechens, die durch einen Strich des Gesetzgebers nicht beseitigt werden können. Sie würden bei der Handhabung eines Gesetzes, das nur den generellen Begriff der Teilnahme kennt, zum Vorschein kommen, wenn nicht im Urteilstenor, so doch in der Verhandlung und Urteilsbegründung. Daher kann von einer Beseitigung der Teilnahmeformen überhaupt nicht gesprochen werden, es frägt sich lediglich, ob die Unterscheidung auch im Gesetz getroffen werden soll. Und die Antwort muß lauten: Ja, wenn die drei Formen differenziert, nein, wenn sie alle gleich behandelt werden sollen[4]).

---

[1]) Vgl. v. Birkmeyer S. 6, 82—87, 127 und 133; ferner Begr. 306—308.

[2]) Gerichtssaal *LXXI. 1ff.*, Die drei Subjekte strafrechtlicher Verantwortlichkeit; der Täter, der Verursacher („Urheber“) und der Gehilfe. Vgl. Begr. 309, auch v. Birkmeyer 147.

[3]) Dagegen hat sich namentlich die deutsche Gruppe der JKV. 1903 auf Grund von Referaten, die Harburger und Heimberger erstattet haben, ausgesprochen, und zwar hauptsächlich, weil Mittäterschaft und Beihilfe nicht scharf voneinander zu trennen seien, und weil die Würdigung des Schuldgrades dem Richter überlassen werden könne (Mitteilungen *XI.* 512 ff.). Vgl. hierzu v. Birkmeyer S. 7, 87 ff., 135 ff. und Begründung 308.

[4]) Es erscheint daher von vorneherein widerspruchsvoll, daß in den Vorschlägen der JKV. (a. a. O. S. 544) trotz der gesetzlichen Gleichstellung der Teilnahmetatbestände eine gesetzliche Strafmilderung befürwortet wird;

Sollen alle drei Formen unter dieselbe Strafdrohung gestellt werden, so bietet sich dafür bloß die für den Täter geltende, also der ordentliche Strafrahmen. Das ist unbedenklich, wenn ein Mittäter oder Anstifter zu bestrafen ist, bedenklich für die Beihilfe, wenigstens in einem System, das von absoluten Strafdrohungen nicht frei ist und die relativen teilweise durch hohe Minima begrenzt. Der Schuldwert einer Beihilfe kann nämlich erheblich hinter dem für die Täterschaft charakteristischen Schuldminimum zurückbleiben, da der unmittelbare Erfolg der Beihilfe, der immer in der Unterstützung des Täters liegt, niemals, der auf diesen Erfolg gerichtete und beschränkte Vorsatz selten von derjenigen verbrecherischen Intensität erfüllt ist, die für die entsprechenden Teile der Täterhandlung begrifflich notwendig ist. Die beiden Schuldrahmen greifen also ineinander über. Und da die Haupttat als der mittelbare Erfolg der Beihilfe in die Rechnung eingestellt werden muß, rückt die obere Grenze des Gehilfenschuldrahmens nahe an die des Täterschuldrahmens heran. So ergibt sich, daß für den Gehilfen ein ermäßigter Strafrahmen angesetzt werden muß. Und weil dem so ist[1], muß der Beihilfebegriff im Gesetz anerkannt und angegeben werden. Für die Anstiftung ist die ausdrückliche Anerkennung, sobald sie für die Beihilfe gesichert ist, zweifellos. Ob daneben auch die Mittäterschaft einer Erwähnung bedarf, soll nachher geprüft, zunächst muß noch zwei Einwänden begegnet werden.

Vor allem kann unserem Ergebnis nicht entgegengehalten werden, die freie richterliche Strafzumessung sei imstande, die verschiedenen Schuldgrade zu würdigen. Das wäre bloß richtig für ein Gesetz, das von vorneherein seine Strafdrohungen soweit gespannt hat, daß sie den Schuldstufen der Beihilfe entsprechen[2]. Gegenüber dem Vorentwurf, wo dies nicht zutrifft[3], liegt also

---

ich habe auf die Unstimmigkeit schon damals in der Diskussion hingewiesen (542). Gegen diesen Widerspruch auch v. Birkmeyer 138, 139.

[1]) Wenn man sich mit der Begr. S. 309 bloß darauf beruft, daß nach der Volksanschauung der Gehilfe als der minder Schuldige erscheint, was von keiner Seite bestritten wird, bleibt der Einwand, die geringere Schuld könne innerhalb des regulären Strafrahmens gewürdigt werden, — so jüngst wieder v. Lilienthal (Z. *XXX. 249*) — für die relativen Strafdrohungen unerledigt.

[2]) Diese Erweiterung wird aber kaum jemand empfehlen wollen. Ebenso v. Birkmeyer 140.

[3]) Natürlich ist von Vergehen, die mit dem Minimum der Geldstrafe oder Haft geahndet werden können, abzusehen.

aller Nachdruck darauf, daß die ordentliche Strafdrohung in ihrem Mindestmaß für die Beihilfe zu streng ist und deswegen durch eine außerordentliche ersetzt werden muß.

Ebensowenig kann die Schwierigkeit, die mit der Begriffsbestimmung der Beihilfe verbunden ist, geltend gemacht werden. Sollte sie bisher nicht ganz befriedigend überwunden, sollte namentlich die Grenze zwischen Beihilfe und Mittäterschaft noch verschwommen sein[1]), so wäre es doch eine schlimme Übertreibung, die Aufgabe als ungelöst und unlösbar zu bezeichnen. Wer ein Gesetz aus lauter scharf umrissenen Begriffen aufbauen will, stellt sich eine undurchführbare und der Praxis eine unwürdige Aufgabe. Der Gegensatz von subjektiven und objektiven Theorien[2]) darf hier aber auf sich beruhen, da ihm legislative Bedeutung abgesprochen werden muß[3]). Während die entsprechenden Theorien in der Materie des Versuchs den Grund und die Grenze der Strafbarkeit angeben, handelt es sich hier lediglich um die Frage, wie zweifellos strafbare Handlungen zu qualifizieren sind. Sie gehört ebenso ausschließlich in das Bereich der Interpretation, wie etwa die Entscheidung, ob ein bestimmter Vorgang als Diebstahl oder als Unterschlagung zu bestrafen ist. Dies alles gilt um so mehr, weil die subjektive Theorie in einer großen Zahl von Fällen zu denselben Enscheidungen gelangt wie die objektive[4]).

[1]) Die schon oben S. 334 erwähnte Unterscheidung von Handlungen, die das Rechtsgut angreifen, und solchen, die diesen Angriff vorbereiten oder sichern, hat mich nie im Stich gelassen.

[2]) v. Birkmeyer S. 16 ff. (gegen die Zurückführung der objektiven Theorien auf die Kausalitätstheorien hätte ich mancherlei einzuwenden!) und 141 ff.; Begr. 304—306.

[3]) Entgegengesetzter Ansicht v. Birkmeyer 140, und zwar im Hinblick auf StGB. § 211 nicht ohne Berechtigung; infolge der veränderten Bedrohung des Mordes (Vorentwurf § 212) hat aber auch hier die Alternative, Mittäter oder Gehilfe, ihre Schärfe verloren.

[4]) Vgl. etwa v. Birkmeyer S. 145, woselbst eine objektive und eine subjektive Formulierung des Beihilfetatbestandes vorgeschlagen ist; beide Sätze liefern in typischen Fällen die nämlichen Resultate. Schon aus diesem Grunde scheint mir der Vorschlag, den v. Birkmeyer (S. 150—152) macht, um den Gegensatz der Theorien und die Schwierigkeit der Abgrenzung von Beihilfe und Täterschaft zu überwinden, nicht am Platze zu sein; v. B. will die Beihilfe bei der Ausführung wie die Täterschaft bestrafen und die mildere Bestrafung auf die Beihilfe zur Vorbereitung beschränken. Gegen den Vorschlag spricht ferner, daß er seinen Zweck nicht erreicht; denn die Unterscheidung von Ausführung und Vorbereitung ist um nichts leichter. Übereinstimmend Begr. 310.

Daher ist es auch gänzlich irrelevant, daß die Verfasser des Entwurfs die subjektive Theorie gutheißen und auch hier für ihr Bekenntnis Gesetzeskraft beanspruchen (S. 305 u. bes. 310).

2. Der Vorentwurf hat den (objektiven) Tatbestand der Beihilfe lediglich durch den Begriff des Hilfeleistens gekennzeichnet, sogar die karge Erläuterung, die sich im StGB. findet, daß der Rat der Tat gleichsteht, gestrichen. Ebenso kurz und bündig hat sich der *SchVE.* (Art. 23 Abs. 2) ausgedrückt. Mir scheint eine mehr Anhaltspunkte gewährende Formulierung wünschenswert, so etwa: wer das vom Täter begangene Verbrechen oder Vergehen vorsätzlich durch Rat oder Tat erleichtert oder befördert hat[1]); andrerseits habe ich keine Bedenken, daß die Praxis mit dem im Vorentwurf gewählten Text auskommen wird[2]). — Daß die fahrlässige Beihilfe und die Beihilfe zu Übertretungen nach wie vor straflos bleiben, ist einwandsfrei.

Die Strafdrohung deckt sich mit der für den Versuch geltenden. Trotzdem ist die oben S. 346 beanstandete Übertreibung in der Erweiterung des Strafrahmens hier nicht vorhanden. Wenn auch der Erfolg des Versuchs und der (unmittelbare) Erfolg der Beihilfe ungefähr auf den gleichen Schuldstufen stehen, so kann doch der Vorsatz des Gehilfen beträchtlich hinter dem für den Versuch erforderlichen zurückbleiben. Deswegen erscheint es gerechtfertigt, für die Beihilfe niedrigere Strafen bereit zu stellen wie für den Versuch. Das kann man sich an beliebigen Beispielen vergegenwärtigen: Der Rat, den Einbruchsdiebstahl von der Gartenseite aus ins Werk zu setzen, verdient nicht die Strafe, mit der der Versuch des Einbruchs im mildesten Fall belegt werden muß. Daher geht der Vorentwurf wohl im § 76, nicht aber im § 79 vom ordentlichen Minimum zu weit ab. Dagegen ist die generelle Anordnung, daß besonders leichte Fälle straflos bleiben sollen, hier aus den gleichen Gründen zu beanstanden wie beim Versuch; die Fälle, in denen diese Rechtswohltat dem Gehilfen zugebilligt werden darf, müßten im *Bes. T.* bezeichnet werden (vgl. oben S. 347).

Der *SchVE.* stimmt wie im Tatbestand, so in der Straffrage mit dem *DVE.* vollständig überein; allerdings ist der ermäßigte

---

1) Ähnlich v. Birkmeyer S. 145.

2) Der *OVE.* (§ 13 Abs. 1) hebt neben dem Hilfeleisten die Zusage hervor, bei oder nach der Tat Hilfe leisten zu wollen. Da aber eine solche Zusage nicht ausnahmslos eine Förderung des Täters enthält, andrerseits, falls sie diesen Erfolg hat, ohne weiteres als Beihilfe anzusehen ist, erscheint der Zusatz nicht empfehlenswert. Aus denselben Gründen ist StGB. § 257 Abs. 3 nicht in den *DVE.* aufgenommen worden; vgl. Begr. 571/72.

Strafrahmen fakultativ zugelassen, diese Form führt aber, wie ebenfalls schon zur Sprache gekommen ist (S. 345 und 349), praktisch zu denselben Ergebnissen wie die deutsche Methode[1]). Der *OVE.* weicht von ihr insofern ab, als er eine Erweiterung des Strafrahmens nach unten hin nicht kennt, lenkt aber in ihre Bahnen ein, indem die Todesstrafe und der lebenslange Kerker für den Gehilfen ausgeschlossen werden (§ 13 Abs. 2). Sind diese Strafdrohungen schon für den Versuch nicht mild genug, so genügen sie erst recht nicht für die Beihilfe.

3. Wie die beiden anderen Vorentwürfe, so hat der deutsche die Mittäterschaft nicht erwähnt. Ein zureichender Grund, so zu verfahren, kann nicht in der terminologischen Unstimmigkeit gefunden werden, die dem StGB. anhaftet, ebensowenig in der hieraus entstehenden Nötigung, zwischen Teilnahme im weitern und engern Sinn zu unterscheiden[2]); dem wäre schon abgeholfen, wenn man dem Abschnitt die Überschrift „Mittäterschaft und Teilnahme“ gäbe[3]). Auf der andern Seite kann die Beibehaltung des Begriffs nicht darauf gestützt werden, daß sie der Verdeutlichung und Beschränkung des Beihilfetatbestandes dient; freilich wird im allgemeinen ein Gegensatz besser klar gestellt, wenn beide Glieder angegeben werden; es kann aber schwerlich behauptet werden, daß StGB. § 47, dessen Wortlaut, wenn man den Begriff der Ausführung nicht sehr subtil deutet, eher die Beihilfe zu umfassen scheint, dieser Verdeutlichung dient, und es darf bezweifelt werden, ob andere Formulierungen darin glücklicher wären. Entscheidende Bedeutung hat lediglich die Frage, ob der Mittäterbegriff seinen anerkannten Umfang ohne die gesetzliche Basis behalten wird[4]).

Das ist unbedenklich zu bejahen für den Fall, daß von zwei Personen jede im Einverständnis mit der andern den ganzen gesetzlichen Tatbestand erfüllt. Wenn aber die beiden die Rollen so verteilt haben, daß jeder nur einen Teil des Tatbestandes verwirklicht, oder gar so, — es gibt auch subjektive Theorien — daß einer mit Tätervorsatz zwar nicht das Rechtsgut angegriffen, aber

[1]) Daher geht v. Liszt a. a. O. 275 (vgl. auch 272) von unzutreffenden Annahmen aus, wenn er sich unter Berufung auf den *SchVE.* gegen die obligatorische Strafmilderung ausspricht.

[2]) Auf dieses Argument legt die Begr. S. 303 u. 304 Wert unter Betonung des nichtakzessorischen Charakters der Mittäterschaft.

[3]) Ebenso v. Birkmeyer 146.

[4]) Die Begr. S. 304 bejaht die Frage, ohne den problematischen Punkt hervorzuheben.

doch irgend etwas getan hat, dann sind Zweifel berechtigt[1]); das Gesetz versagt, wir sind auf die Lehre angewiesen. Die wird allerdings kaum je verkennen, daß unter bekannten subjektiven Voraussetzungen einer für das haftet, was der andere getan hat, aber es ist doch gewiß kein Fortschritt, solchen Grundsätzen die gesetzliche Stütze zu entziehen. Daher scheint mir die Rückkehr zum geltenden Recht vorzuziehen zu sein.

4. „Wer den Täter zu der von ihm begangenen strafbaren Handlung vorsätzlich bestimmt hat, wird als Anstifter gleich dem Täter bestraft" (§ 78). Diese mit dem *SchVE.* und *OVE.* (Art. 23 Abs. 1 — § 13 Abs. 1) übereinstimmende Formulierung weicht vom geltenden Recht (§ 48) nur darin ab, daß die dort angeführten Beispiele von Anstiftungsmitteln („durch Geschenke oder Versprechungen" usw.) weggelassen sind. Dagegen ist nichts einzuwenden, da der Begriff des vorsätzlichen Bestimmens an und für sich klar ist und das Wesen der Anstiftung zutreffend angibt[2]). Höchstens ist zu bedauern, daß die Lehre, nach der die vorsätzliche Bestimmung eines fahrlässig Handelnden als Anstiftung zu bestrafen ist, durch Weglassung der Worte „durch absichtliche Herbeiführung oder Beförderung eines Irrtums" (StGB. § 48) einer ihrer stärksten Stützen beraubt wird[3]). Indessen wird die Lehre deswegen nicht aufhören richtig zu sein, zumal da ihr aus der limitiert-akzessorischen Gestaltung der Teilnahme eine neue Sicherung erwächst.

Es ist nämlich eine Folge dieser prinzipiellen Neuerung, daß der Begriff der mittelbaren Täterschaft kein Anwendungsgebiet mehr hat. In allen Fällen, in denen diese Konstruktion nach geltendem Recht eingreift, wird künftig Anstiftung (oder Beihilfe) anzunehmen sein, da die Bestrafung der Teilnahme nur noch von der Existenz einer tatbestandsmäßigen rechtswidrigen Haupthandlung abhängig sein wird. Ist somit die Anstiftung davon unabhängig, ob der Täter überhaupt schuldhaft gehandelt hat, so kann sie erst recht nicht ausgeschlossen sein, wenn der Täter zwar schuldhaft, aber nicht vorsätzlich oder nicht mit dem im gegebenen Fall erforderlichen Vorsatz gehandelt hat[4]).

---

[1]) Darauf hat neuerdings wieder Wach hingewiesen und die gesetzliche Beibehaltung des Mittäterbegriffs gefordert (DJZ. *XV. 109*).

[2]) Ebenso Begr. 310.

[3]) Das wird in der Begr. 310 gebilligt, da die Verfasser de lege lata et ferenda die entgegengesetzte Lehre für richtig halten.

[4]) Also ist die Streitfrage, ob Teilnahme an fahrlässigen Vergehen strafbar ist, bejahend entschieden; das entspricht der Forderung Birkmeyers (S 153).

Dann aber bleibt kein Fall mehr übrig, in dem mittelbare Täterschaft angenommen werden könnte[1]). Eine willkommene Vereinfachung[2]).

An ihre Stelle tritt in der Begr. (S. 311) eine ebenso komplizierte wie unrichtige Konstruktion. Es wird daselbst nicht verkannt, daß die mittelbare Täterschaft durch den Vorentwurf zurückgedrängt wird, aber doch behauptet, sie behalte Gültigkeit für den Fall, daß der Bestimmende den Schuldausschließungsgrund kennt. Anstiftung (und Beihilfe) setzen danach Unkenntnis des Schuldausschließungsgrundes voraus. Leider sagt uns die Begr. nicht, wie der Irrtum des Anstifters über Umstände, die in Wirklichkeit die Schuld des Täters ausschließen oder bestehen lassen, zu behandeln ist, eine Frage, die ihre abschreckendste Gestalt dann annimmt, wenn der Irrtum über einen Irrtum zu beurteilen ist. Glücklicherweise führt nur die Begr., nicht der Entwurf auf solche Probleme hin. Denn es ist klar, daß der Vorsatz des Anstifters bloß auf Umstände bezogen werden kann, die zum objektiven Tatbestand der Anstiftung gehören, also nicht auf die Fragen, ob der Täter schuldfähig und ob er schuldig ist.

So gegenstandslos der Begriff der mittelbaren Täterschaft nach dem *DVE.* ist, so unentbehrlich ist er im *OVE.*, da dort die extrem-akzessorische Gestaltung der Teilnahme beibehalten ist. Deswegen ist die gesetzliche Anerkennung der mittelbaren Täterschaft im *OVE.* (§ 13 Abs. 4 und oben S. 357) ein Bestandteil des Systems, während sie im *DVE.* ein Fremdkörper wäre[3]).

Soll aber der eweiterten Sphäre, die der Anstifterbegriff nach dem *DVE.* beherrscht, in der Bezeichnung Beachtung geschenkt werden, was sich umso mehr empfiehlt, als das Wort Anstiftung auf manche Fälle schlecht paßt, so ersetze man es durch „Urheber".

---

[1]) Vgl. v. Liszt, Lehrb. S. 219, wo die Fälle der mittelbaren Täterschaft zusammengestellt sind.

[2]) Ob die mittelbare Täterschaft in der Anstiftung aufgehen soll oder umgekehrt die Anstiftung in der mittelbaren Täterschaft, was Kohler in seiner Bespr. des Vorentwurfes befürwortet hat (Goltd. Arch. *LVI. 293*), läuft auf einen Wortstreit hinaus; der Sache nach hat der Vorentwurf die von Kohler gewünschte Vereinfachung durchgeführt.

[3]) Die Tragweite, die der Teilnahmebegriff im *DVE.* hat, wird verkannt, wenn man mit v. Liszt (Z. *XXX. 274*) der Ansicht ist, die österreichische Bestimmung werde auch ohne gesetzliche Anerkennung für die deutsche Rechtsprechung maßgebend bleiben, oder wenn man mit van Calker (Z. f. Rechtspfl. in Bayern *VI. 49*) es für zweckmäßig hält, sie in das deutsche Gesetz aufzunehmen.

Dieser Ausdruck ist sehr geeignet, sowohl die Anstiftung als die mittelbare Täterschaft des geltenden Rechts einheitlich zu kennzeichnen.

III.

Der Versuch der Anstiftung.

Sowohl der *SchVE.* als der *OVE.* bedrohen den Versuch der Anstiftung, beide unter der Beschränkung, daß sich die Anstiftung auf eine der schwersten Straftaten (Schweiz: eine mit Zuchthaus bedrohte Handlung[1]); Österreich: ein „Verbrechen") bezieht; der *SchVE.* (Art. 23 Ziff. 1) setzt die für den Versuch überhaupt geltenden Strafen an, der *OVE.* (§ 15) eine besondere Strafdrohung, die nach der Schwere des Verbrechens, zu dem angestiftet wurde, abgestuft wird. Außerdem ist im *Bes. T.* der beiden Entwürfe sowohl die erfolglose öffentliche Aufforderung wie das Anerbieten zu strafbaren Handlungen unter Strafe gestellt, wobei die Schweiz (Art. 184, 185) wieder eine mit Zuchthaus bedrohte Tat, Österreich dagegen (§§ 239, 240) viel weiter gehend eine mit Strafe bedrohte Tat voraussetzt.

Der *DVE.* hat den Inhalt des § 111 Abs. 1 StGB. in dem eine Gefährdung der gesetzlichen Ordnung fordernden Tatbestand der Aufwiegelung (§ 131) aufgehen lassen und den Tatbestand des § 49a StGB. im § 132 mit kleinen Änderungen[2]) wiederholt, dagegen eine generelle Bedrohung des Anstiftungsversuches nicht aufgenommen. Hiermit ist einem von vielen Seiten und mit guten Gründen vertretenem Vorschlag[3]) die Erfüllung versagt worden. Soweit hierfür die Erwägung bestimmend gewesen ist, daß nur die erfolgreiche Anstifiung akzessorische Natur hat[4]), wird der Begriffsjurisprudenz im schlimmsten Sinne des Wortes gehuldigt. Freilich ist die versuchte Anstiftung nicht akzessorisch, nicht einmal minimal-akzessorisch und daher überhaupt nicht Teilnahme, daß sie aber deswegen straflos bleiben muß, ist eine allzu scholastische Erwägung. Nur für die systematische Einreihung hat die nicht-

---

[1]) Hafter (Z. *XXX. 620*) tadelt diese Beschränkung, weil sie ungerecht wirken kann und gibt dafür Beispiele. Würde aber nicht die Ausdehnung auf alle Straftaten noch viel ungerechter wirken?

[2]) Abs. 3 des § 49a, Schriftlichkeit oder Gewährung von Vorteilen, ist gestrichen.

[3]) v. Birkmeyer 156 und die dort Genannnten.

[4]) Begr. S. 311.

akzessorische Natur einige Bedeutung; man stellt die versuchte Anstiftung, wie es der *OVE.* getan hat, besser in den dem Versuch als in den der Teilnahme gewidmeten Abschnitt, obwohl es auch sehr erträglich wäre, sie als „ein Fragment der Erscheinungsform der Teilnahme" (Beling) hier zu finden.

Der Hauptgrund, den die Begründung gegen die Aufnahme der Bestimmung geltend macht, es bestehe kein Bedürfnis, das Strafgesetz so weit und auf so ungewohnte Verfolgungen auszudehnen (S. 312), wird durch den Entwurf selbst entkräftet. Da nämlich das Bedürfnis, diejenigen erfolglosen Anstiftungen zu bestrafen, die sich dem Begriff der Aufforderung unterordnen, durch Vorentwurf § 132 anerkannt ist, kann füglich nicht behauptet werden, die anderen erfolglosen Anstiftungen müßten straflos bleiben[1]), zumal da ihnen, wenn sie auf Schleichwegen ergehen, erhöhte Gefährlichkeit eigen ist. Außerdem ist zu bedenken, daß die öffentliche Aufforderung nur noch strafbar sein soll, wenn sie die gesetzliche Ordnung gefährdet (Vorentwurf § 131), also unter anderem dem § 131 dann nicht unterfällt, wenn sie, obwohl sie ernst gemeint war, nicht ernst genommen worden ist oder ihre Adressaten überhaupt nicht erreicht hat; im ersten Fall würde der § 132 die Bestrafung manchmal, im zweiten, den ich für sehr wichtig halte, niemals ermöglichen, während der Annahme einer versuchten Anstiftung in keinem Fall etwas entgegenstände. Somit kann das Bedürfnis nicht bestritten werden[2]). Jedoch selbst, wenn es nicht sehr lebhaft erscheint, sollte das besondere Delikt durch eine allgemeine Bestimmung ersetzt werden. Da nämlich die erfolglose Aufforderung in Wahrheit eine versuchte Anstiftung ist und nur dann gerecht bestraft werden kann, wenn sie unter einer Strafdrohung steht, die sich nach dem Wert des Verbrechens, das veranlaßt werden sollte, richtet und abstuft, erscheint die Pönalisierung der versuchten Anstiftung als adäquater Ausdruck des Gedankens und die Modalität des § 132 als ein dürftiges Surrogat. Schon deswegen sollte das Beispiel, das die beiden anderen Entwürfe gegeben haben, befolgt werden.

---

[1]) Die Begründung stützt diese Behauptung S. 484 darauf, daß vor Ausführung der Tat bloß im Falle der Aufforderung eine sichere Feststellung des ernstlichen Anstiftungswillens möglich sei. Wenn man dies zugeben könnte, dürfte man es doch getrost der Praxis überlassen, unbeweisbare Fälle unverfolgt zu lassen. Im übrigen bekämpft die Begründung selbst den Entwurf am allerwirksamsten, indem sie den Begriff der Aufforderung denkbar weit und wohl zu weit ausdehnt; auch durch Rat und Drohung könne man auffordern.

[2]) Ebenso v. Liszt a. a. O. 274.

Hiermit würde das Annehmen der Aufforderung aufhören, eine strafbare Handlung zu sein, worin mir kein unwillkommenes Nebenergebnis zu liegen scheint[1]), da die bloße Bereitwilligkeit, ein Verbrechen zu begehen, der äußersten Sphäre der Vorbereitungshandlungen angehört und jeder Initiative entbehrt. Soll die Handlung aber unter Strafe gestellt werden, so muß es jedenfalls im *Bes. T.* geschehen. Eine gründliche Erörterung dieser Frage ist nur in Verbindung mit jener andern möglich, wie das Anerbieten, ein Verbrechen auszuführen, und dessen Annahme behandelt werden sollen. Von den hierfür maßgebenden Erwägungen muß ich aber absehen, da sie jenseits der sachlichen und räumlichen Grenze meiner Arbeit liegen.

---

[1]) Anderer Ans. v. Birkmeyer 156.

VIII.

Strafbemessung.

Von

Dr. Franz von Liszt,
Professor an der Universität Berlin.

Strafbemessung.

I.

Begrenzung der Aufgabe.

In meinem dem 20. Deutschen Juristentag erstatteten Gutachten über die Frage „Nach welchen Grundsätzen ist die Revision des Strafgesetzbuches in Aussicht zu nehmen“ hatte ich als den obersten Grundgedanken, von dem die gesamte Reform unserer Strafgesetzgebung auszugehen hat, den Satz hingestellt (Aufsätze und Vorträge *II. 377*):

> „Es ist bei der Bestimmung der Strafe nach Art und Maß, in Gesetz und Urteil, mehr Gewicht zu legen auf die innere Gesinnung des Täters als auf den äußeren Erfolg der Tat.“

Weit über die Erwartungen hinaus, die im Jahre 1902 wohl die meisten von uns zu hegen wagten, hat gerade der *DVE.* dieser grundlegenden Forderung Rechnung getragen. Er hat es vor allem getan, indem er, wie die beiden anderen Entwürfe, das System der Strafen durch ein Doppelsystem von „sichernden Maßnahmen“ ergänzte, durch die einerseits die Liederlichen und Arbeitsscheuen, die Trunksüchtigen und die kriminell gewordenen Jugendlichen an ein gesetzmäßiges, arbeitsames und geordnetes Leben gewöhnt und so den Erfordernissen der gesellschaftlichen Ordnung wieder angepaßt, durch die andererseits die gemeingefährlichen Elemente, die Geisteskranken und vermindert Zurechnungsfähigen wie die unverbesserlichen geistesgesunden Verbrecher aus der Gesellschaft ausgeschieden und damit unschädlich gemacht werden sollen; indem er also, trotz der ablehnenden Erklärung der Begr. (S. 338), der grundlegenden Unterscheidung der Verbrecher in drei, durch die Intensität ihrer antisozialen Gesinnung voneinander geschiedene Gruppen Aufnahme in die Gesetzgebung gewährte. Er hat es aber auch durch eine ganze Reihe von weiteren Bestimmungen getan: durch die Beseitigung der Erfolgshaftung, durch die Einführung der bedingten Verurteilung, durch die Aufstellung eines Sonderstrafrechts gegenüber den Jugendlichen, aus dem der Vergeltungsgedanke fast vollständig ausgeschaltet wurde, durch die Anerkennung der verminderten Zurechnungsfähigkeit usw. Er hat es endlich getan, indem er bei der Bestimmung der Strafe im Einzelfalle dem richterlichen Ermessen den freiesten Spielraum bis herab zum völligen Erlaß der Strafe gewährte.

Etwas Vollkommenes freilich haben die Verfasser des Entwurfs nicht geschaffen; sie haben es bei dem vermittelnden Standpunkt, den der Entwurf in den grundlegenden Fragen über den Zweck der Strafe und der sie ergänzenden Maßnahmen eingenommen hat und nach Lage der Verhältnisse einnehmen mußte, auch nicht schaffen können. Aber die Bahn ist frei für eine selbstschöpferische Tätigkeit des Strafrichters, der künftighin nicht nur in der Strafe das Äquivalent für die Schuld des Verbrechers mechanisch zu berechnen, sondern zugleich als Fürsorger für den Verbrecher wie als Hüter der Gesellschaftsordnung das Zweckdienliche anzuordnen haben wird.

In Gesetz, Richterspruch, Vollzug erfüllt sich die Aufgabe der Strafe. Diese drei Stufen ihrer Entwicklung lassen sich voneinander nicht trennen. Wer die Strafbemessung erschöpfend behandeln will, müßte mit dem Strafensystem beginnen und bei der Strafvollstreckung enden. Die Aufgabe, die ich an dieser Stelle zu lösen habe, ist ungleich beschränkter: Ich habe lediglich die in den §§ 81—89 des Entwurfs enthaltenen Bestimmungen zu prüfen und muß es mir versagen, auf die mit ihnen zusammenhängenden Vorschriften der übrigen Abschnitte einzugehen.

II.

Das System der Strafrahmen.

1. Die ordentlichen Strafrahmen.

Von jedem wissenschaftlichen Standpunkt aus wird es gebilligt werden, daß der Entwurf an dem bisherigen System der an bestimmte Tatbestände geknüpften Strafrahmen festgehalten hat; d. h., daß er im *Bes. T.* Art und Maß der Strafe nach der Schwere der begangenen Tat, also einmal nach dem Wert des angegriffenen Rechtsgutes, dann nach der Beschaffenheit des Angriffs (Verletzung oder Gefährdung), endlich nach der Art des Verschuldens (Vorsatz oder Fahrlässigkeit) abgestuft, dabei aber dem richterlichen Ermessen bei der Beurteilung des einzelnen Falls einen gewissen, teilweise sehr weit bemessenen Spielraum gelassen hat.

Ob der Entwurf bei der Bildung und Sonderung der Tatbestände, bei der Heraushebung qualifizierter und privilegierter Fälle überall das Richtige getroffen hat, könnte nur durch eine eingehende Prüfung des ganzen *Bes. T.* festgestellt werden. Im großen und ganzen wird man dem Entwurf die Zustimmung nicht versagen können. Er hat sich, meist mit Erfolg, bemüht, jede ängstliche Kasuistik und die damit gegebene Zersplitterung der Tatbestände zu vermeiden; er bringt dem geltenden Recht gegenüber eine ganze Reihe von erfreulichen Zusammenziehungen und Vereinfachungen der Tatbestände, ohne freilich damit den Umfang des Möglichen und Wünschenswerten zu erschöpfen. Aber davon habe ich hier ebensowenig zu sprechen wie darüber, ob die Strafdrohungen überall nach Art und Maß der Strafe richtig abgestuft sind.

Die technisch-legislative Frage, die ich hier zu prüfen habe, geht vielmehr dahin, ob die Grenzen für den Spielraum, der dem richterlichen Ermessen für die Wertung des einzelnen Falles gewährt werden muß, grundsätzlich richtig gezogen sind oder nicht.

Ich bin nicht in der Lage, diese Frage glatt zu bejahen; ich glaube vielmehr, daß die Technik des Entwurfs nach verschiedenen Richtungen hin verbessert werden kann und verbessert werden muß.

Bei einem Vergleich des *DVE.* mit den beiden anderen fällt sofort die große Spannweite der ordentlichen Strafrahmen in die Augen. Diese beruht nicht nur auf dem großen Zwischenraum zwischen der Mindeststrafe und der Höchststrafe, sondern ganz besonders darauf, daß der Entwurf dem Richter nicht nur zwei, sondern sehr häufig sogar drei Strafarten zur Verfügung stellt; Gefängnis, Haft und Geldstrafe finden sich, ohne daß allerdings dabei ein leitender Grundgedanke erkennbar wäre, in einer ganzen Reihe von Paragraphen nebeneinander wahlweise angedroht. Daneben hat der Entwurf für eine große Anzahl von Straftaten, aber lange nicht für alle, „mildernde Umstände“ vorgesehen, also neben den ordentlichen einen zweiten, außerordentlichen, und zwar milderen Strafrahmen gesetzt. Er hat endlich die „besonders leichten“ und die „besonders schweren“ Fälle (§§ 83 und 84) hervorgehoben, bei den ersteren dem Richter allgemein ein sehr weitgehendes außerordentliches Milderungsrecht, unter gewissen Voraussetzungen sogar das Recht des Straferlasses eingeräumt, bei den letzteren, aber nur in den im Gesetz ausdrücklich bezeichneten Fällen, einen außerordentlichen, schwereren Strafrahmen neben den ordentlichen gesetzt.

Neben dem ordentlichen Strafrahmen finden wir also meist einen außerordentlichen milderen, bei einzelnen Delikten auch einen außerordentlichen schwereren Strafrahmen und überdies noch das außerordentliche Milderungsrecht des § 83.

Ich vermisse in diesem System die Klarheit und die Einfachheit.

Nach meiner Meinung soll der Gesetzgeber im *Bes. T.* des Strafgesetzbuches sein allgemeines Unwerturteil über die Tat in erster Linie durch die Wahl der Strafart, in zweiter Linie durch die Begrenzung des Strafmaßes innerhalb der Strafart zum unzweideutigen, allen Volkskreisen verständlichen Ausdruck bringen. Das ist der berechtigte Kern in der Unterscheidung von Verbrechen und Vergehen, die der *DVE.*, allen Bedenken zum Trotz, nun einmal festgehalten hat. An diesem allgemeinen Werturteil wird dadurch nichts geändert, daß die Wertung der einzelnen Tat unter Umständen milder oder härter ausfallen kann.

Sehen wir von der Todesstrafe hier ab, so sind zweifellos die beiden Freiheitsstrafen Zuchthaus und Gefängnis am besten geeignet, die Abstufung des gesellschaftlichen Unwerturteils über die Tat zum Ausdruck zu bringen; die mit Zuchthaus bedrohte Tat erscheint als Verbrechen, die mit Gefängnis bedrohte als Vergehen. Neben der Strafart wird das Strafmaß zu erwägen sein; meist wird, namentlich bei Zuchthaus, die Aufstellung eines Höchstmaßes notwendig, nur ausnahmsweise die eines Mindestmaßes oder auch die Verbindung der beiden Grenzen zu empfehlen sein. Ich kann darauf nicht näher eingehen, möchte aber ausdrücklich bemerken, daß nach meiner Auffassung in dem sehr häufigen Verzicht auf ein Mindestmaß ein großer Vorzug des *DVE.* vor dem *OVE.* erblickt werden muß.

Durch die wahlweise Androhung einer zweiten oder gar einer dritten Strafart kann der klare Ausdruck des gesellschaftlichen Unwerturteiles abgeschwächt, die Auffassung des Volkes nur verwirrt werden; sie ist in der Regel auch überflüssig, wenn durch allgemeine Bestimmungen die Ersetzung des ordentlichen Strafrahmens durch einen milderen oder härteren vorgesehen wird.

Innerhalb des ordentlichen Strafrahmens ist mithin für die wahlweise Androhung von Zuchthaus und Gefängnis kein Raum; nur wenn besondere Umstände die Anwendung eines außerordentlichen Strafrahmens rechtfertigen, kann die eine Strafart durch die andere ersetzt werden. Aber auch die wahlweise Androhung der Haft, sei es neben Zuchthaus, sei es neben Gefängnis, ist, von einzelnen Tatbeständen abgesehen, völlig überflüssig, wenn im *Allg. T.* bestimmt wird, unter welchen Voraussetzungen die Haft ausnahmsweise an die Stelle der beiden anderen Strafarten zu treten hat. Das würde freilich voraussetzen, daß die der Haft zugewiesene Funktion innerhalb des Strafensystems klarer herausgearbeitet werde als das im Vorentwurf wie in seiner Begr. geschehen ist. Ich würde meinerseits die folgende Bestimmung vorschlagen, die an die Stelle des § 85 des Entwurfs zu treten hätte:

> „Wenn das Gesetz Zuchthaus oder Gefängnis androht, kann auf Haft erkannt werden, wenn festgestellt wird, daß die Tat nicht aus ehrloser Gesinnung hervorgegangen ist.“

Auf die Einzelheiten dieses Vorschlags kann ich im Hinblick auf den mir zur Verfügung stehenden Raum nicht näher eingehen. Die Haft soll nach meiner Auffassung eine Ersatzstrafe sein, als solche aber überall dort zugelassen werden, wo die Lage des Einzelfalles das rechtfertigt. Die Beschränkung auf gewisse Tatbestände entbehrt der vernünftigen Grundlage; nur unter Berücksichtigung der konkreten Sachlage kann und soll das richterliche Ermessen darüber entscheiden, ob die Voraussetzungen, unter denen die Anwendung der ordentlichen Strafart als unangebracht erscheint, positiv gegeben sind oder nicht.

Die wahlweise Androhung der Geldstrafe innerhalb des ordentlichen Strafrahmens für Verbrechen und Vergehen aber ist auf wenige Ausnahmefälle zu beschränken. Im übrigen hat sie ihre Stelle in dem außerordentlichen milderen Strafrahmen zu finden.

Mit der Durchführung dieses Vorschlages wäre eine wesentliche Vereinfachung des *Bes. T.* gegeben. Zugleich aber würde auch der im Entwurf völlig verwischte Unterschied von Verbrechen und Vergehen, dessen Beseitigung unter den heutigen Verhältnissen wohl nicht erwartet werden kann, scharf und deutlich erkennbar hervortreten.

2. Die mildernden Umstände.

Neben den ordentlichen Strafrahmen muß zunächst, und zwar ganz allgemein, ein außerordentlicher milderer Strafrahmen treten. Der Entwurf hat die „mildernden Umstände“ zwar bei den meisten, aber durchaus nicht bei allen Delikten zugelassen. Ich halte das für einen schweren Fehler. Bei jedem Delikt, ohne Ausnahme, kann es vorkommen, daß auch die Mindeststrafe des ordentlichen Strafrahmens als zu hart erscheint. Diese Behauptung bedarf wohl keines Beweises. Die Begr. (S. 320) fürchtet zwar von der allgemeinen Zulassung mildernder Umstände „die Gefahr einer schlaffen, dem Schutz der Gesellschaft vor dem Verbrechen nicht genügenden Strafrechtspflege“. Diese Ansicht der Begr. steht aber in einem auffallenden Widerspruch zu dem System des Entwurfes selbst. Denn dieser hat ja bei allen Delikten ohne jede Ausnahme „besonders leichte Fälle“ vorgesehen; und wenn in diesen Fällen das außerordentliche, an keine gesetzlichen Schranken geknüpfte richterliche Milderungsrecht keine Gefahr für die Rechtsordnung mit sich bringt, so wird ein an bestimmte gesetzliche Grenzen gebundenes Milderungsrecht das erst recht nicht tun können. Es handelt sich auch gar nicht, wie die Begr. anzunehmen scheint, darum, dem Strafrichter eine „diskretionäre Gewalt“ einzuräumen und etwa auch bei den schwersten Delikten eine geringfügige Geldstrafe zuzulassen. Die Forderung geht vielmehr lediglich dahin, daß bei allen Delikten ohne Ausnahme neben den ordentlichen Strafrahmen ein außerordentlicher, milderer Strafrahmen mit einer nach Art und Maß bestimmten Strafdrohung tritt.

Eine Prüfung des *Bes. T.* ergibt, daß immer noch bei etwa 30 Tatbeständen mildernde Umstände ausgeschlossen sind.. Warum das gerade bei diesen und nicht auch bei andern Tatbeständen geschehen ist, vermag ich nicht festzustellen; es ist mir trotz allen Bemühens nicht möglich gewesen, einen einheitlichen legislativen Grundgedanken, der für die Aussonderung maßgebend gewesen wäre, ausfindig zu machen[1]).

Ich verlange also die allgemeine Zulassung mildernder Umstände. Damit entsteht die Aufgabe, die Grenzen des richterlichen Milderungsrechts für diese Fälle festzulegen. Das geschieht am einfachsten und sichersten dadurch, daß dem ordentlichen Strafrahmen ein „abgeleiteter“ gegenüber gestellt wird. So ist es auch in § 57 des *OVE.* und in Art. 51 des *SchVE.* geschehen.

Ich schlage daher folgende Fassung des § 82 vor:

„Liegen überwiegende Milderungsgründe vor, so kann der Richter

1. bis auf das gesetzliche Mindestmaß der angedrohten Strafart herabgehen;
2. an Stelle der Todesstrafe auf lebenslängliches Zuchthaus oder Zuchthaus nicht unter zehn Jahren,
   an Stelle der Zuchthausstrafe auf Gefängnis nicht unter einem Jahr,
   an Stelle der Gefängnisstrafe oder der Haftstrafe auf Geldstrafe bis zu 5000 M erkennen.“

---

[1]) Vgl. die Bedenken von Mittermaier, Zeitschrift für Rechtspflege in Bayern *VI. 170.*

Ich brauche nicht besonders hervorzuheben, daß, wenn man diesem Vorschlag grundsätzlich beistimmt, auch eine sehr viel sorgfältigere Abstufung der abgeleiteten Strafrahmen möglich wäre, wie wir diese ja auch im *SchVE.* finden. Hier kommt es mir nur darauf an, die Durchführbarkeit meines Vorschlages klarzumachen.

3. Erschwerende Umstände.

Dieselben Gründe, die dafür sprechen, dem normalen Strafrahmen einen abgeleiteten milderen Strafrahmen an die Seite zu stellen, lassen aber auch die allgemeine Zulassung eines außerordentlichen härteren Strafrahmens als wünschenswert erscheinen. Er wird überall dort am Platze sein, wo nach Lage des Falles wegen des Vorliegens überwiegend erschwerender Umstände auch die Höchststrafe des ordentlichen Strafrahmens noch zu milde wäre. Der Entwurf hat zwar den Begriff der „besonders schweren Fälle“ (§ 84) aufgestellt und damit, soviel ich sehen kann, allgemeinen Beifall gefunden. Aber er kennt diese besonders schweren Fälle nicht allgemein, sondern nur bei bestimmten Tatbeständen des *Bes. T.* Es sind einige dreißig Tatbestände von ganz verschiedener Art; am zahlreichsten sind die Vermögensdelikte vertreten, daneben finden wir aber auch gemeingefährliche oder gegen die Sicherheit des Verkehrs gerichtete Delikte, Fälle des Landesverrats und andere. Einen einheitlichen Grundgedanken, von dem aus die Hervorhebung gerade dieser Fälle erfolgt wäre, suchen wir auch hier vergebens[1]). Auch bei allen übrigen Delikten ohne jede Ausnahme können besonders schwere Fälle vorkommen, denen gegenüber der ordentliche Strafrahmen versagt.

Was die Begr. (S. 325) gegen die allgemeine Zulassung eines außerordentlichen härteren Strafrahmens vorbringt, entbehrt der überzeugenden Kraft. Wenn das Gesetz unter bestimmten Voraussetzungen eine Erweiterung der Strafrahmen nach oben hin gestattet, so steht das mit „dem Sinne des grundlegenden § 2“ ebensowenig in Widerspruch, wie die allgemeine Zulassung mildernder Umstände; denn von einer völlig freien, an keine Grenzen gebundenen diskretionären Gewalt des Richters ist dort so wenig die Rede wie hier. Es handelt sich vielmehr, hier wie dort, um die Aufstellung eines besonderen Strafrahmens mit einer nach Art und Maß bestimmten Strafe. Und auch dieser Strafrahmen hat sich als „abgeleiteter“ dem ordentlichen Strafrahmen anzuschließen.

Dabei möchte ich nicht einmal so weit gehen wie der Entwurf,

---

[1]) Dazu Mittermaier a. a. O. 171, Wach, DJZ. *XV. 113.*

der bei Diebstahl (§ 260) und verschiedenen anderen Delikten in „besonders schweren Fällen“ an Stelle von Gefängnis eine vieljährige Zuchthausstrafe treten läßt. Eine solche Änderung der Strafart zuungunsten des Angeklagten halte ich vielmehr nur dann für zulässig, wenn bestimmte, im Gesetz ausdrücklich genannte erschwerende Umstände vorliegen; diese sind durch die Aufstellung qualifizierter Tatbestände, nicht aber durch die Erweiterung des Strafrahmens nach oben hin, zu berücksichtigen. Der von mir vorgeschlagene Strafrahmen müßte vielmehr die Strafart beibehalten, aber die Höchstgrenze beseitigen und zugleich die Mindestgrenze erhöhen.

So gelange ich zu folgender Fassung des § 84:

> „Liegen überwiegend erschwerende Umstände vor, so kann die Strafe bis zu dem gesetzlichen Höchstmaß der angedrohten Strafart bestimmt werden.
>
> Zugleich erhöht sich das Mindestmaß der angedrohten Strafe; es tritt an die Stelle von Zuchthaus: Zuchthaus nicht unter zwei Jahren, an Stelle von Zuchthaus nicht unter zwei Jahren: Zuchthaus nicht unter fünf Jahren, an Stelle von Zuchthaus nicht unter fünf Jahren: Zuchthaus nicht unter zehn Jahren, an Stelle von Zuchthaus nicht unter zehn Jahren: lebenslanges Zuchthaus; an Stelle von Gefängnis: Gefängnis nicht unter sechs Monaten, an Stelle von Gefängnis nicht unter sechs Monaten: Gefängnis nicht unter einem Jahr, an Stelle von Gefängnis nicht unter einem Jahr: Gefängnis nicht unter zwei Jahren, an Stelle von Gefängnis nicht unter zwei Jahren: Gefängnis nicht unter drei Jahren.“

Befürchtet man von diesem Vorschlag, der in seinen Einzelheiten sehr leicht abgeändert werden kann, eine zu weitgehende Einschränkung des richterlichen Ermessens, so könnte die Bestimmung, die der Entwurf in Abs. 4 des § 88 enthält, hier eingefügt werden. Bezüglich der Geldstrafe bedarf es besonderer Vorschriften nicht; in den wenigen Fällen, in denen sie nach meinen Vorschlägen als ordentliche Strafe beibehalten wird, ist die Zulassung eines härteren Strafrahmens wohl überflüssig. Und daß die Haft als Ersatzstrafe ausgeschlossen bleibt, wenn überwiegend erschwerende Umstände vorliegen, würde sich aus der Stellung des § 88 gegenüber § 85 ergeben.

4. Das außerordentliche Milderungsrecht.

Eine kühne Neuerung gegenüber dem geltenden Recht enthält der § 83 des *DVE.*, der neben den mildernden Umständen des § 82 und dort, wo diese nicht zugelassen sind, an deren Stelle die Gruppe der „besonders leichten Fälle“ aufstellt und dem Richter gestattet, die Strafe nach freiem Ermessen zu mildern und dort, wo dies ausdrücklich zugelassen ist, von einer Strafe überhaupt abzusehen.

Mit dieser Bestimmung geht der *DVE.* weit hinaus über den *SchVE.*, der in Art. 53 die „Strafmilderung nach freiem Ermessen des Richters“ nur in den im Gesetz besonders vorgesehenen Fällen zuläßt, den richterlichen Straferlaß aber ausschließt. Er läßt aber auch besonders den *OVE.* hinter sich, der das außerordentliche Milderungsrecht des geltenden österreichischen Rechts beseitigt und in § 57 nur eine an bestimmte Voraussetzungen geknüpfte und gesetzlich beschränkte Herabsetzung des Strafrahmens kennt[1]).

Der § 83 des *DVE.* hat bei den Vertretern der verschiedenen Richtungen warme grundsätzliche Anerkennung gefunden; so nicht nur bei v. Lilienthal[2]) und Mittermaier[3]), sondern auch bei Wach[4]). Und zwar ganz besonders auch, soweit er dem Richter das Recht gewährt, von der Strafe völlig abzusehen. Auch Löffler gibt dem *DVE.* den Vorzug vor dem *OVE.* Von einzelnen Schriftstellern ist er freilich heftig angegriffen worden. Der Sozialdemokrat Weinberg[5]) befürchtet, im Gegensatz zu seinem Parteigenossen Heine[6]), von § 83 die gesetzliche Sanktionierung des Grundsatzes der Klassenjustiz; auch der Ultraklassizist v. Birkmeyer[7]) erblickt in § 83 die „Statuierung eines über alles erlaubte Maß hinausgehenden richterlichen Ermessens“ und die Preisgebung des Satzes: nulla poena sine lege.

Es mag zugegeben werden, daß ein Strafrichter, der über die Begriffsjurisprudenz etwa im Sinne von Birkmeyer niemals hinausgekommen ist, mit der Handhabung des § 83 viel Unheil anrichten könnte. Aber gerade das berührt an dem *DVE.* so überaus wohltuend, daß er Vertrauen zu unserem Richterstand hegt und sich nicht scheut, ihm andere und ungleich schwerere Aufgaben zu

---

1) Vgl. dazu Löffler in der österreichischen Zeitschrift für Strafrecht 2. Heft und Graf Gleispach, Der Österreichische Strafgesetzentwurf 1910 S. 74.

2) Aschaffenburgs Monatsschrift *VI. 112.*

3) Mittermaier a. a. O. 171.

4) DJZ. *XV. 112.*

5) Die Arbeiterklasse und der Strafgesetzentwurf 1910 (Abdruck der zuerst im „Vorwärts“ erschienenen Artikelreihe). Derselbe in der „Neuen Zeit“ *XXVIII. 727.*

6) Im „März“ 1910 S. 327.

7) Beitrag zur Kritik des Vorentwurfs 1910 *I. 61.*

stellen, als der Richter von heute sie zu lösen hat. Wer gesehen hat, wie rasch unsere deutschen Strafrichter in die neue und eigenartige Aufgabe der Jugendgerichte sich eingelebt haben, der wird das Vertrauen des Gesetzgebers teilen. Auch der Strafrichter wächst mit der Größe der ihm gesteckten Ziele.

Von meinem Standpunkt aus kann es keinem Zweifel unterliegen, daß § 83 wärmste Anerkennung verdient. Auch die Aufstellung zweier Strafrahmen, eines ordentlichen und eines abgeleiteten milderen Strafrahmens, vermag die Fülle der Abstufungen, die das Leben bietet, nicht zu umspannen; trotz der damit gegebenen Weite des dem richterlichen Ermessen gewährten Spielraums wird es, wie die Erfahrung uns lehrt, immer noch Fälle geben, die in die Schablone nicht hineinpassen wollen. Für sie ist § 83 bestimmt. Dabei wird freilich die genaue Prüfung des Bes. T. ergeben, daß wohl auch in anderen als in den Fällen der §§ 168³, 227, 259, 272, 296¹, 310 die Gestaltung des einzelnen Falles ein Absehen von jeder Bestrafung rechtfertigen kann. Diese Prüfung aber gehört nicht mehr in den Rahmen meiner Aufgabe. Jedenfalls kann ich dem Absatz 1 des § 83 in der vorgeschlagenen Fassung unbedingt zustimmen.

III.

Die Strafbemessungsgründe.

1. Der Maßstab.

Innerhalb des Strafrahmens, sei es des ordentlichen, sei es des an seine Stelle tretenden milderen oder härteren außerordentlichen Strafrahmens, hat der Richter im Einzelfall die Strafe zu bemessen. Seine Aufgabe wird um so schwieriger und verantwortungsvoller sein, einmal je weiter die Strafrahmen selbst gezogen sind, dann aber, je weniger die grundlegende Ansicht des Gesetzgebers über den Zweck der Strafe und der sichernden Maßnahme, wie über das Verhältnis dieser zu jener, im Gesetze selbst zum Ausdruck gelangt ist.

Gerade wegen der vermittelnden und darum unklaren Stellung des Entwurfs zu der Frage nach dem Strafzweck habe ich es für notwendig erachtet, die ordentlichen Strafrahmen enger zu fassen, als der Entwurf das getan hat, und die Ersetzung des ordentlichen durch einen außerordentlichen Strafrahmen an bestimmte Voraussetzungen zu knüpfen.

Aus demselben Grunde aber ist es auch mit Freude zu begrüßen, daß der Entwurf es versucht hat, im Gesetze selbst die Grundsätze für die Bemessung der Strafe aufzustellen und so dem freien richterlichen Ermessen den Weg zu weisen.

Freilich wird man dabei nicht vergessen dürfen, daß die Strafbemessung ihrem innersten Wesen nach Aufgabe des Richters ist und daß ihm die Lösung dieser Aufgabe durch den Gesetzgeber niemals abgenommen werden kann. Gesetzliche Anweisungen werden daher auch nicht über gewisse allgemeine Wendungen hinauskommen können. Wenn § 81 des Entwurfs mit den Worten beginnt: „Bei Bemessung der Strafe innerhalb der vom Gesetz vorgeschriebenen Grenzen sind alle für eine höhere oder geringere Strafe sprechenden Umstände zu berücksichtigen“, so bringt er damit nichts, was sich nicht von selbst verstände. Der Satz, der ebensogut hätte wegbleiben können, soll wohl auch nur dazu dienen, die nun folgende Hervorhebung einzelner, „insbesondere“ zu berücksichtigender Umstände einzuleiten.

Diese besonderen Umstände lassen sich ohne Mühe auf zwei zurückführen: 1. die Gesinnung des Täters und 2. die Folgen der Tat. Kürzer und schärfer als der *DVE.* bestimmt der *OVE.* in § 43: „Die Strafe ist nach dem Verschulden und der Gefährlichkeit des Täters zu bemessen. Dabei sind die Beschaffenheit der Tat, sowie die persönlichen und wirtschaftlichen Verhältnisse des Täters zu berücksichtigen.“ Weniger klar der *SchVE.* Art. 49: „Der Richter mißt dem Täter die Strafe nach seinem Verschulden zu; er berücksichtigt die Bewegungsgründe, das Vorleben und die persönlichen Verhältnisse des Schuldigen.“

Gegen die Berücksichtigung der Folgen der Tat ist nichts einzuwenden, wenn diese von dem Verschulden des Täters mit umfaßt sind. Dagegen sprechen, wie schon v. Lilienthal[1]) hervorgehoben hat, schwerwiegende Bedenken gegen die Berücksichtigung der „objektiven“, d. h. von dem Täter weder vorausgesehenen, noch für ihn voraussehbar gewesenen Folgen. Es ist in der Tat nicht einzusehen, warum der Einbrecher milder bestraft werden soll, wenn er gegen seine Erwartung keine Wertgegenstände gefunden hat, strenger dagegen, wenn ihm eine unerhofft reiche Beute in die Hände gefallen ist. Mit vollem Recht läßt der *OVE.* in den §§ 44 und 45 die Geringfügigkeit oder die Größe der Verletzung oder Gefährdung nur insoweit ins Gewicht fallen, als diese Umstände auf ein geringeres oder größeres Maß der Ver-

---

[1]) Aschaffenburgs Monatsschrift *VI. 543.*

schuldung hinweisen. § 81 des *DVE.* müßte daher dahin abgeändert werden, daß nur von den „verschuldeten Folgen der Tat" gesprochen wird.

Viel wichtiger ist der Hinweis auf „die Gesinnung" des Täters. In diesem Hinweis ist die Hauptforderung der modernen Richtung innerhalb des Strafrechts zur klaren Anerkennung gelangt. Daran können auch die recht unklaren und gewundenen Erklärungen der „Begründung" nichts ändern.

Die „Gesinnung", die der Entwurf meint, ist selbstverständlich „die in der Tat hervortretende verbrecherische Gesinnung" und kann gar nichts anderes sein. Mit all dem Widersinn, den die Gegner an das von ihnen freierfundene Schlagwort von der „Gesinnungsstrafe" geknüpft haben, hat der Hinweis des Entwurfs nichts zu tun. Es ist notwendig, daß das gegenüber der Begr. klar festgestellt werde.

Ganz gewiß ist die „Gesinnung", die der Richter nach § 81 bei der Strafbemessung berücksichtigen soll, etwas ganz anderes als das „Verschulden" nach dem Sprachgebrauch des Entwurfs. Das Verschulden erschöpft sich in Vorsatz und Fahrlässigkeit (§§ 58—62), also in der psychischen Beziehung auf die Tatbestandsmerkmale. Darüber ist wohl ein Zweifel nicht möglich. Der Begriff des Mordes ist völlig unabhängig von dem Motiv des Täters, von seinen persönlichen und wirtschaftlichen Verhältnissen, von der nach der Tat bewiesenen Reue; das Verschulden beim Mord besteht ausschließlich in dem überlegten Vorsatz, einen Menschen zu töten. Die Gesinnung, von der § 81 spricht, hat mit dem Begriff des Verschuldens nicht das geringste zu tun.

Um „die in der Tat hervortretende verbrecherische Gesinnung des Täters" handelt es sich. In der Tat aber kann die Gesinnung nur „hervortreten", wenn sie außerhalb der Tat und unabhängig von ihr vorhanden ist. Das hat die durchaus verworrene Note 4 S. 315 der Begr. vollständig verkannt, indem sie die in der Tat hervortretende von einer anderen verbrecherischen Gesinnung unterscheiden will. Der Entwurf selbst ist völlig klar und folgerichtig. Die in der Tat hervortretende Gesinnung kann nur ausnahmsweise aus der Tat selbst erschlossen werden; und auch dann nur, wenn man über die Merkmale des verbrecherischen Tatbestandes hinausgeht. Ganz regelmäßig werden außer der Tat selbst eine ganze Reihe weiterer Umstände berücksichtigt werden müssen, die vor oder nach der Tat hervortreten oder die Tat begleiten. Wie der Entwurf es richtig betont: „Die Beweggründe des Täters, der von ihm verfolgte Zweck, der zur Tat gegebene Anreiz, die persönlichen und wirtschaftlichen Verhältnisse des Täters, der Grad seiner Einsicht . . . und das Verhalten des Täters nach der Tat, namentlich die bewiesene Reue und das bewiesene Streben, die Folgen wieder gut zu machen.“ Nicht um das Verhältnis einer „ständigen“ und einer zur Zeit der Tat vorhandenen „augenblicklichen“ Gesinnung handelt es sich, sondern um die Beziehung der Tat auf den Täter. Es soll berücksichtigt werden, ob die Tat das Spiegelbild der Eigenart des Täters darstellt oder ob sie überwiegend unter dem Einfluß äußerer Umstände zustande gekommen ist. Bei der Entscheidung dieser Frage wird nicht nur das Verhalten des Täters nach der Tat, sondern, wie das ja auch heute schon tagtäglich in unseren Gerichtssälen zu geschehen pflegt, das ganze Vorleben des Täters in Erwägung gezogen werden müssen. So gut aus der aufrichtigen Reue des Täters nach der Tat auf die geringere Intensität seiner verbrecherischen Gesinnung geschlossen werden kann, ebensogut kann eine Anzahl von an sich straflosen Vorbereitungshandlungen, kann die gesamte Lebenshaltung des Täters vor der Tat den Schluß auf die größere Intensität seiner verbrecherischen Gesinnung rechtfertigen. Was § 81 sagt, enthält für den Strafrichter nichts Neues; daß aber das Selbstverständliche ausdrücklich ausgesprochen wird, ist ein Verdienst des Entwurfs. Denn damit ist allen reaktionären Versuchen, die Aufgabe des Strafrichters auf die Wertung der konkreten Tat zu beschränken, ein kräftiger Riegel vorgeschoben. § 81 verdient daher Billigung, auch wenn etwa die Fassung im einzelnen bemängelt und die kürzere Formel des *OVE.* vorgezogen werden sollte.

Die Regeln des § 81 werden nach verschiedenen Richtungen hin ergänzt: so durch § 18 bezüglich der Schärfung der Freiheitsstrafe, durch § 30 bezüglich der Bemessung der Geldstrafe, durch § 36 bezüglich der zusätzlichen Geldstrafe bei den auf Gewinnsucht beruhenden Verbrechen und Vergehen, durch den schon oben S. 378 behandelten § 85, durch § 86, der mir zu besonderen Bemerkungen keinen Anlaß gibt und verschiedene andere. Alle diese Bestimmungen weisen darauf hin, daß bei der Bemessung der Strafe zwar wie bisher von der objektiven Schwere der begangenen Tat ausgegangen, daß aber daneben ungleich mehr als bisher die gesamte Persönlichkeit des Täters berücksichtigt werden soll.

Bedenken muß es dagegen hervorrufen, daß nach der Begr. (S. 314 Note 6) die Regel des § 81 auch auf die „sichernden Maßnahmen“ Anwendung finden soll. Selbstverständlich muß auch hier die Gesamtpersönlichkeit des Täters ins Auge gefaßt werden, ist auch hier sein Vorleben, sind die Umstände, unter denen die Tat begangen worden ist, ist sein Verhalten nach der Tat zu berücksichtigen. Aber grundlegend für die richterliche Entscheidung ist hier nicht, wie bei der Strafbemessung, die objektive Schwere der Tat, sondern der Zustand des Täters, der die Anordnung von Maßregeln der individuellen Fürsorge oder des gesellschaftlichen Schutzes rechtfertigt. Die Rechtsprechung wird daher am besten die Note 6 der Begr. ganz außer Betracht lassen.

2. Die Anwendung der außerordentlichen Strafrahmen.

Genau dieselben Gesichtspunkte, die für die Bemessung der Strafe innerhalb des ordentlichen Strafrahmens maßgebend sind, müssen auch für die Ersetzung des ordentlichen durch einen außerordentlichen Strafrahmen und für die Bemessung innerhalb dieses abgeleiteten Strafrahmens den Ausschlag geben.

Für die „mildernden Umstände" versteht sich das nach der ganzen Anlage des Entwurfs von selbst; es ist daher hier auch nicht ausdrücklich wiederholt. Auffallend ist es dagegen, daß die §§ 83 und 84, scheinbar wenigstens, einen von § 81 abweichenden Maßstab aufstellen. Daß in jenen beiden Paragraphen nur die „rechtswidrigen" Folgen der Tat hervorgehoben sind, während § 81 von den „Folgen der Tat" schlechthin spricht, ist ein Schönheitsfehler, aber ohne praktische Bedeutung. Schlimmer ist es, daß die „verbrecherische Gesinnung" des § 81 in den beiden Paragraphen durch den „verbrecherischen Willen" ersetzt wird. Aus der Begr. ist nicht ersichtlich, ob mit diesem veränderten Ausdruck auch ein anderer Begriff verbunden werden soll. Nach den von mir oben S. 381 gemachten Vorschlägen würde in § 84 die Wendung genügen: „wenn die erschwerenden Umstände überwiegen". In § 83 aber wäre der zweite Absatz entweder ganz zu streichen, was mir das beste schiene, oder doch im Anschluß an § 82 zu fassen. Der Sinn des Entwurfs ist doch der: Bei überwiegenden mildernden Umständen soll eine durch das Gesetz beschränkte Herabsetzung des ordentlichen Strafrahmens eintreten; wenn aber den mildernden Umständen erschwerende Umstände überhaupt nicht gegenüberstehen, wenn also die Folgen der Tat unbedeutend sind und die Intensität der verbrecherischen Gesinnung des Täters gering ist, wird dem Richter das freie Milderungsrecht eingeräumt.

Ich fasse meine Vorschläge noch einmal zusammen: 1. Einengung der ordentlichen Strafrahmen, die in der Regel nur eine einzige Strafart zu enthalten haben; 2. allgemeine Zulassung eines abgeleiteten milderen Strafrahmens bei überwiegend mildernden Umständen, sowie eines abgeleiteten härteren Strafrahmens bei überwiegend erschwerenden Umständen; 3. daneben in besonders leichten Fällen das uneingeschränkte Milderungsrecht des Richters.

IV.

Der Rückfall.

1. Der Begriff des Rückfalls.

Die Vorschläge, die der *DVE.* in den §§ 87 und 88 bezüglich des Rückfalls gemacht, haben bei der Kritik geringen Beifall gefunden. v. Lilienthal[1]) spricht von einem „gewissen Schematismus", der in diesen Vorschlägen zum Ausdruck kommt; Wach[2]) hebt tadelnd hervor, daß sie „durch ihren mechanischen Zug unvorteilhaft mit den sonstigen Strafzumessungsgründen kontrastieren". Mittermaier[3]) hält die Bestimmung für „ganz eigentümlich und jedenfalls sehr wenig praktisch." Auch ich halte dieses Urteil für vollauf berechtigt und die Vorschläge des Entwurfs für dringend verbesserungsbedürftig.

Es ist den Verfassern des *DVE.* zuzugeben, daß der Begriff des Rückfalls neben dem der gewerbs- und gewohnheitsmäßigen Begehung nicht gut entbehrt werden kann und daß die Rückfallschärfung eine notwendige Zwischenstufe zwischen der Bestrafung der begangenen Tat und einer sichernden Maßnahme gegen den gemeingefährlichen Täter darstellt. Es ist ferner gerade von dem von mir vertretenen Standpunkt aus zuzugeben, daß dem Rückfall vielfach symptomatische Bedeutung zukommt und daß aus der Begehung einer strafbaren Handlung nach Verbüßung der für eine frühere Straftat verwirkten Strafe ein Schluß auf die größere Intensität der verbrecherischen Gesinnung gezogen werden kann. Aber das darf nicht vergessen werden, daß diese Schlußfolgerung durchaus nicht in allen Fällen, vielmehr nur dann berechtigt ist, wenn ein inneres Band die neue mit der bereits abgebüßten Tat verknüpft. Und daraus folgt: daß der Gesetzgeber in dem Begriff des Rückfalls selbst diese Verknüpfung zum Ausdruck bringen muß, und daß er die Rückfallschärfung nicht unbedingt vorschreiben darf.

---

[1]) Aschaffenburg, Monatsschrift *VI. 544.*

[2]) DJZ. *XV. 115.*

[3]) A. a. O. 171.

Der *DVE.* hat weder die eine noch die andere der beiden Forderungen berücksichtigt; er bleibt daher hinter dem *SchVE.* wie hinter dem *OVE.* zurück.

Der Begriff des Rückfalls wird in § 87 im rein formalen Sinn genommen: „Wer wegen eines Verbrechens oder eines vorsätzlichen Vergehens Freiheitsstrafe erlitten hat und binnen fünf Jahren wiederum ein Verbrechen oder ein vorsätzliches Vergehen begeht, wegen dessen er Freiheitsstrafe verwirkt hat, befindet sich im Rückfall."

Vorbildlich für diese Begriffsbestimmung war der Art. 55 des *SchVE.* Aber nach zwei Richtungen hin hat der *DVE.* sein Vorbild verschlechtert: Er hat die Verjährung der Rückfallschärfung an eine Frist von fünf Jahren geknüpft, während der *SchVE.* sich mit drei Jahren begnügt; er läßt ferner jede Freiheitsvorstrafe ausreichen, während der *SchVE.* Freiheitsstrafe von sechs Monaten verlangt.

Mit seinem Vorbild teilt der *DVE.* einen Fehler: Wie jener, verzichtet auch er auf den inneren Zusammenhang zwischen dem neuen und dem früheren Delikt. Wesentlich abweichend der *OVE* der in § 64 sagt: „Wer vor Ablauf von fünf Jahren seit dem Voll zug einer Strafe ein strafbare Handlung begeht, die auf derselben Neigung beruht, wie die der vorausgegangen Bestrafung zugrunde liegende Tat, unterliegt den für Rückfällige geltenden Bestimmungen."

Mit dem Hinweis auf diese Fassung des *OVE.* dürften auch die Bedenken widerlegt sein, die in der Begr. (S. 345) gegen die Beschränkung der Schärfung auf den gleichartigen Rückfall vorgebracht werden. Die grundsätzliche Richtigkeit dieser Beschränkung wird auch in der Begründung nicht in Abrede gestellt; aber die gesetzliche Umschreibung des gleichartigen Rückfalls wird als undurchführbar hingestellt. Richtig ist es, daß die Zusammenfassung gewisser Verbrechensgruppen, die erfahrungsgemäß auf derselben Neigung oder auf derselben Triebfeder beruhen, zu Willkürlichkeiten, Unrichtigkeiten und Lücken führen muß. Richtig ist es ferner, daß auf derselben Triebfeder die verschiedensten strafbaren Handlungen beruhen können, die in ihren Tatbestandsmerkmalen keine äußere Ähnlichkeit miteinander haben, und daß umgekehrt dasselbe Verbrechen den verschiedensten Triebfedern entsprechen kann. Das ist ja alles in der Literatur oft genug hervorgehoben worden. Unrichtig aber ist es, daß die Feststellung des subjektiven Merkmals „Gleichartigkeit der Triebfeder" in der Praxis auf besondere Schwierigkeiten stoßen und ein Element der

Unsicherheit in die Rechtsprechung einführen würde. Der *OVE.* hat dieses Bedenken nicht geteilt, und das mit Recht. Die Triebfeder der Tat muß der Strafrichter künftighin nach § 81 des *DVE.* in allen Fällen feststellen, da sie für die Strafbemessung von ausschlaggebender Bedeutung ist; bei jeder späteren Verurteilung werden daher die Feststellungen der früheren Urteile zum Vergleich herangezogen werden können. Aber auch sonst verlangt der Entwurf von dem Richter das Eingehen auf die psychologische Grundlage der Tat; an die Feststellung, daß die Tat „auf Gewinnsucht beruht“, knüpft beispielsweise der § 36 die Verurteilung zu einer zusätzlichen Geldstrafe, und die „ehrlose Gesinnung“ spielt schon heute ihre entscheidende Rolle. Was der Richter hier leisten soll, wird er auch in anderen Fällen leisten können, und dieser Aufgabe, die der *OVE.* dem Strafrichter allgemein überträgt, wird auch der deutsche Richter gewachsen sein.

Ich schlage daher vor, dem § 87 die folgende Fassung zu geben:

> „Wer wegen eines Verbrechens oder Vergehens bestraft worden ist und binnen drei Jahren wiederum ein auf derselben Triebfeder beruhendes Verbrechen oder Vergehen begeht, befindet sich im Rückfall[1]).“

Wird der Begriff des Rückfalls durch das Erfordernis der gleichartigen Triebfeder eingeschränkt, so können die in § 87 des *DVE.* weiter aufgestellten Voraussetzungen fallen: die Vorsätzlichkeit der begangenen Vergehen und die Verurteilung zu einer Freiheitsstrafe. Gerade bei wiederholter Fahrlässigkeit kann die Strafschärfung am Platze sein, und für die Beschränkung der Schärfung auf Freiheitsstrafe spricht keinerlei zwingender Grund.

Nach dem *DVE.* bleiben bei der Begriffsbestimmung des Rückfalls ausländische Vorstrafen außer Betracht. Die in der Begründung (S. 351) für diese Einschränkung angeführten Gründe halte ich nicht für stichhaltig. Ich befinde mich mit dieser Ansicht in Übereinstimmung mit den beiden anderen Entwürfen. Der *OVE.* sagt in § 64 Abs. 2: „Eine im Ausland vollzogene Strafe ist zu berücksichtigen, wenn die Tat auch nach inländischem Recht strafbar ist.“ Und Art. 55 Ziff. 2 des *SchVE.* bestimmt: „Eine ausländische Bestrafung begründet Rückfall, wenn der Täter wegen eines Verbrechens im Ausland bestraft worden ist, für das nach schweizerischem Recht die Auslieferung bewilligt werden könnte.“ Ich

---

[1]) Vgl. dazu v. Lilienthal Z. *XXX. 231.*

trage kein Bedenken, dem *OVE.* den Vorzug zu geben; mit der Auslieferung hat die Annahme eines Rückfalls nichts zu tun.

2. Die Rückfallsschärfung.

Nach § 88 des *DVE.* ist im ersten und zweiten Rückfall die Strafe innerhalb der gesetzlichen Grenzen angemessen zu erhöhen. Das versteht sich von selbst und bedarf kaum einer ausdrücklichen Erwähnung im Gesetz. Erst im dritten und ferneren Rückfall tritt die Schärfung ein: „Die Strafe beträgt mindestens ein Viertel und höchstens das Doppelte der angedrohten Höchststrafe, doch darf der gesetzliche Höchstbetrag der zur Anwendung kommenden Strafart nicht überschritten werden. Von mehreren angedrohten Strafarten ist die schwerste zu wählen. — Liegen besondere Umstände vor, welche die im Abs. 3 vorgesehene Mindeststrafe zu hart erscheinen lassen, so kann die Strafe milder bestimmt werden, sie soll aber die gesetzliche Mindeststrafe erheblich übersteigen."

Nach dieser Vorschrift wird der abgeleitete schärfere Strafrahmen in ganz eigenartiger Weise gebildet: für Mindest- wie Höchstmaß des neuen Strafrahmens ist das Höchstmaß des ordentlichen Strafrahmens maßgebend. Beträgt also der ordentliche Strafrahmen Gefängnis von einem Tag bis zu drei Jahren, so ergibt sich als abgeleiteter Strafrahmen Gefängnis von neun Monaten bis zu fünf Jahren. Bei Androhung von Zuchthaus bis zu fünf Jahren beträgt der Strafrahmen für den Rückfall ein Jahr drei Monate bis zu zehn Jahren Zuchthaus.

Ich kann eine innere Berechtigung für diese Bildung des neuen Strafrahmens, insbesondere für die Nichtberücksichtigung des ordentlichen Mindestmaßes, nicht einsehen. Den beiden anderen Entwürfen ist sie fremd. Art. 55 des *SchVE.* sagt: „so erhöht der Richter die Strafe angemessen; er ist dabei an das Höchstmaß der angedrohten Strafe nicht gebunden, darf aber die höchste gesetzliche Dauer der Strafart nicht überschreiten." Der *OVE.* verweist, soweit er nicht im Bes. T. selbständige Strafdrohungen für die rückfällige Begehung aufstellt, auf die allgemeinen Strafzumessungsregeln (§ 43). Damit wird aber die Rückfallschärfung selbst preisgegeben. Ich halte es für richtiger, die oben S. 381 von mir vorgeschlagene Vorschrift des § 84 auch für den dritten und ferneren Rückfall zu wiederholen. Dann würde also, auch wenn die erschwerenden Umstände nicht überwiegen, die für den Fall ihres Überwiegens vorgeschriebene Schärfung eintreten. Die Schärfung wäre mithin bindend in Beziehung auf die Erhöhung der Mindeststrafe; dagegen wäre das Hinaufgehen über die Höchststrafe bis an die höchste Grenze der Strafart in das richterliche Ermessen gestellt. Damit würde der „mechanische Zug" in den Vorschlägen des *DVE.* wohl im wesentlichen vermieden sein.

3. Die wiederholte schwere Bestrafung.

Der *OVE.* kennt neben der Schärfung wegen Rückfalls, dessen Begriff auf der Gleichartigkeit der Triebfeder beruht, auch noch die Schärfung wegen „wiederholter schwerer Bestrafung" (§ 63), bei der ein innerer Zusammenhang zwischen den Vordelikten und der neuen Straftat nicht erforderlich ist. „Die Strafe ist innerhalb der um ein viertel erhöhten Grenze des Strafsatzes zu bemessen, wenn der Täter zwei Kerkerstrafen oder sechs Monate übersteigende Gefängnisstrafen verbüßt hat und vor Ablauf von fünf Jahren seit dem Vollzug der letzten dieser Strafen eine Tat begeht, wegen der er mit Kerker oder Gefängnis zu bestrafen ist usw." Gegenüber der sofort zu besprechenden Bestimmung in § 89 des *DVE.* kann diese Vorschrift wohl als durchaus entbehrlich bezeichnet werden.

V.

Die gewerbs- und gewohnheitsmäßigen Verbrecher.

1. Der Grundgedanke.

Von besonderem Interesse ist der § 89 des *DVE.* In ihm kommt der Standpunkt des Entwurfs, nach welchem neben der objektiven Schwere der Tat die verbrecherische Gesinnung des Täters zu berücksichtigen ist, zum unverkennbaren Ausdruck. v. Birkmeyer hat sich denn auch beeilt, zu erklären, daß der § 89 „eine mit dem Vergeltungsstandpunkt des Entwurfs ganz unverträgliche Konzession an das Gesinnungsstrafrecht zu enthalten scheint" und dabei nur übersehen, daß der Entwurf selbst sich zwar grundsätzlich auf den Vergeltungsstandpunkt gestellt hat, aber mit zielbewußtem Willen über ihn hinausgegangen ist. In der Tagespresse hat namentlich die Deutsche Tageszeitung vom 13. November 1909 und der Reichsbote vom 19. Januar 1910 den § 89 mit lebhafter Zustimmung begrüßt. v. Lilienthal[1]) billigt grundsätzlich die Vorschläge des Entwurfs, während v. Calker[2]) den Vorschriften des *OVE.* den Vorzug gibt. Ich selbst habe mich

---

[1]) Z. *XXX. 233* und in Aschaffenburgs Monatsschrift *VI. 545.*
[2]) Z. *XXX. 286.*

bereits im ersten Heft der neuen österreichischen Zeitschrift für Strafrecht über § 89 des *DVE.* im Vergleich zu den Vorschlägen der beiden anderen Entwürfe geäußert und kann mich daher an dieser Stelle kürzer fassen.

Wie die Begr. des *DVE.* (S. 362) richtig betont, geht das legislative Problem dahin: „diejenigen verbrecherischen Elemente zu treffen, welche durch die gewöhnlichen Strafen von ihrem verbrecherischen Treiben nicht abgehalten werden, wiederum neue strafbare Handlungen zu begehen, und die deshalb, weil sie trotz erlittener Strafen voraussichtlich wieder rückfällig werden, eine ständige Gefahr für die Gesellschaft bilden".

Es handelt sich also darum, einmal diese Elemente begrifflich zu bestimmen und andererseits diejenigen Maßregeln anzuordnen, die der Rechtsordnung und der Gesellschaft einen ausreichenden Schutz gegen diese gefährlichen Elemente gewährleisten.

2. Die Unverbesserlichen.

Durch zwei Momente kennzeichnen sich die von dem Gesetz besonders zu treffenden Individuen. Einmal dadurch, daß sie eine „ständige Gefahr für die Rechtsordnung und die Gesellschaft bilden" (Begr. des *DVE.*), oder daß sie „als besonders gefährlich für die Sittlichkeit oder für die Sicherheit der Person oder des Vermögens (gemeingefährlich) anzusehen sind" (*OVE.*). Die von ihnen begangene, jetzt zur Aburteilung stehende Tat tritt in den Hintergrund gegenüber dem „Hang zum Verbrechen" (*SchVE.*), der diese Personen zu gemeingefährlichen Individuen stempelt.

Zu diesem Merkmal muß aber ein zweites hinzutreten. Die Gemeingefährlichkeit kann zweifellos feststehen, auch wenn der Täter bisher mit dem StGB. in keinen Konflikt geraten ist. Man denke daran, daß der bisher unbestrafte Angeklagte überführt ist, Jahre hindurch eine ganze Reihe von Personen aus Gewinnsucht vergiftet zu haben. Bei dem Geisteskranken und dem vermindert Zurechnungsfähigen wird kein Mensch bestreiten, daß er auch dann als gemeingefährlich zu betrachten und zu behandeln ist, wenn er das erstemal vor Gericht steht; bei dem Geistesgesunden aber liegt die Sache nicht anders. Dennoch haben die drei Entwürfe es nicht gewagt, den Geistesgesunden in diesem Falle als gemeingefährlich unter besondere Rechtsregeln zu stellen; sie verlangen vielmehr, daß eine Reihe von erheblichen Vorstrafen vorausgegangen und dadurch die Unwirksamkeit der ordentlichen Strafen festgestellt ist.

Es handelt sich mithin um einen Zustand der Gemeingefährlichkeit, der durch wiederholte und schwere Vorstrafen nachgewiesen ist.

Auf diesem Standpunkt steht das norwegische StGB. Auf ihm stehen auch, trotz mancher Abweichung im einzelnen, die drei Entwürfe.

Auf Zahl und Art der in den Entwürfen geforderten Vorstrafen gehe ich hier nicht ein. Im allgemeinen kann ich mich mit § 89 einverstanden erklären. Wichtiger ist mir die Kennzeichnung des Zustands der Gemeingefährlichkeit selbst. Am klarsten ist hier der *OVE.*, der in § 38 die Anhaltung des Verurteilten zuläßt, „wenn ihn seine Verbrechen als gemeingefährlich erscheinen lassen und anzunehmen ist, er werde sich von weiteren strafbaren Handlungen nicht abhalten lassen". Weniger glücklich ist Art. 31 des *SchVE.* gefaßt, nach dem der Täter „einen Hang zu Verbrechen oder zu Liederlichkeit oder Arbeitsscheu bekunden" muß. Ganz abgesehen von der ganz verfehlten Gleichstellung des Hangs zu Liederlichkeit oder Arbeitsscheu mit dem hier allein in Frage kommenden Hang zum Verbrechen, übersieht der *SchVE.*, daß nicht der „Hang" an sich, sondern nur der eingewurzelte, bereits zur Gewohnheit gewordene Hang maßgebend sein kann. Am unklarsten faßt der *DVE.* die Voraussetzung dahin, daß die neue Straftat den Täter „in Verbindung mit seinen Vorstrafen als gewerbs- oder gewohnheitsmäßigen Verbrecher erscheinen läßt". Denn einmal ist die Gleichstellung von Gewerbsmäßigkeit und Gewohnheitsmäßigkeit recht bedenklich; dann aber kann diese wie jene auch dann zweifellos vorliegen, wenn noch keine Vorstrafe vorangegangen ist, sowie denn auch der *Bes. T.* diese beiden Begriffe unabhängig von jeder Vorstrafe vielfach als qualifizierende Umstände verwendet. Vor allem aber tritt in dieser Fassung gerade jene Voraussetzung nicht hervor, die nach der Erklärung der Motive der *DVE.* im Auge hat: die Gemeingefährlichkeit.

Ich schlage daher vor, die Wendung des *OVE.* in den *DVE.* zu übertragen. Will man an der Gewerbs- oder Gewohnheitsmäßigkeit festhalten, so läßt sich das Merkmal der Gemeingefährlichkeit diesen beiden Voraussetzungen leicht einfügen.

3. Die Sicherung der Gesellschaft.

Während die drei Entwürfe in der Umgrenzung der von ihnen als gemeingefährlich betrachteten Verbrecher von einem einheitlichen Grundgedanken ausgehen, freilich ohne für diesen Gedanken einen übereinstimmenden Ausdruck zu finden, weichen sie in der Bestimmung der Maßregeln, die gegen diese Verbrechergruppen angeordnet werden, sehr weit voneinander ab.

Nach dem *SchVE.* tritt die „Verwahrung der Gewohnheitsverbrecher“ an die Stelle der Strafe (Art. 31). „Der Verwahrte bleibt in jedem Fall bis zum Ablauf der Strafzeit und mindestens fünf Jahre in der Anstalt; ist er schon einmal verwahrt worden, so bleibt er mindestens zehn Jahre darin. Nach dieser Zeit kann ihn die zuständige Behörde für drei Jahre vorläufig entlassen, wenn sie annimmt, er werde nicht mehr rückfällig werden; sie hört die Beamten der Anstalt darüber an. Nach 20 Jahren wird er in jedem Fall endgültig entlassen.“ Abweichend der *OVE.* (§ 38): Der Gemeingefährliche kann nach Verbüßung der Strafe noch weiterhin „angehalten werden“. „Das Gericht spricht die Zulässigkeit der Anhaltung im Urteil aus und entscheidet sodann auf Grund der Ergebnisse des Strafvollzugs, ob der Sträfling entlassen werden kann oder wegen fortdauernder Gemeingefährlichkeit in einer besonderen Anstalt oder in einer besonderen Abteilung einer Strafanstalt anzuhalten sei. — Die Anhaltung darf zehn Jahre nicht übersteigen. Nach Ablauf von mindestens drei Jahren kann der Täter endgültig oder auf Widerruf entlassen werden.“ Dagegen ist nach § 89 des *DVE.* auf Strafe, und zwar „wenn die neue Tat ein Verbrechen ist, auf Zuchthaus nicht unter fünf Jahren und, wenn sie ein Vergehen ist, auf Zuchthaus von zwei bis zu zehn Jahren zu erkennen“.

Wir haben also die drei möglichen Systeme nebeneinander: im *SchVE.* nur die sichernde Maßnahme, im *DVE.* nur die Strafe, im *OVE.* Strafe und die an diese sich anschließende sichernde Maßnahme[1]).

Es wird wohl nicht bestritten werden können, daß keines dieser drei Systeme in seiner Durchführung den angestrebten Zweck erreicht.

Der angestrebte Zweck liegt in dem Schutz der Gesellschaft gegen den gemeingefährlichen Verbrecher. Wie man auch die Voraussetzung der Gemeingefährlichkeit gesetzlich bestimmen mag, stets handelt es sich bei ihr um einen eigenartigen Zustand des Verbrechers, um einen état dangereux; nicht also, wie gegenüber v. Birkmeyer bemerkt werden mag, um ein rein subjektives

---

[1]) Auf die begriffliche Unterscheidung von Strafe und sichernder Maßnahme gehe ich hier nicht ein. Daß sie zwei sich schneidende Kreise darstellen, dürften auch die Anhänger der Vergeltungstheorie (mit Ausnahme v. Birkmeyers) heute zugeben.

Moment, um eine bloß innerlich vorhandene Gesinnung, sondern um einen objektiv in die Erscheinung getretenen, auf der antisozialen Gesinnung beruhenden Zustand. Dieser Zustand ist es, der die gewöhnlichen Strafarten als nicht ausreichend erscheinen läßt, der mithin besondere Maßnahmen erfordert. Und damit ist gesagt, daß diese besonderen Maßnahmen so lang andauern müssen, als der Zustand es erfordert; denn nichts wäre törichter, als den Übeltäter, dessen Gemeingefährlichkeit unvermindert fortdauert oder vielleicht durch die Anhaltung noch gesteigert ist, trotzdem wieder auf die Gesellschaft loszulassen.

Wie man diese besonderen Maßnahmen nennt, ist vom praktischen Standpunkt aus völlig gleichgültig. Nennt man Strafe nur die an die begangene Tat geknüpfte und ihr entsprechend bemessene Maßregel, sichernde Maßnahme aber jene, die gegen den Zustand der Gemeingefährlichkeit sich wendet, so ist die Anhaltung des Gemeingefährlichen eine sichernde Maßnahme und keine Strafe. Das ist der theoretisch einwandfreie Standpunkt des *SchVE.* Folgewidrig ist es, hier, wie der *OVE.* das will, erst die Tat zu bestrafen und dann gegen den Zustand der Gemeingefährlichkeit einzuschreiten, falls dieser nach verbüßter Strafe noch fortbesteht; aber es scheint, als hätte diese Verbindung von Strafe und sichernder Maßnahme die meiste Aussicht auf allgemeinen Beifall. Vertritt man dagegen die Auffassung, daß zwischen Strafe und sichernder Maßnahme kein begrifflicher Gegensatz besteht, daß vielmehr die Strafe den Sicherungsgedanken in sich aufzunehmen geeignet und berufen ist, dann steht nichts im Wege, gegen den gemeingefährlichen Verbrecher mit einer Sicherheitsstrafe vorzugehen.

Sehr merkwürdig ist es nun, daß gerade der *DVE.* sich auf diesen letzten Standpunkt gestellt hat (Begr. S. 359), daß er gegen die Gemeingefährlichen nicht etwa eine sichernde Maßnahme, sondern „eine strenge Sicherungshaft“ anordnet. Die Erwägungen, die zu dieser Anordnung geführt haben, sind nicht ganz durchsichtig; es scheint fast, als wäre in letzter Linie die Abneigung gegen die „unbestimmte Verurteilung“, auch in ihrer abgeschwächtesten Gestalt, ausschlaggebend gewesen.

Aber wie dem auch sein mag, der *DVE.* kommt über eine halbe Maßregel nicht hinaus, die zu den schwersten Bedenken Anlaß gibt.

Zunächst ist es nicht ganz klar, wofür der Verbrecher im Falle des § 89 gestraft wird. Die Bestimmung steht in dem Abschnitt von der Strafzumessung. Aber der Strafrahmen des § 89 ist kein abgeleiteter Strafrahmen; er wird vielmehr ganz unabhängig von der auf die begangene Tat gesetzten Strafe gebildet. Nur ob diese ein Verbrechen oder ein Vergehen darstellt, wird für das Strafmaß von Bedeutung; im übrigen fehlt jede Verbindung zwischen der zur Aburteilung stehenden Tat und der nun zu verhängenden Strafe. Man ist versucht zu sagen: der § 89 enthält einen selbständigen Tatbestand und gehört eigentlich in den *Bes. T.*; der Täter wird wegen gewerbs- oder gewohnheitsmäßiger Begehung von Straftaten bestraft.

Immerhin könnte man mit dieser Lösung des Problems sich abfinden. Ich selbst habe in meinem Gutachten an den 20. DJT. einen ähnlichen Vorschlag gemacht. Aber zwei schwerwiegende Bedenken sprechen gegen den Vorschlag des *DVE.*

Einmal ist der der Gesellschaft gewährte Schutz keineswegs ausreichend. Ein Vergleich mit den beiden anderen Entwürfen zeigt, daß Mindestmaß wie Höchstmaß der Sicherungshaft im *DVE.* am niedrigsten bemessen sind. Mein Vorschlag von 1902 begnügt sich zwar den gewerbsmäßigen Verbrechern gegenüber mit Zuchthaus nicht unter fünf Jahren, und wenn der Täter bereits mindestens einmal wegen gewerbsmäßiger Begehung strafbarer Handlungen verurteilt worden ist, mit Zuchthaus nicht unter zehn Jahren. Aber man übersehe dabei nicht, daß in diesem Vorschlag die Voraussetzung wiederholter schwerer Vorstrafen nicht aufgenommen war, die durch § 89 betroffenen Verbrecher mithin einen ungleich größeren Grad von Gemeingefährlichkeit aufweisen, und daß bei ihnen die Aussicht auf eine Änderung dieses Zustandes so gut wie ausgeschlossen ist. Unter diesen Umständen ist das Mindestmaß von fünf, bzw. zwei Jahren im Entwurf zu niedrig gegriffen.

Dazu tritt ein weiteres Bedenken. Indem der *DVE.* an dem Strafcharakter der Maßregel festhält und zugleich die unbestimmte Verurteilung in jeder Gestalt ablehnt, zwingt er den Richter, innerhalb der Strafrahmen des § 89 eine fest bestimmte Strafe auszuwerfen, zwingt er damit die Gefängnisverwaltung, den Verurteilten nach Ablauf dieser Zeit zu entlassen, ohne Rücksicht darauf, ob der Zustand der Gemeingefährlichkeit fortdauert oder nicht. Gerade in dieser Beziehung bleibt der *DVE.* hinter den beiden anderen in bedauerlicher Weise zurück. Der Art. 31 des *SchVE.* gewährt der „zuständigen Behörde" einen weiten Spielraum. Das Mindestmaß der Anhaltung beträgt fünf, unter Umständen zehn Jahre, das Höchstmaß 20 Jahre. Nach Ablauf des Mindestmaßes kann die zuständige Behörde den Angehaltenen jederzeit auf drei Jahre vorläufig entlassen, „wenn sie annimmt, er werde nicht mehr rückfällig werden"; sie kann ihn aber auch, wenn sie den Zustand der Gemeingefährlichkeit als fortbestehend annimmt, bis zum Ablauf des Höchstmaßes von 20 Jahren zurückbehalten. Ähnlich bestimmt der *OVE.* in § 38, daß die Anhaltung, die erst nach Verbüßung der verwirkten Strafe eintritt, mindestens drei und höchstens zehn Jahre zu dauern hat. Nach Ablauf der drei Jahre kann der Täter endgültig oder auf Widerruf entlassen werden; dauert der Zustand der Gemeingefährlichkeit fort, so bleibt er bis zum Ablauf der zehn Jahre in der Anstalt.

Gewiß widerspricht die Aufstellung eines Höchstmaßes der Anhaltung, wie sie im *SchVE.* und im *OVE.* sich findet, dem Zweck der Maßregel; es ist widersinnig, den Schutz der Gesellschaft preiszugeben, obwohl das Schutzbedürfnis noch besteht. Aber die Gefahr einer vorzeitigen Entlassung wird gemildert durch die strengere Bemessung der Höchstgrenze. Und andererseits ist in diesen beiden Entwürfen die Möglichkeit gegeben, den Angehaltenen freizulassen, wenn nach Ablauf der im Gesetz bestimmten Zeit die Gründe für die Anhaltung weggefallen sind. Die Regelung, die der *SchVE.* und der *OVE.* vorschlagen, ist daher keineswegs vollendet; aber es wird sich praktisch mit ihr arbeiten lassen.

§ 89 des *DVE.* dagegen ist eine Halbheit, die von keinem Standpunkt aus befriedigt. Die „Strafe" des gemeingefährlichen Verbrechers soll Vergeltung für die von ihm begangene Tat sein; sie sieht aber von jeder Beziehung auf diese Tat völlig ab. Sie soll zugleich Sicherung der Gesellschaft sein, macht aber die Dauer der Anhaltung ganz unabhängig von dem Vorhandensein dieses Schutzbedürfnisses.

Eine Änderung des § 89 muß also gefordert werden. Dabei wird es nicht sowohl darauf ankommen, einen theoretischen Grundgedanken folgerichtig bis zu seinen letzten Konsequenzen durchzuführen, als vielmehr darauf, einen Vorschlag zu machen, der Aussicht auf Annahme hat. Daher schlage ich vor, nach dem Vorbild des *OVE.* und nach den Beschlüssen des deutschen Juristentags Strafe und sichernde Maßnahmen miteinander zu verbinden. Die beiden ersten Absätze des § 89 können (mit der oben S. 394 von mir vorgeschlagenen Änderung) bestehen bleiben. Daran hätte sich aber ein dritter Absatz anzuschließen, der etwa den folgenden Wortlaut erhalten könnte:

> „Zugleich kann der Richter anordnen, daß der Verurteilte nach Verbüßung seiner Strafe in einer für solche Personen ausschließlich bestimmten Anstalt so lange ver-

wahrt wird, als es die öffentliche Sicherheit erfordert[1]. Auf Grund der gerichtlichen Anordnung hat die Landespolizeibehörde für die Unterbringung zu sorgen. Sie bestimmt auch über die Dauer der Verwahrung und über die Entlassung. Gegen ihre Bestimmung ist gerichtliche Entscheidung zulässig. Die erforderlichen Ausführungsvorschriften werden vom Bundesrat erlassen[2].“

Daß die in diesem Vorschlag aufgenommene Verbindung von Strafe und sichernder Maßnahme vom wissenschaftlichen Standpunkt aus mit Erfolg bekämpft werden kann, weiß ich genau; ich habe das selbst wiederholt, auch an dieser Stelle, ausgesprochen. Aber wie die Dinge heute bei uns, und wohl auch in Österreich und in der Schweiz, liegen, handelt es sich für den Gesetzgeber darum, den Boden zu finden, auf dem eine Verständigung der verschiedenen wissenschaftlichen Anschauungen möglich ist. Ich glaube, daß mein Vorschlag eher als der des Entwurfs die Grundlage der Verständigung zu bieten geeignet ist.

In meinem Marburger Programm von 1882 (Aufsätze und Vorträge I 173) habe ich gesagt:

> „In zwei Worten läßt sich zusammenfassen, was unbedingt und sofort angestrebt werden muß: Unschädlichmachung der Unverbesserlichen, Besserung der Besserungsfähigen. Das übrige findet sich.“

An dieser programmatischen Doppelforderung habe ich seither unverrückt festgehalten. Sie bildet auch den Maßstab für meine Würdigung des Entwurfs.

Über die von ihm vorgeschlagenen bessernden Maßnahmen habe ich hier nicht zu sprechen. An dieser Stelle interessiert mich nur der erste Teil jener Forderung.

§ 89 des *DVE.* ist bestrebt, die Unschädlichmachung der Unverbesserlichen zu gewährleisten. Aber seine Sicherungsstrafe bleibt auf halbem Wege stehen. Der Entwurf nimmt den Sicherungszweck in die Strafe auf und bricht dadurch mit einem der schlimmsten Vorurteile der Vergeltungstheoretiker. Aber er gewährt der Strafe

[1] Will man unter allen Umständen an einer Höchstgrenze festhalten, so kann hier hinzugefügt werden: „jedoch nicht über die Dauer von . . . Jahren hinaus“.

[2] Die Fassung schließt sich an die des § 65 an und wäre gegebenenfalls mit dieser zu ändern.

nicht jene Spannkraft, ohne die sie der neuen Aufgabe unmöglich gerecht zu werden vermag. Er bleibt auf halbem Wege stehen; und es ist nicht anzunehmen, daß die gesetzgebenden Faktoren sich heute bereits zu den notwendigen weiteren Schritten bequemen werden. So möge denn die von der Strafe verschiedene sichernde Maßnahme ergänzend eingreifen. Aber diese Ergänzung ist unbedingt erforderlich. Das neue Strafgeseztbuch muß uns die Erfüllung der beiden Forderungen bringen, für die wir seit bald 30 Jahren kämpfen.

IX.

Zusammentreffen mehrerer Strafgesetze und mehrerer strafbarer Handlungen.

(Allg. T., 9. Abschnitt des Entwurfs.)

Von

Dr. Alexander Graf zu Dohna,

Professor an der Universität Königsberg.

I.

Die Theorie der Verbrechenskonkurrenz auf dem Grunde der lex lata.

A. Die Idealkonkurrenz.

Eine Handlung, welche die Merkmale eines gesetzlichen Tatbestandes an sich trägt, ist ein Verbrechen[1]). Solcher abstrakter Tatbestände weist unsere geltende Rechtsordnung eine kaum mehr zu übersehende Fülle auf. Gleichwohl bleiben sie Typen, denen die konkreten Tatbestandsverwirklichungen nur in seltenen Fällen vollkommen kongruent sind. So kommt es, daß eine erschöpfende Würdigung eines konkreten Tatbestandes häufig nur unter Heranziehung mehrerer Gesetzesparagraphen möglich ist. Das Gebiet solcher Inkongruenzen wird weiter oder enger sein, je nachdem sich der Gesetzgeber an der Aufstellung ursprünglicher Gesetzestypen genügen läßt oder gewissen typischen Kombinationen von vorn herein Rechnung trägt in Form von zweiaktigen oder zusammengesetzten Tatbeständen. Da nun das Strafgesetz, welches den abstrakten Tatbestand formuliert, regelmäßig gleichzeitig den auf die Handlung Verwendung findenden Strafrahmen festlegt, so muß es für die berührten Fälle, in denen dieselbe Handlung sich nach Maßgabe mehrerer Strafgesetze qualifizieren läßt, hinsichtlich des anzuwendenden Strafrahmens eine besondere Anweisung erteilen. Dies und nichts anderes ist die Bedeutung des § 73 G.[2]) und des insoweit durchaus entsprechenden § 90 E.

Ob man es in diesen Fällen mit einer Konkurrenz von Verbrechen oder von Strafgesetzen zu tun habe, ist Gegenstand lebhaften Streites. Aus den späteren Erörterungen über die legislative Behandlung der Idealkonkurrenz wird sich zur Evidenz ergeben, daß die prinzipielle Stellungnahme in jenem Streite für die Entscheidung der auf diesem Gebiete auftauchenden Einzel-

[1]) Der Ausdruck „Verbrechen“ steht ein für allemal im weiteren Sinne des Worts.

[2]) Genau so v. Liszt (§ 56 III).

fragen in keinem Punkte präjudizierlich ist[1]) Danach handelt es sich um ein Problem der juristischen Konstruktion, welches für den Gesetzgeber des unmittelbaren Interesses entbehrt und schon deshalb auch aus unserer Betrachtung auszuscheiden haben würde. Es muß aber darüber hinaus behauptet werden, daß dem mit so viel Eifer diskutierten Problem eine sachliche Bedeutung überhaupt nicht zukommt. Je nachdem man den Verbrechensbegriff im Sinne einer konkreten Betätigung oder aber im Sinne der Verwirklichung der Merkmale eines abstrakten Tatbestandes deutet, wird man eine Verbrechensmehrheit bei Handlungseinheit für unmöglich oder für möglich halten[2]). Daß der Sprachgebrauch nur die erste Verwendungsweise zuließe, läßt sich gewiß nicht behaupten. Zwar ist die Verwirklichung eines Deliktstatbestandes nur in Gestalt einer Handlung[3]) denkbar; wenn nun aber dieselbe Handlung den Tatbestand mehrerer Delikte gleichzeitig verwirklicht, so ist nicht einzusehen, was gegen die Annahme einer Verbrechensmehrheit sprechen sollte[4]).

Was in dieser Gedankenverbindung der Begriff der Handlungseinheit bedeuten soll, steht außer Zweifel. Nicht auf die Zahl physiologischer Akte, in welche die konkrete Betätigung sich zerlegen läßt und die sich jeder Feststellung entzieht, ist es dabei abgesehen, sondern auf die Identität der jene heterogenen Deliktsmerkmale aufweisenden Handlung[5]). Das kommt im geltenden Rechte durch die Worte „ein und dieselbe Handlung“ viel deutlicher zum Ausdruck als im Entwurf, wo von einer Handlung schlechthin die Rede ist. Die Verbrechensmehrheit aber kann in diesen Fällen

---

[1]) Ausdrücklich betont von der Begr. des Vorentwurfs (S. 378); wie denn gleich hier bemerkt werden darf, daß die Behandlung der Konkurrenzlehre sich durch Beherrschung des Stoffs und Klarheit der Gedanken vorteilhaft auszeichnet.

[2]) Vgl. Bierling (juristische Prinzipienlehre *III. 138f.*); Bünger (Z. *VIII. 693*); Motive zum Vorentwurf (S. 381).

[3]) Auch der Ausdruck „Handlung“ ist im weiteren Sinne des Wortes zu verstehen.

[4]) Die Ausführungen von Buri (GS. *XXXV. 519f.*) und von Heinemann (Idealkonkurrenz S. 71, 75, 95) sind völlig indiskutabel. Aber auch der Schimmelhengst Höpfners (Einheit und Mehrheit *I. 161f.*) hinkt bedenklich. Treffend Ad. Merkel (H. H. *II. 580*): „Zu jedem Verbrechen gehört auch ein Handelnder; daraus folgt aber nicht, daß eine Mehrheit von Verbrechen auch eine Mehrheit von Handelnden voraussetze!“ Vgl. besonders auch Ortloff (Arch. *XXXV. 30f.*)

[5]) Vgl. meinen Aufsatz in Z. *XXVII. 341f.*

bedingt sein durch eine Mehrheit realer Erfolge[1]), sie kann aber auch ihren Grund finden in der Möglichkeit mehrfacher juristischer Qualifizierung einer Erfolgseinheit[2]).

Ist somit kein Grund vorhanden, um der Einheit der Handlung willen an der Einheit des Verbrechens festzuhalten, so ist der umgekehrte Schluß von der Mehrheit verletzter Normen auf eine Mehrheit von Handlungen noch viel weniger gerechtfertigt. Die Schaffung und Verwertung eines juristischen Handlungsbegriffs kann nur dazu dienen, die Sprache des Juristen dem Gemeinverständnis zu entrücken und ist deshalb abzulehnen. Im allgemeinen hat denn auch dieser von Binding[3]) unternommene Konstruktionsversuch Nachahmer nicht gefunden[4]). — Erscheint nun aber die Annahme einer Verbrechensmehrheit bei festgestellter Handlungseinheit zulässig, so ist auch die Möglichkeit einer gleichartigen Konkurrenz gegeben. Entscheidend kann hier nur die Mehrzahl realer Erfolge sein. Man wird in der Entwendung einer Kassette, welche Wertsachen verschiedener Personen enthält, jedenfalls nur einen Diebstahl erblicken können; wogegen ein einziger auf zwei hintereinander stehende Menschen mit Erfolg abgegebener Schuß zweifellos zwei Morde verkörpert[5]).

Danach wäre zu sagen: Verbrechensmehrheit bei Handlungseinheit ist gegeben, wenn eine und dieselbe Handlung sich nur nach Maßgabe mehrerer Strafgesetze würdigen läßt oder[6]) aber mehrere reale Erfolge zeitigt, durch welche der Tatbestand mehrerer Delikte oder desselben Delikts mehrfach verwirklicht wird. — Der Umkreis der Fälle, in denen eine Handlung mehrere Strafgesetze verletzt, d. h. nur durch Subsumtion unter verschiedene Strafgesetze sich in vollem Umfange würdigen läßt, bildet nun aber nur einen Ausschnitt aus der Fülle von Gelegenheiten, bei

---

1) Ein Schuß tötet einen Menschen und zertrümmert eine Fensterscheibe.

2) Ein prägnantes Beispiel bildet die Vergewaltigung der verheirateten Tochter.

3) Handbuch § 122.

4) Anklänge finden sich jedoch bei v. Bar (Gesetz und Schuld *III. 526 f.* — Ganz abwegig ist die Anschauungsweise v. Buris (a. a. O. S. 1 ff., 98 ff.). Gut Ortloff (Archiv *XXXV. 32 f.*).

5) Die Unterscheidung kann etwa im Falle der Beleidigung mehrerer Personen durch ein Schimpfwort Schwierigkeiten bieten; sie entbehrt aber auch der praktischen Erheblichkeit.

6) Die juristische Qualifizierung einer Handlung ist kein Erfolg derselben. Das bedarf gegenüber Binding (S. 568), Bünger (S. 692), Köhler (S. 32) besonderer Betonung. Vgl. v. Liszt (Aufsätze *I. 241 ff.*).

denen eine solche Subsumtion dem Wortlaut nach möglich wäre. Es scheiden vielmehr aus der Konkurrenzlehre von vornherein alle diejenigen Konstellationen aus, bei denen sich die Frage, welches der mehreren konkurrierenden Strafgesetze Anwendung finde, aus allgemeinen Prinzipien ergibt, ohne daß es dazu der Aushilfsregel des § 73 bedarf[1]). Hierher gehören im wesentlichen drei Gruppen von Fällen.

a) Wenn von zwei Strafgesetzen das eine außer allen Merkmalen des anderen noch weitere Merkmale aufweist, so findet gegebenenfalls nur dieses Gesetz Anwendung: sog. Spezialität. In solchem Verhältnisse steht das zusammengesetzte Verbrechen zu seinen Elementen, der qualifizierte und der privilegierte zum Grundtatbestand; desgleichen die Tötung im Zweikampf zur vorsätzlichen Tötung, die Majestätsbeleidigung zur Beleidigung. Die Beispiele sind leicht zu ergänzen.

b) Gewisse Strafgesetze wollen nur Anwendung finden, wo kein anderes sich als anwendbar erweist: sog. Subsidiarität. Diese Absicht kann im Gesetz ausdrücklich erklärt sein (§§ 49a, 207, 353a G.) oder sich aus dessen Fassung konkludent ergeben. So bildet die Nötigung gegenüber der Freiheitsberaubung, die Untreue gegenüber den Vermögensdelikten den subsidiären Tatbestand. Das gleiche gilt von der Gefährdung gegenüber der Verletzung, vom Versuch gegenüber der Vollendung usw.

c) Typische Begleit- oder Folgeerscheinungen des einen Delikts, welche an sich die Subsumtion des Tatbestandes unter ein zweites Strafgesetz rechtfertigen würden, kommen neben jenem nicht mehr zu besonderer Würdigung: sog. Konsumtion. Mit der Tötung ist die Körperverletzung notwendig, die Beschädigung der Kleidung meistenteils verbunden; die naturgemäße Wirkung der schweren Urkundenfälschung oder der Verbreitung von Falschgeld wird immer die Schädigung des Getäuschten sein[2]).

---

[1]) Daß es unzulässig sei, in diesen Fällen von Gesetzeskonkurrenz zu sprechen, weil tatsächlich nur eines dieser Gesetze Anwendung finde, läßt sich genau besehen mit gleichem Grunde auch gegen die „echte" Idealkonkurrenz einwenden; denn auch hier findet ausweislich des § 73 nur ein Gesetz Anwendung. Gleichwohl rechtfertigt sich die Bezeichnung „unechte" oder „scheinbare" Idealkonkurrenz eben mit Rücksicht darauf, daß die Konkurrenznormen des Strafgesetzbuches hier außer Betracht bleiben. Der gleiche Gegensatz kehrt auf dem Gebiet der Realkonkurrenz wieder.

[2]) Deshalb ist Idealkonkurrenz mit Betrug auch bei Eintritt solcher Wirkung nicht anzunehmen. Übereinstimmend von Bar (S. 540f.). Anders Löwenstein (Verbrechenskonkurrenz S. 26ff.).

Über die für die Abgrenzung der echten von der unechten Idealkonkurrenz maßgebenden Gesichtspunkte herrscht in der Doktrin im wesentlichen Einigkeit, wenn auch Schwankungen in der Terminologie sowie in der Beurteilung der Grenzfälle zu verzeichnen sind. Auf Einzelheiten einzugehen ist hier nicht der Ort[1]). Richtig ist die Beobachtung, daß mit der Aufstellung von Konkurrenzfällen häufig ein übertriebener und unangebrachter Aufwand getrieben wird[2]).

Welchen Namen man nun der im vorstehenden gekennzeichneten Rechtsfigur erteilen will, ist natürlich eine durchaus sekundäre Frage. Daß die Bezeichnung „Gesetzeskonkurrenz" auf die Fälle der gleichartigen Verbrechensmehrheit nicht paßt, liegt klar zutage. Wer bei gegebener Einheitlichkeit der Betätigung nur eine Konkurrenz von Strafgesetzen anzuerkennen vermag, für den scheidet die genannte Kategorie aus der Konkurrenzlehre überhaupt aus[3]). Im übrigen hat sich der wenig glückliche Terminus „Idealkonkurrenz" derart eingebürgert, daß er sich schwerlich wieder wird verdrängen lassen. Sehr viel angemessener erscheint der Name „eintätige Konkurrenz", wozu dann die „mehrtätige" einen bezeichnenden Gegensatz bildet. Noch prägnanter aber würde man von „selbtätiger Verbrechenskonkurrenz" sprechen und ihr die nunmehr zu untersuchende „andertätige" gegenüberstellen.

B. Die Realkonkurrenz.

Sobald nämlich einer Mehrheit deliktischer Tatbestände eine Mehrheit von Handlungen entspricht, haben wir es unter allen Umständen mit einer Verbrechensmehrheit zu tun. Die vielfach beliebte Aufstellung der Kategorie einer Verbrechenseinheit bei Handlungsmehrheit[4]) entbehrt aller logischen Berechtigung. Denn es wird dabei vorausgesetzt, daß es möglich sei, die Anzahl der Handlungen zu berechnen, welche in einem Verbrechen enthalten sind. Dazu aber fehlt es dem zum Maßstab dienenden Vorgang „Handlung" an dem wichtigsten Erfordernisse jeden Maßstabs, der eigenen Meß-

---

[1]) Eine reiche Kasuistik findet sich bei Köhler (Grenzlinien zwischen Idealkonkurrenz und Gesetzeskonkurrenz) und Habermaas (Die ideale Konkonkurrenz der Delikte).

[2]) So v. Bar (S. 541).

[3]) Unverständlich Köhler (S. 52): „Gesetzeskonkurrenz liegt vor, wenn durch eine Handlung zwei Gegenstände gestohlen werden." Freilich kann er sich auf Haelschner (Deutsches Strafrecht *I. 660*) berufen.

[4]) v. Liszt (§ 55); Wachenfeld (S 84); Heinemann (S. 61).

barkeit[1]). Handlung ist nichts anderes als eine unter einem bestimmten Zweckgesichtspunkt gedachte Einheit des Handelns. Ohne solchen Zweckgesichtspunkt ist die Abgrenzung einer Handlung von einer andern völlig unmöglich[2]). Nun gibt es aber für den Kriminalisten keinen anderen denkbaren Abschluß einer Handlungsreihe, als die Verwirklichung eines deliktischen Tatbestandes. Der Vorgang Handlung und der Vorgang Verbrechen fallen notwendig ineinander[3]). Alle Versuche, der besonderen Schwierigkeiten, welche die Strafzumessung auf dem Gebiete der Realkonkurrenz bietet, mit dem Hilfsmittel eines natürlichen Handlungsbegriffes Herr zu werden, müssen als von vornherein aussichtslos angesehen werden; und es ist deshalb der von hier aus gewählte Ausgangspunkt ein methodisch verfehlter[4]).

Sobald ein gesetzlicher Tatbestand durch menschliches Handeln seine Verwirklichung gefunden hat, ist ein Verbrechen gegeben. Mehrfache Verwirklichung eines gesetzlichen Tatbestandes ist deshalb Verbrechensmehrheit. Auf Handlungsmehrheit beruht dieselbe immer dann, wenn die zuvor erörterte Identität des Handelns nicht gegeben ist[5]). Es liegt deshalb Realkonkurrenz (im Sinne einer mehrtätigen oder andertätigen Verbrechenskonkurrenz) vor, wenn ein Dieb durch mehrfache Griffe verschiedene bewegliche Sachen entwendet, wenn ein Messerheld sein Opfer durch eine Mehrzahl von Stichen verwundet. Denn jeder dieser verschiedenen Tätigkeitsakte verwirklicht den vollen Tatbestand des betreffenden Delikts und würde für sich allein die Strafe desselben auslösen[6]).

---

[1]) Es genügt, auf die überzeugenden Ausführungen Fingers (Lehrb. § 72) zu verweisen.

[2]) Das hat namentlich Bünger sehr richtig erkannt (vgl. S. 555 ff); er am allerwenigsten durfte sich deshalb das Problem stellen, die Merkmale der Handlungseinheit aufzusuchen.

[3]) Insoweit befinde ich mich in vollem Einklange mit Binding (S. 524 f.) und Paul Merkel *(Vergl. Darst. Allg. T. V. 272, 278).* Vgl. meinen Aufsatz in Z. *XXVII. 340.*

[4]) Vom natürlichen Handlungsbegriff gehen aus: v. Liszt (Lehrb. § 54); Wachenfeld (Theorie der Verbrechenskonkurrenz S. 14 ff.); Heinemann (S. 53 ff.); Höpfner (*I. 209 ff.*)

[5]) Handelnsidentität nehme ich an bei Veröffentlichung eines Artikels, in welchem sich Invektiven gegen verschiedene Personen verstreut finden; desgl. bei eintätiger Anstiftung zu real konkurrierenden Delikten. Die Fragen sind besonders bestritten.

[6]) Daß der Gesetzgeber solchenfalls die Strafen komulieren kann, beweist zum Überflusse § 2 preuss. Lotteriegesetzes. Wer möchte wohl da die Realkonkurrenz leugnen?

Daß freilich die legislative Behandlung hier eine andere sein muß als da, wo einer heute einen Mord, morgen einen Einbruchsdiebstahl, übermorgen eine Brandstiftung verübt und nun im selben Verfahren sich zu verantworten hat, kann nicht zweifelhaft sein. Eine Gruppierung der Konkurrenzfälle unter dem Gesichtspunkt einer näheren oder entfernteren Zusammengehörigkeit der konkurrierenden Delikte bildet also ein unabweisbares Erfordernis[1]).

Der irrige Glaube, daß in allen Fällen der Realkonkurrenz das Zumessungsprinzip des § 74 G. Anwendung zu finden habe, erklärt das Bestreben, für alle diejenigen typischen Zusammenhänge, welche danach einer zu harten, namentlich aber einer zu komplizierten Beurteilung teilhaftig würden, die Möglichkeit einer Zusammenfassung zu einer höheren Einheit zu erweisen. In diesem Sinne haben als Hilfskonstruktionen das einheitliche Delikt in geteilter Ausführung und das fortgesetzte Verbrechen Anerkennung gefunden[2]). Es ist nun aber von vornherein klar, daß die Etikette „Verbrechenseinheit bei Handlungsmehrheit“ auf diese Kategorien gar nicht paßt, insofern das die mehreren Tatbestandsverwirklichungen einigende Band von den Vertretern der Verbrechenseinheit gerade in der Einheitlichkeit der die einzelnen Akte umfassenden Handlung erblickt wird[3]). Gemeint ist also, daß eine an und für sich bestehende Verbrechensmehrheit unter dem Gesichtspunkt der Handlungseinheit sich zu einem einheitlichen Verbrechen zusammenschließt[4]), ohne daß es doch bisher gelungen wäre, die Grenze gegen das Gebiet der eigentlichen Realkonkurrenz in einer alle Zweifel ausschließenden Art und Weise abzustecken[5]).

Es ist das Verdienst Höpfners, mit gebührendem Nachdruck darauf hingewiesen zu haben, daß sich die reale Verbrechenskonkurrenz mit dem Strafzumessungsprinzip für das einheitliche Delikt wohl vertrage[6]). Der Grundsatz: „quot crimina tot poenae“

---

[1]) In der Problemstellung übereinstimmend Paul Merkel (S. 322).

[2]) Nicht alle Autoren erkennen zwischen den beiden Kategorien einen Gegensatz an. Über die Gruppierung der Ansichten vgl. Doerr (Fortgesetztes Delikt S. 85 Anm. 2).

[3]) Dies betont mit besonderem Nachdruck Doerr (S. 74f, 182).

[4]) Vgl. Rathenau (Fortgesetztes Verbrechen § 20). Auch die Begr. (S. 387) läßt diesen Sachverhalt erkennen.

[5]) Vgl. weiter unten.

[6]) Höpfner rechnet denn auch das fortgesetzte Verbrechen zutreffend zur Realkonkurrenz (*I. 257 ff.*). Trotzdem kann auch er von dem natürlichen Handlungsbegriff nicht loskommen, der ihm dazu dienen soll, das einfache Verbrechen mit geteilter Ausführung von der Realkonkurrenz zu

hat in der Tat in dieser Allgemeinheit in unserem Rechtsbewußtsein keine Stätte; am allerwenigsten aber ist er etwa durch § 74 G. sanktioniert worden. Derselbe erteilt dem Richter eine Anweisung, wie er zu verfahren habe, wenn jemand wegen Verübung mehrerer Verbrechen mehrere zeitige Freiheitsstrafen verwirkt habe; mit der Frage, wann dies der Fall sei, beschäftigt er sich überhaupt nicht. Und nur soviel läßt er mit Gewißheit erkennen, daß die Verwirkung mehrerer zeitiger Freiheitsstrafen die Begehung mehrer Verbrechen durch mehrere selbständige Handlungen voraussetzt. Wo es also an der Selbständigkeit der Handlungen fehlt, findet eine Strafenkonkurrenz um der Mehrheit der Verbrechen willen nicht statt; daß § 91 E. auf die Hervorhebung dieses entscheidenden Kriteriums[1]) verzichtet hat, bedeutet einen bedenklichen Fehlgriff.

Mit diesen Feststellungen ist das Problem nun freilich noch nicht gelöst; denn es fragt sich nunmehr, worin denn das Kriterium für die Selbständigkeit der Handlung gelegen sei. Und es hat diese Frage eine so hervorragende Bedeutung, weil von ihrer Beantwortung nicht nur der Strafzumessungsmaßstab abhängig ist, sondern außerdem und sogar vornehmlich die Entscheidung darüber, was als einheitlicher Gegenstand der Bestrafung zu gelten habe[2]). Die Berechnung der Verjährungsfristen, die richtige Anwendung der in §§ 153, 265, 292_3 StPO. enthaltenen Rechtsnormen sowie des Grundsatzes „ne bis in idem“ — kurz die mannigfachsten Aufgaben der Strafrechtspflege lassen sich nur lösen, wenn feststeht, was der Gesetzgeber als Einheit, was als Mehrheit behandelt wissen will. Insoweit ist es aber auch zweifellos richtig, die Mehrheit deliktischer Tatbestände als Verbrecheneinheit — nämlich als Einheit unter dem Gesichtspunkt der Strafanwendung — anzusprechen[3]).

Das Prinzip, eine tatsächlich gegebene Verbrechensmehrheit praktisch als Verbrecheneinheit zu behandeln, ist nun aber auf die bisher ins Auge gefaßten Kategorien durchaus nicht beschränkt.

---

scheiden (*I. 223*). Er gibt aber (*I. 234f.*) selbst zu, daß es eine scharfe Grenze nicht gibt.

[1]) Vgl. v. Schwarze (G. S. *XXXIV. 615*); Rathenau (Fortges. Verbr. S. 78); Höpfner (§ 20); Alsberg (Vollendung und Realkonkurrenz beim Meineid S. 40ff.).

[2]) Die zahlreichen und äußerst komplizierten Probleme, welche an dieser Stelle einsetzen, kann ich hier nur andeuten. Ich verweise auf die eingehende Darstellung bei Höpfner (*II. 150ff.*).

[3]) Zu beachten ist, daß der Ausdruck „Verbrechen“ hier eine ganz spezifische Bedeutung annimmt. Rathenau (G. S. *LV. 140*) stellt ganz zweckmäßig dem Einzelverbrechen das Einheitsverbrechen gegenüber.

Es lassen sich vielmehr die folgenden Gruppen von Anwendungsfällen unterscheiden[1]).

a) Überaus häufig gibt der Gesetzgeber durch die Fassung des Strafgesetzes unzweifelhaft zu erkennen, daß er die wiederholte Verwirklichung desselben Tatbestandes als eine einheitliche Tat betrachtet wissen will; so wenn er sich der Pluralform (unzüchtige Handlungen) oder einer Kollektivbezeichnung (Geld) bedient. Schwieriger schon ist die Abgrenzung eines einheitlichen Widerstandes oder Hochverrates; hier kommt es auf die Auslegung des Gesetzes und auf die Würdigung der konkreten Situation an. In allen diesen Fällen sprechen wir von gesetzlicher Einheit. Es gehören hierher auch die eigentlichen Kollektivdelikte, freilich nur dann, wenn schon die einmalige Begehung unter Strafe steht, da ja andernfalls von einer Verbrechenskonkurrenz gar nicht die Rede sein kann.

b) Der Gesichtspunkt der Spezialität findet hier namentlich beim zweiaktigen Verbrechen Anwendung. Gegenüber der Strafdrohung gegen den räuberischen Diebstahl (§ 252) treten die Strafdrohungen gegen Diebstahl und Nötigung zurück. Auf den Gebrauch einer falschen Urkunde durch den Fälscher selber findet § 267 und nicht gleichzeitig § 270 Anwendung.

c) Subsidiarität kommt wiederum den Versuchshandlungen gegenüber der Vollendung, den Teilnahmehandlungen gegenüber der Täterschaft, ferner der Herausforderung zum Zweikampf gegenüber seiner Ausfechtung, der Anfertigung von Formen (§ 151) gegenüber der Münzfälschung zu[2]).

d) Konsumtion findet statt, wenn eines der begleitenden Delikte sich als Mittel zur Begehung des andern oder als Verwirklichung der diesem wesentlichen Absicht (als typische Folgehandlung) kennzeichnet. So wird die Sachbeschädigung durch den Einbruch, die Aneignung der entwendeten Sache durch den Diebstahl, der Ehebruch durch die Bigamie konsumiert.

e) Die in continenti erfolgenden, gegen dasselbe Objekt ge-

---

[1]) Insofern hier die vom Gesetz (§§ 74 ff.) vorgesehenen Konkurrenznormen keine Anwendung finden, läßt sich ihre Zusammenfassung unter der Bezeichnung „unechte“ oder „scheinbare“ Realkonkurrenz wohl verteidigen. So: Schütze (Z. *III. 67*) und Frank (Kommentar § 74 V). Sie stehen zu den auf dem Gebiet der Idealkonkurrenz unterschiedenen Kategorien (oben S. 405) in vollkommener Parallele. Gegen die Bezeichnung „connexe Konkurrenz“ (Paul Merkel) ist natürlich gar nichts einzuwenden.

[2]) Man kann in den beiden letztgenannten Fällen von zu besonderen Verbrechen erhobenen Vorbereitungshandlungen sprechen.

richteten, gleichartigen Angriffe, welche schon der natürlichen Betrachtung sich zu einer Einheit zusammenschließen, will auch der Gesetzgeber als Einheit behandelt wissen[1]). Man mag immerhin dabei von einem einheitlichen Verbrechen in geteilter Ausführung oder von unselbständigen Bestandteilen einer Straftat reden: einen Maßstab für die Abgrenzung hat man damit nicht gewonnen. Regelmäßig dient zur Charakterisierung dieser Gruppe das Merkmal des einheitlichen Erfolges[2]); und wo dieselbe Person durch mehrere Streiche verletzt, dieselbe Sache durch mehrere Hiebe beschädigt worden, läßt sich auch allenfalls von einem einheitlichen Erfolge reden. Sobald aber auch die Entwendung mehrerer Sachen durch mehrere Griffe unter Verletzung mehrerer Eigentumsrechte hierher gezogen wird — und das geschieht allgemein —, so ist es doch eitel Selbsttäuschung, wenn man glaubt, am Begriff der Erfolgseinheit einen Kompaß zu haben, an dem man sich orientiert[3]). In Wirklichkeit dirigiert man die Nadel, wohin man sie haben will und nennt alsdann die von ihr vorgezeichnete Richtung Norden.

f) Zwischen diese zuletzt erörterte Kategorie und den Bereich der eigentlichen Realkonkurrenz schiebt sich endlich noch das fortgesetzte Verbrechen ein, dem es nun nach beiden Seiten an scharf markierten Grenzen fehlt. Als Charakteristika werden Einheit des Vorsatzes, Einheit des Rechtsguts, Gleichartigkeit und Kontinuität der Einzelakte, in jeweils verschiedener Verbindung, hervorgehoben[4]). Aber warum soll es dem Sohne am einheitlichen Vorsatz fehlen, der behufs Antritts der Erbschaft den Vater und den älteren Bruder beiseite zu schaffen beschließt? Wieweit reicht die Einheit des Rechtsguts gegenüber dem Brandstifter, der es auf Einäscherung der ganzen Stadt abgesehen hat? Wie groß muß die Abweichung in den Modalitäten der Ausführung, wie groß das zeitliche Intervall zwischen zwei Einzelakten sein, um die Annahme einer Deliktsfortsetzung auszuschließen.

Es gilt hier das Wort des Faust: „Wenn Ihr's nicht fühlt, Ihr werdet's nicht erjagen!" Und wir fühlen es alle und zaudern

---

[1]) Daran ist nicht zu zweifeln, wenn es auch durch die Fassung des § 74 nur indirekt zum Ausdruck kommt.

[2]) v. Liszt (§ 54 *III. 2*). Doerr (S. 85).

[3]) Gewöhnlich wird die größere oder geringere Individualisierung des Rechtsguts als Kriterium verwertet. Sie entscheidet auch in der Tat über die Behandlung des Einzelfalls; nicht aber über Einheit oder Mehrheit des Erfolges.

[4]) Eine Auseinandersetzung mit der diese Materie behandelnden Spezialliteratur ist im Rahmen dieses Beitrags ausgeschlossen.

keinen Augenblick mit der Entscheidung des Einzelfalls. Wir kennen genau die Grenze, so lange man nur nicht von uns verlangt, daß wir sie in abstrakter Formulierung angeben[1]). Damit soll durchaus nicht richterlichem Belieben das Wort geredet werden. Auch die Reaktion unseres Rechtsgefühls läßt sich mit den Hilfsmitteln objektivierender Betrachtung auf ihre Richtigkeit prüfen. Die Frage lautet in jedem einzelnen Falle dahin: ob es angemessen erscheine, die vorliegenden verbrecherischen Einzelakte als einen einheitlichen Gegenstand der Bestrafung zu behandeln. Und sie muß Beantwortung finden unter gleichmäßiger Berücksichtigung der Interessen des Angeklagten wie des Verletzten, des Bedürfnisses nach wirksamem Rechtsgüterschutz und nach Erleichterung seiner prozessualen Durchführung. Es werden dabei die den besonderen Fall individualisierenden Momente, die Eigenart des verletzten Rechtsguts, die allgemeine Tendenz des anzuwendenden Strafgesetzes jeweils mit in Ansatz zu bringen sein. Der allem Rechte immanente Grundgedanke des Richtigen setzt auch an dieser Stelle dem nicht weiter einzuengenden richterlichen Ermessen Maß und Ziel[2]).

II.

Die Behandlung der Verbrechenskonkurrenz im Vorentwurf.

A. Die Idealkonkurrenz.

a) In voller Übereinstimmung mit dem geltenden Recht (§ 73) will der Vorentwurf (§ 90) im Umfange der Idealkonkurrenz das Absorptionsprinzip Anwendung finden lassen[3]). Zur Verteidigung

---

[1]) Zutreffend heißt es in der Begr.: „Ob mehrere Handlungen als eine Einheit betrachtet werden können, ist eine wesentlich tatsächliche Frage“ (S. 389). Ganz ähnlich Ad. Merkel (Fortges. Verbrechen S. 122). Deshalb verlieren sich auch die Untersuchungen über das fortgesetzte Verbrechen ganz regelmäßig in einer umfänglichen Kasuistik. Daß die darin getroffenen Einzelentscheidungen insgesamt aus der an die Spitze gestellten Formel abzuleiten wären, kann im Ernste nicht behauptet werden. Auch hier sind, wie so oft, die scheinbaren Begriffskonstruktionen verkappte Willensentscheidungen.

[2]) So sehr ich fürchten muß, mit den Ausführungen des Textes von neuem den Zorn v. Bars heraufzubeschwören, fühle ich mich auch diesmal mit seinen innersten Gedanken in wesentlicher Übereinstimmung. Vgl. *III. 560, 585, 593.*

[3]) Im Sinne einer Absorption des milderen Strafrahmens.

desselben ist zunächst einmal das Argument, ein Verbrechen könne nicht mehr wie eine Strafe auslösen, naturgemäß gänzlich ungeeignet. Denn nicht nur ist der Begriff der Strafeinheit genau so willkürlich wie der der Handlungseinheit, sondern vor allem ist mit solcher Feststellung noch gar nichts über die Höhe der verwirkten Strafe entschieden, auf welche allein es ankommt[1]). Gegen den rückfälligen Betrüger droht § 264 Zuchthausstrafe und Geldstrafe zugleich an. Die eine Strafe des Raubes aber (§ 249) erreicht beinahe das Vierfache der Summen der Strafdrohungen gegen Diebstahl (§ 242) und Nötigung (§ 240), deren ideale Konkurrenz sich im Raube verkörpert. Dieses letzte Beispiel allein genügt zum Beweise dafür, daß das Zusammentreffen der Merkmale mehrerer Verbrechen in einer Handlung die soziale Gefährlichkeit derselben bzw. die Schuldintensität des Handelnden in einem Maße steigern kann, daß selbst die Kumulation der konkurrierenden Strafrahmen nicht annähernd ausreicht, um das angemessene Strafäquivalent dem Richter zur Verfügung zu stellen. Angesichts dieser Tatsache kann die Frage, ob beim Mangel eines solchen kombinierten Verbrechenstypus der Strafrahmen des strengsten Gesetzes ausreicht, dem Unwertzuwachs gerecht zu werden, der in der konkurrierenden Verletzung minder geschützter Rechtsgüter liegt, nicht ohne weiteres für alle denkbaren Fälle im voraus bejaht werden.

Es ist ein offensichtlicher Trugschluß, wenn Binding in der eintätigen Verletzung einer Mehrheit von Normen ein stärkeres Verschulden sieht als in der mehrtätigen[2]); aber es ist ebenso zweifellos, daß sie gegenüber der Verletzung einer einzigen Norm in aller Regel eine gesteigerte Schuld verkörpert. Und zwar gilt dies für die ungleichartige Idealkonkurrenz wie für die gleichartige ohne Unterschied. Wer wollte leugnen, daß es in Hinsicht auf die Zurechnung — von welchem Standpunkte aus man sie betrachten mag — einen qualitativen Unterschied ausmacht, ob ein Akt der Notzucht an einem fremden Mädchen oder an der eigenen Tochter ausgeübt worden ist? Ist nun nicht anzunehmen, daß der Gesetzgeber bei Ausmessung des weiteren Strafrahmens an die Möglichkeit der betreffenden Kombination gedacht hat, so entsteht hier eine Lücke des Gesetzes, welche durch die Aushilfsregel des § 91 E. offensichtlich eben nicht ausgefüllt wird. Und kann es zweifelhaft sein, daß eine größere Schuld auf sich lädt, wer in eine

---

[1]) Richtig betont von Höpfner (*I. 172, II. 258, 268* Anm. 14) mit guter Polemik gegen Heinemann.

[2]) Handbuch (S. 575 f.).

vielköpfige Menge eine Bombe schleudert, als wer seinen Angriff auf ein einziges Opfer richtet[1])? Mit gutem Grunde ist deshalb mehrfach gefordert worden, daß dem Richter die Befugnis erteilt werde, in Fällen der Idealkonkurrenz über das Maximum des strengsten Strafrahmens hinauszugreifen[2]). Prinzipielle Bedenken dagegen haben die Verfasser des Entwurfs nicht geäußert, sondern das Festhalten an der Überlieferung damit gerechtfertigt, daß ein Bedürfnis nach Erweiterung des Strafrahmens nicht hervorgetreten sei[3]). Das Gegenteil läßt sich in der Tat schwerlich nachweisen. Um so ungefährlicher dürfte es sein, für etwaige künftige Bedarfsfälle die Möglichkeit einer Strafschärfung vorzusehen.

Über das zuzulassende Maß derselben gehen die Vorschläge auseinander. Komplizierte Rechnungsmethoden sind keinesfalls zu empfehlen. Das Einfachste bleibt die Erweiterung des Strafrahmens um einen Bruchteil; ein Drittel dürfte genügen[4]), die Hälfte die äußerste Grenze bilden. Will man den Verbrecher gegen unbillige Härten noch besonders sicher stellen, so mag die Überschreitung des Maximum des ordentlichen Strafrahmens an die Einstimmigkeit oder doch eine qualifizierte Mehrheit geknüpft werden. Natürlich darf das Höchstmaß der betreffenden Strafart hier so wenig überschritten werden wie bei der Realkonkurrenz.

b) Der Entwurf legt besonderen Nachdruck auf die Feststellung, daß von der Absorption nur die Strafdrohung, nicht der Tatbestand des geringeren Delikts ergriffen wird, und erkennt darin den vorzüglichen Gegensatz zwischen echter und unechter Gesetzeskonkurrenz[5]). Zur Verdeutlichung dieser Auffassung dient eine Änderung der gesetzlichen Textierung, gegen welche ein Einwand kaum zu erheben sein wird[6]). Mit Recht wird deshalb auch die Meinung vertreten, daß die Verurteilung auf Grund aller konkurrierenden Tatbestände zu erfolgen habe; einzig konsequent erscheint dann aber der von der Begr. abgelehnte Standpunkt Höpfners, wonach bei Verneinung eines im Eröffnungs-

---

[1]) Die Schranke, welche die Natur gewisser Strafen der Steigerung entgegensetzt, läßt sich natürlich durch solche Erwägungen nicht einreißen.

[2]) Vgl. Höpfner (*II. 104, 111, 267 ff., 294 ff.*); v. Bar (§§ 217, 219, 221); Paul Merkel (S. 406). Durchaus irrtümlich zählt die Begr. (S. 384) Höpfner und Merkel zu Anhängern des Absorptionsprinzips.

[3]) Begr. (S. 384).

[4]) So der Vorschlag Merkels (S. 406).

[5]) Begr. (S. 379). Gleiche Gedanken bei Beling (Lehre vom Verbrechen § 31).

[6]) Vgl. darüber die Begr. (S. 383).

beschluß bezeichneten ideell konkurrierenden Gesichtspunkts insoweit Freisprechung eintreten müsse[1]). Die praktische Folge einer solchen Verurteilung ist die Ermöglichung einer späteren Rückfallsstrafe — eine schon heute allseitig anerkannte Forderung des praktischen Bedürfnisses.

c) Zwei schwere Bedenken gegen das Zumessungsprinzip des § 73 G. bleiben dem Entwurf gegenüber bestehen. Einmal soll sich die Schwere einer Strafdrohung auch fernerhin in erster Linie nach der Strafart richten. Danach bleibt theoretisch die Möglichkeit bestehen, daß ein maximales Maximum der gelinderen Strafart mit einem minimalen Maximum der schärferen Strafart zusammentrifft[2]) und alsdann diesem zu weichen haben würde. Unbedingt rationeller erscheint dem gegenüber die von verschiedenen Seiten vorgeschlagene Methode, zunächst die Umrechnung der leichteren Strafart in die schwerere nach Maßgabe des gesetzlich statuierten Wertverhältnisses (§§ 25, 34 E.) vorzunehmen und dann erst die mehreren Strafmaxima gegeneinander abzuwägen[3]). Sodann soll auch in Zukunft das höhere Strafminimum des milderen Gesetzes hinter dem niedrigeren des strengeren zurückstehen derart, daß ein Delinquent sich die Möglichkeit einer milderen Bestrafung dadurch sichern kann, daß er außer gegen das mildere auch noch gegen ein strengeres Gesetz verstößt[4]). Es darf behauptet werden, daß der Richter, welcher von der hier gewährten Befugnis Gebrauch machte, gegen den Geist des Gesetzes in unverantwortlicher Weise verstoßen würde[5]). Dann aber spricht alles dafür, den Buchstaben des Gesetzes diesem seinem Geiste anzupassen[6]).

d) Dahingegen muß es dankbar begrüßt werden, daß der Ent-

---

[1]) Vgl. Höpfner (*II. 74* Anm. 10, *87f.*). Von diesem Standpunkt aus ist dann aber die Leugnung der Verbrechenskonkurrenz eine bloße Wortspielerei.

[2]) Inwiefern die vom Entwurf ausgeworfenen Strafrahmen eine solche Gefahr tatsächlich begründen, läßt sich natürlich nur schwer feststellen.

[3]) Ein dahingehender Antrag war seinerzeit von der Bundeskommission abgelehnt worden (vgl. Rubo, Kommentar S. 540 f.). Gegen die heutige Regelung sprachen sich aus: Schütze (Z. *III. 72*) und neuerdings Höpfner (*II. 296*) u. v. Bar (*III. 545*).

[4]) De lege lata diese Möglichkeit zu leugnen, halte ich für unzulässig. Aber sie bedeutet trotz Köhler (S. 149) eine Paradoxie. Richtig Höpfner (*II. 269* Anm. 15).

[5]) Übereinstimmend v. Bar (§ 220 Anm. 70 a). Widerspruchsvoll die Begr. (S. 385).

[6]) So die Vorschläge Höpfners (S. 296); v. Bars (S. 549); Merkels (S. 405).

wurf hinsichtlich der Behandlung der Nebenstrafen unzweideutige Bestimmungen trifft. Danach scheiden die Nebenstrafen sowie die sichernden Maßnahmen bei Feststellung des strengsten Gesetzes aus, so daß nur die Hauptstrafen zum Vergleiche heranzuziehen sind[1]. Wichtiger noch ist die Vorschrift, daß auf diese Rechtsfolgen erkannt werden muß oder kann, wenn sie auch nur in einem, im übrigen nicht Anwendung findenden, Gesetze vorgeschrieben oder zugelassen sind. Damit ist einer von allen Seiten erhobenen Forderung Rechnung getragen worden[2]. Der Widersinn des heutigen Rechtszustandes ist namentlich auch vom Reichtsgericht mehrfach betont worden; eine Korrektur desselben konnte jedoch angesichts des klaren Gesetzestextes nicht in Frage kommen[3].

e) Wenn nach alledem der Entwurf theoretisch an der Auffassung festhält, wonach es sich im Umfange der Idealkonkurrenz um eine Konkurrenz von Gesetzen und nicht von Verbrechen handelt — habeat sibi! Die Folge ist lediglich eine recht schwerfällige Überschrift des 9. Abschnitts, welche besser vermieden würde. Nicht einmal so viel ist richtig, daß von dem hier vertretenen Standpunkt aus die richtige Behandlung der gleichartigen Idealkonkurrenz nur durch analoge Anwendung des § 73 zu erreichen sei. Denn durch diesen wird das Absorptionsprinzip weniger angeordnet als eigentlich vorausgesetzt. Weil hier um der Einheit der Handlung willen eine Strafenkombination an und für sich ausgeschlossen ist, darum mußte der maßgebende Strafrahmen aufgewiesen werden. Über diesen aber kann bei Gleichartigkeit der Delikte kein Zweifel obwalten[4]. Ebensowenig läßt sich nun aber aus unserer Auffassung ein Einwand gegen die Eingangsworte des § 90 herleiten; denn es sind danach eben in einer Handlung, welche mehrere Strafgesetze verletzt, mehrere Verbrechen enthalten. Ob es aber überhaupt eine glückliche Wendung sei, von der Verletzung von Strafgesetzen zu reden, muß

---

[1] Die vielfachen Zweifel, welche die Auslegung des § 73 hervorgerufen, sind dadurch im wesentlichen beseitigt worden. Vgl. die Einzelheiten bei Olshausen (Nr. 29 zu § 73).

[2] In diesem Punkte streckt sogar der Fanatismus Heinemanns die Waffen (S. 136f.)

[3] Vgl. die Entscheidungen *IV. 219; VI. 183; VIII. 85.* Seltsamerweise hält Paul Merkel (S. 355, 372) die Verhängung einer Nebenstrafe bei Absorption der Hauptstrafe für unlogisch.

[4] Vortrefflich Berner (Lehrbuch, 17. Aufl. S. 293); Haelschner (Deutsches Strafrecht *I. 682 f.*)

zweifelhaft scheinen; und es dürfte in jedem Falle den Vorzug verdienen, dafür „Verwirklichung von Tatbeständen" zu setzen[1]).

f) Daß der Entwurf die Fälle der unechten Gesetzeskonkurrenz mit Stillschweigen übergeht, verdient volle Billigung. Umfang und Eigenart derselben sind durch die Doktrin in genügendem Maße klargestellt. Ein Bedürfnis nach einem Eingreifen des Gesetzgebers hat sich nicht herausgestellt. Überflüssigen Paragraphen aber mangelt die Existenzberechtigung.

B. Die Realkonkurrenz.

Die §§ 91—93 E., welche den §§ 74—79 G. entsprechen, gehen von der Voraussetzung aus, daß jemand durch eine Mehrzahl strafbarer Handlungen mehrere Strafen verwirkt hat. Zu richtiger Beurteilung der in ihnen getroffenen Anordnungen erweist es sich als zweckmäßig, nacheinander sich diese beiden Fragen vorzulegen:

1. Was veranlaßt den Gesetzgeber, diesen Fall besonders zu erörtern?

2. Wann liegt die genannte Voraussetzung vor?

1. Besondere Vorschriften über die Strafzumessung bei real konkurrierenden Delikten würden sich erübrigen, wenn es die Meinung des Gesetzgebers wäre, daß hier in jedem Falle die mehreren verwirkten Strafen unverkürzt zur Vollstreckung gelangen sollen. Statt dessen will er unter alsbald näher zu erörternden Umständen eine Reduktion der durch Addition sich ergebenden Strafsumme vorgenommen wissen. Es fragt sich, wodurch es sich rechtfertigen lasse, daß der Staat in Ausübung seiner Strafgewalt den Delinquenten einen solchen „Rabatt bei Mehrbezug" gewährt?

a) Es ist ganz eigenartig, daß man sich über die Notwendigkeit einer Milderung des Kumulationsprinzipes im wesentlichen einig ist, über die Begründung aber die Aussichten stark auseinandergehen[2]). Nicht für richtig kann ich es halten, den Grund in einem geringeren Verschulden des Täters zu erblicken. Wo es sich um die Ausnutzung derselben Gelegenheit handelt, wird regelmäßig ein fortgesetztes Verbrechen anzunehmen sein; es ist aber weiter darauf

[1]) Die Textierung der §§ 55, 337 Preuß. StGB.: Die „Merkmale mehrerer Verbrechen oder Vergehen — oder Übertretungen — in sich vereinigt" würde den Vorzug verdienen, wenn der deutschen Sprache ein gemeinsamer Ausdruck für alle Arten strafbarer Handlungen zur Verfügung stünde, an dem es aber leider fehlt.

[2]) Vgl. zum folgenden: v. Buri (S. 54 ff.); John (Arch. *III. 632 ff.*; fortges. Verbrechen S. 160 ff.); Schütze (Z. *III. 74 ff.*); Ad. Merkel (H. H. *II. 580*); v. Schwarze (GS. *XXXIV. 605 ff.*); v. Bar (§ 122).

hinzuweisen, daß das Gesetz die Gewohnheitsmäßigkeit gerade umgekehrt als Qualifizierungsgrund verwertet. Man wird vielmehr davon ausgehen müssen, daß die Natur unserer Strafen von vorneherein eine Kumulierung nur in beschränktem Umfange zuläßt; daß ferner auch insoweit gegen dieselbe das Bedenken spricht, daß die Strafsumme in ein Mißverhältnis zur Natur des wiederholt begangenen Verbrechens geraten kann; daß endlich mit wachsender Anzahl der konkurrierenden Delikte das Interesse an ihrer genauen Feststellung schwindet — eine Beobachtung, welcher StPO. § 208 Rechnung trägt. „Außerdem aber wachsen, wie allgemein anerkannt wird, die mit einer ununterbrochenen Verbüßung der Freiheitsstrafen verbundenen Leiden, je nach deren kürzeren oder längeren Dauer, nicht in arithmetischer, sondern in geometrischer Progression [1].“

b) Ist dieses aber der entscheidende Gesichtspunkt, so steht fest, daß für die Reduktion der Gesamtsumme einzig und allein maßgebend sein darf der Umstand, daß die mehreren Strafen in continenti zur Verbüßung gelangen. Es kann demnach nicht von Bedeutung sein, ob die mehreren Straftaten gleichzeitig abgeurteilt werden oder nacheinander; und es enthält insoweit § 93 E. richtiges Recht. Es kann aber ebensowenig von Bedeutung sein, ob die spätere Straftat vor oder nach der Verurteilung wegen der früheren begangen wurde, solange nur die zuerst erkannte Strafe nicht bereits verbüßt ist [2]. Und es kann umgekehrt nicht genügen, daß die zweite Verurteilung vor vollständiger Verbüßung der ersten Strafe erfolgt, sondern es darf die Reduktion nur für den Fall vorgenommen werden, daß es tatsächlich zu ununterbrochener Vollstreckung der mehreren Strafen kommt [3]. Insoweit fehlt es dem § 93 E. an der wünschenswerten Konsequenz.

c) In Übereinstimmung mit dem geltenden Recht sieht § 91 E. die Reduktion nur für das Zusammentreffen zeitiger Freiheitsstrafen vor, während gemäß § 92 auf konkurrierende Geldstrafen in ihrem vollen Betrage zu erkennen ist. Die Forderung, auch hier das

---

[1]) v. Buri (S. 72). Ähnlich die Motive zum Entwurf von 1870 (S. 59f.).

[2]) Warum das Gegenteil selbstverständlich sein soll (so Höpfner *II. 288, 308* Anm. 29), ist nicht einzusehen. Man müßte sonst in der vorausgehenden Verurteilung einen Strafmehrungsgrund erblicken (so in der Tat v. Schwarze S. 619). Oder aber man verleugnet den Ausgangspunkt. Richtig Hälschner (Deutsches Strafrecht *I. 654f.*). Paul Merkels Auffassung vom § 79 (S. 324f., 390f., 411f.) vermag ich nicht zu teilen.

[3]) Hat also der Verurteilte Revision eingelegt und ist zu der Zeit, wo dieselbe verworfen wird, seine Straffrist abgelaufen, so dürfte Reduktion nicht stattfinden.

Exasperationsprinzip an die Stelle der Kumulation zu setzen[1]), erkennt der Entwurf an sich als begründet an, rechtfertigt jedoch ihre Ablehnung mit dem Hinweise darauf, daß es insoweit dem Richter möglich sei, unbilligen Härten im Strafzumessungswege zu begegnen[2]). Dabei ist aber zunächst einmal übersehen, daß die Geldstrafenminima der konkurrierenden Strafgesetze allein schon ein billiges Ergebnis vereiteln können[3]), sodann aber, daß damit dem Richter die widersprechendsten Direktiven erteilt werden, insofern er auf Grund des § 92 geradezu in die Lage versetzt wird, die Mehrzahl der dem Angeklagten zur Last fallenden Straftaten als Privilegierungsgrund jeder einzelnen von ihnen zu behandeln. Das mag im Ergebnis auf dasselbe hinauskommen, bleibt aber nichtsdestoweniger ein methodischer Fehler, der durch praktische Erwägungen nicht aufgewogen werden kann. — Daß dem Verweise gegenüber allein die Kumulation, der Todesstrafe und lebenslänglichen Freiheitsstrafe gegenüber nur die Kumulation oder die Absorption in Betracht kommt, liegt auf der Hand. Ob man dabei berechtigte Interessen des Strafprozesses, welche die Kumulation erheischen[4]), dem beschränkten Untertanenverstand, welcher ihren Sinn nicht begreifen kann, opfern zu müssen glaubt, ist Überzeugungssache. Ich halte die Stellungnahme des Entwurfs in diesem Punkte für die korrektere. — Trifft Freiheitsstrafe und Geldstrafe zusammen, so kann es keinem Zweifel unterliegen, daß die beiden Strafen in ihrem vollen Betrage nebeneinander zu verhängen sind. Eine Verwandlung der Geldstrafe in Freiheitsstrafe[5]) würde eine ungerechtfertigte Strenge gegen den Verbrecher bedeuten.

d) Als ein entschiedener Fortschritt ist es zu begrüßen, daß der Entwurf in dem angegebenen beschränkten Umfange nun wenigstens das Schärfungsprinzip einheintlich durchgeführt hat.

---

[1]) Eine Änderung des geltenden Rechtes wird befürwortet von Höpfner (*II. 254*), v. Bar (§ 224), Paul Merkel (S. 410) u. a.

[2]) Begr (S. 392f.).

[3]) Vgl. den drastischen Fall bei Höpfner (*II. 303*). Der Entwurf hat freilich, soweit ich sehe, die besonderen Minima gestrichen. Solche bleiben aber in den Nebengesetzen bestehen.

[4]) Soll bei Wegfall der allein zuerkannten Todesstrafe (infolge Wiederaufnahme) die daneben verwirkte gelindere Strafe zur Vollstreckung gelangen können, so muß sie doch auch im Urteil zuerkannt worden sein! Wie Höpfner (*II. 140f.*) statt dessen tenorieren will, verrät er nicht. Merkels Vorschlag (S. 410) ist akzeptabel; aber — verlohnt sich die Mühe?

[5]) Zu diesem Vorschlage sieht sich Höpfner (*II. 276f, 302*) genötigt.

Es soll in Zukunft gelten für alle Arten strafbarer Handlungen[1]) und für alle Arten der Freiheitsstrafen[2]). Damit ist die sehr anstößige Vielgestaltigkeit der heute geltenden Systeme[3]) erfreulicherweise beseitigt. Die absolute Höchstgrenze der zeitigen Freiheitsstrafe beträgt in allen Fällen 15 Jahre. Besondere Normen gelten nur für die an Stelle einer uneinbringlichen Geldstrafe tretende Freiheitsstrafe (§ 92_2), welche im wesentlichen den geltenden Rechtszustand (§ 78_2) aufrecht erhalten[4]). Beim Schweigen des Gesetzes (und der Motive) kann es einem Zweifel nicht unterliegen, daß diese subsidiären Freiheitsstrafen .unter einander sowie mit einer prinzipalen Einheits- oder Gesamtstrafe addiert werden sollen[5]). Mit Rücksicht auf die in den §§ 31—34 E. vorgesehenen Zahlungsmodalitäten würde hier das Schärfungsprinzip Komplikationen zur Folge haben, die durch den Nutzen desselben kaum aufgewogen würden. Freilich ergibt sich daraus die vielleicht nicht beachtete Möglichkeit einer Gesamtstraffrist von 17 Jahren[6]), wogegen immerhin Bedenken begründet sein mögen.

e) Der Charakter der Gesamtstrafe wird vom Entwurf in Übereinstimmung mit dem Strafgesetzbuch dahin angegeben, daß sie in einer Erhöhung der verwirkten schwersten Strafe besteht. Das setzt voraus, daß der Richter zunächst die mehreren verwirkten Einzelstrafen auswirft, wie es dem Charakter der Realkonkurrenz zweifelsohne allein entspricht[7]). Der Strafrahmen der Gesamtstrafe erstreckt sich alsdann von der um eine Strafeinheit erhöhten Einsatzstrafe[8]) bis zu der um eine Strafeinheit verminderten Strafensumme, findet demnach ihre Grenzen diesseits an der Absorption[9]), jenseits an der Kumulation. Ich halte diesen Strafrahmen für weit

---

1) Wegen der durch polizeiliche Strafverfügung festgesetzten Übertretungsstrafen sollen besondere Maßnahmen vorgesehen werden.

2) Der Entwurf kennt deren nur noch drei: Zuchthaus, Gefängnis und Haft.

3) Vgl. darüber namentlich Binding (Grundriß § 114).

4) Die Abweichungen beruhen auf hier nicht in Betracht kommenden Gesichtspunkten.

5) Das gilt auch schon heute. Vgl. Olshausen (Nr. 5 zu § 78).

6) Auch dies gilt heute bereits. Vgl. Olshausen (Nr. 17 zu § 74); Meyer-Allfeld (§ 63 Anm. 14).

7) Darin liegt die Verwerfung des Prinzips einheitlicher Bestrafung, welche Höpfner (*II. 273 ff.*) vorschlägt.

8) Paul Merkel (S. 403) will auch die Einsatzstrafe reduziert haben. Das verstehe ich nicht. Das Gesetz verlangt doch Strafschärfung!

9) Im Sinne einer Absorption der milderen Strafe.

genug, um darin allen Bedürfnissen Rechnung zu tragen; andererseits aber auch die dadurch dem Richter gewährte Freiheit für unbedingt geboten, soll das angegebene Ziel erreicht werden können. Es ist also insoweit nichts einzuwenden.

Welche von den mehreren zusammentreffenden Strafen die schwerste sei, entschied sich nach geltendem Recht grundsätzlich in erster Linie nach der Strafart und erst in zweiter Linie nach der Strafhöhe[1]). Das hatte zur Folge einmal, daß die Gesamtstrafe immer in der schwereren Strafart zur Vollstreckung gelangte[2]), und weiter, daß die Einsatzstrafe unter Berücksichtigung des gesetzlich statuierten Wertverhältnisse (§ 21 G.) sich im Vergleich zur Zusatzstrafe als die gelindere erweisen konnte. Diese Art der Normierung behält der Entwurf (§ 91_2) nur für den Fall bei, daß neben anderen Freiheitsstrafen Zuchthausstrafe verwirkt ist. Trifft dagegen nur Gefängnis mit Haft zusammen, so soll fortan in erster Linie die längere Dauer entscheiden, wie sie sich bei Umrechnung nach Maßgabe des im § 25 E. vorgesehenen Wertmaßstabes herausstellt. Verdient diese Regelung, insoweit sie das bestehende Recht abändert, vollen Beifall, so läßt sie im übrigen die gegen § 74 erhobenen Bedenken bestehen. Nun mag gegen die grundsätzliche Verwandlung der gelinderen Strafart in Zuchthaus mit Rücksicht darauf, daß der Täter diese schwerere Strafart ohnehin schon verwirkt hat und daß seine Strafzeit dadurch gleichzeitig eine nicht unerhebliche Kürzung erfährt[3]), nicht allzuviel einzuwenden sein. Unter allen Umständen aber bedarf es einer Vorschrift dahingehend, daß als Einsatzstrafe diejenige in Betracht kommt, welche nach Umrechnung der konkurrierenden Gefängnis- oder Haftstrafe sich als die ihrer Dauer nach schwerste herausstellt, widrigenfalls es nicht ausgeschlossen ist, daß die Gesamtstrafe niedriger ausfällt als nach Ansicht des Gesetzes (§ 25) die konkurrierende Zusatzstrafe beträgt[4]).

f) Für Nebenstrafen und sichernde Maßnahmen ist die gleiche Behandlung wie bei der Idealkonkurrenz vorgesehen (§ 91_4 E.). Darüber ist weiter kein Wort zu verlieren.

---

[1]) Vgl. die Kritik der korrespondierenden Vorschrift auf dem Gebiet der Idealkonkurrenz oben S. 415.

[2]) Daher die Ausnahmevorschrift des § 75_1 StGB.

[3]) So die Rechtfertigung in der Begr. (S. 394).

[4]) Vgl. Höpfner (*II. 124f.*) Mit anderen Worten: Bei Zusammentreffen von 1 Jahr Zuchthaus und 3 Jahren Gefängnis darf die zulässige Mindeststrafe nicht 1 Jahr 1 Monat, sondern nur 2 Jahre 1 Monat Zuchthaus betragen.

2. Die soeben im einzelnen erörterten Vorschriften der §§ 91—93 E. finden nun aber nach der Meinung des Gesetzgebers Anwendung nur in den Fällen der von uns so genannten echten, nicht in denen der unechten Realkonkurrenz[1]). Ein Zweifel an der Richtigkeit dieser Auslegung ist völlig ausgeschlossen; außerdem wird sie durch die Motive in vollem Umfange bestätigt[2]). Es fragt sich nun zunächst, ob der Gesetzgeber veranlaßt werden soll, die Voraussetzungen, unter denen die Strafzumessung nach Maßgabe dieser Gesetzesparagraphen erfolgen, bzw. nicht erfolgen soll, in der gesetzlichen Formulierung zum Ausdruck zu bringen.

a) Diese Frage bejaht sich von selbst für die Fälle der sog. gesetzlichen Einheit (oben I B a), insofern für sie die Fassung des jeweils zur Anwendung kommenden Strafgesetzes das einzig denkbare Kriterium bildet; sie ist aus dem Grunde fehlenden Bedürfnisses schlechthin zu verneinen für die oben (sub b, c, d) erörterten Gruppen der Spezialität, Subsidiarität und Konsumtion; sie muß endlich für die beiden Formen der Konkurrenz unselbständiger Tatbestände (sub e, f) deshalb verneint werden, weil insoweit dem unleugbar vorhandenen Bedürfnis die Unmöglichkeit einwandfreier abstrakter Formulierung gegenübersteht. Die früher häufiger unternommenen Versuche, den Begriff des fortgesetzten Verbrechens gesetzlich festzulegen, sind später durchweg aufgegeben worden[3]). Muß aber diese Aufgabe als unlösbar betrachtet werden, so ist weiter zu fragen, ob der Gesetzgeber überhaupt Veranlassung hat, der unechten Realkonkurrenz Erwähnung zu tun.

b) Das wäre nun aber nur dann nicht der Fall, wenn die legislative Behandlung derselben fraglos wäre. Dem ist jedoch nicht so. Zwar fallen die Konkurrenznormen hier um der anerkannten Einheitlichkeit des Verbrechens willen notwendigerweise außer Anwendung[4]). Dennoch kann die Möglichkeit einer Strafschärfung überall dort wünschenswert erscheinen, wo gegen das Opfer des Verbrechens ein mehrfacher Angriff verübt worden ist.

[1]) Für das folgende ist der Text oben S. 410ff. zu vergleichen.

[2]) Vgl. die Begr. (S. 387ff.).

[3]) Eine Ausnahme macht Italien § 79. Man wird aber kaum behaupten dürfen, daß die Definition besonders glücklich geraten wäre.

[4]) Daß demnach das fortgesetzte Verbrechen gar keinen Konkurrenzfall im technischen Sinne darstellt, ist Rathenau (a. a. O. § 25; GS. *LVI. 140*) unbedingt zuzugeben; dennoch gehört der Begriff desselben in die Konkurrenzlehre, weil er das Gebiet der letzteren negativ abgrenzt. So verwertet ihn Binding (Handbuch § 19); Meyer-Allfeld (Lehrbuch § 61).

Diesem Gesichtspunkt trägt das Gesetz im Umfange der sog. gesetzlichen Einheit durch die Bemessung der Strafrahmen von vorneherein Rechnung. Im Interesse einer angemessenen Behandlung des fortgesetzten Delikts ist nun aber mit Fug ein nach oben hin erweiterter Strafrahmen gefordert worden[1]). Den gleichen Anspruch darf indessen auch das nahe verwandte einheitliche Delikt in geteilter Ausführung erheben; denn es wird sich schwerlich leugnen lassen, daß die Verletzung eines Menschen durch mehrere Messerstiche, die Zertrümmerung eines Standbildes durch eine Reihe von Axthieben schwerer wiegt als ein einzelner Stich oder ein einmaliger Schlag. — Die Voraussetzung einer solchen Strafschärfung würde also dahin zu bestimmen sein, daß jemand durch mehrere unselbständige Handlungen den Tatbestand desselben Delikts[2]) mehrfach verwirklicht hat; und es würde die oben für die Idealkonkurrenz vorgeschlagene Erweiterung des Strafrahmens um ein drittel oder die Hälfte zweckmäßigerweise auch auf diese Fälle Anwendung finden.

c) Damit wäre dann aber der Gegensatz der selbständigen und der unselbständigen Tatbestandsverwirklichung ausdrücklich in das Gesetzbuch hineingetragen, ohne daß auf dessen theoretische Abklärung auch nur die geringste Aussicht bestünde; und es wäre die Gefahr begründet, daß auch fernerhin auf die Behauptung rechtsirrtümlicher Subsumtion eines verbrecherischen Verhaltens unter die Kategorie der Einheit oder der Mehrheit die Revision gestützt werden könnte. Weder in der Theorie noch in der Praxis würde der unfruchtbare Streit um die Abgrenzung des fortgesetzten Verbrechens von der Realkonkurrenz demnach zur Ruhe kommen; und doch gibt es unzweifelhaft „vielfache Gelegenheit zu nützlicherer Betätigung des Scharfsinnes als behufs Untersuchung über Verbrecheneinheit und Verbrechensmehrheit“, zumal „dies das praktische Resultat, die schließlich verhängte Strafe, häufig gar nicht beeinflußt“[3]).

Hier ist wirksam nur mit einer prozessualen Vorschrift zu helfen, welche etwa dahin zu lauten hätte, daß die Revision auf die Behauptung rechtsirrtümlicher Feststellung einer Verbrechenseinheit überhaupt nicht, einer Verbrechensmehrheit nur dann ge-

---

[1]) Vgl. Höpfner (*II. 247, 251*); v. Liszt (Lehrbuch § 55 Anm. 2).

[2]) Nur dieser Fall kann in Frage kommen, wobei jedoch zu beachten bleibt, daß eine Konkurrenz von Strafbarkeitsmerkmalen nicht ausgeschlossen ist. Vgl. darüber neuestens RG. *XLIII. 219ff.*

[3]) Höpfner *II. 255, 263 f.*

stützt werden darf, wenn infolgedessen die Ausmessung der Strafe über den für die künstliche Verbrechenseinheit soeben vorgesehenen erweiterten Strafrahmen hinausgegriffen hat[1]). Damit wäre das vielumstrittene Problem seiner praktischen Bedeutung in überwiegendem Maße entkleidet[2]); der höchste Gerichtshof wäre nicht noch fernerhin dazu verurteilt, seine kostbare Zeit rein akademischen Erörterungen zu opfern; der Verbrecher aber wäre gleichzeitig gegen nachteilige Folgen solcher Entlastung der Strafjustiz sichergestellt; der Doktrin endlich bliebe es unbenommen, es sich zur Aufgabe zu machen, einem späteren Gesetzgeber die bisher vergeblich gesuchte Zauberformel zur Verfügung zu stellen. Die Strafrechtswissenschaft aber sollte es nie vergessen, daß sie dazu berufen ist, einer gesunden Strafjustiz die Wege zu ebnen, nicht aber dazu, die unendliche Vielgestaltigkeit des Lebens in das Prokrustesbett abstrakt logischer Begriffskonstruktionen einzuzwängen.

III.

Prinzipielle Erörterungen.

A. Rechtfertigung der Unterscheidung zwischen Ideal- und Realkonkurrenz.

Erst jetzt, nachdem die Richtlinien für eine zweckentsprechende Behandlung der beiden Grundformen der Konkurrenz gezogen sind, ist der Standpunkt gewonnen, von dem aus zu der prinzipiellen Frage Stellung genommen werden kann, ob die Unterscheidung der beiden Arten und der für sie geltenden Strafzumessungsnormen überhaupt am Platze sei und nicht vielmehr einer einheitlichen, für die Ideal- wie für die Realkonkurrenz gleichmäßig geltenden Vorschrift zu weichen habe[3]). Diese Erwägung wird nahe gelegt durch die Beobachtung, daß eine Reihe ausländischer Strafgesetzbücher[4]) — darunter das jüngste, norwegische —, vor allem aber auch die beiden neuesten ausländischen Entwürfe — derjenige der Schweiz und derjenige Österreichs —

---

[1]) Vgl. den ähnlichen Vorschlag Höpfners (*II. 290f., 305,* § q).

[2]) Denn nur beim Mangel jeden inneren Zusammenhanges zwischen den mehreren Straftaten wird aller Regel nach das Gericht die angegebene Grenze überschreiten.

[3]) Über die Gruppierung der Ansichten zu dieser Frage vgl. Höpfner *II. 264*[10].

[4]) Vgl. die Übersicht bei Paul Merkel (S. 395).

sich zu dieser summarischen Maßnahme verstanden haben. Ich stelle im folgenden die Hauptgesichtspunkte in aller Kürze zusammen [1]).

a) Über die Voraussetzungen für die Anwendung der Konkurrenzbestimmungen besagt:

Norwegen: „Hat jemand durch dieselbe oder verschiedene Handlungen mehrere Verbrechen oder Übertretungen begangen ...“

Schweiz: „Hat jemand durch eine oder mehrere Taten mehrere Freiheitsstrafen verwirkt ...“

Österreich: „Hat jemand mehrere strafbare Handlungen begangen oder fällt eine Tat unter mehrere Strafdrohungen ...“

Nach keinem dieser Rechte ist Voraussetzung der Reduktion die gleichzeitige Aburteilung der mehreren Straftaten, wohl aber die Begehung derselben vor der ersten Verurteilung. Die Beendigung des Vollzuges der ersten Strafe bildet ein Hindernis für die Kürzung der zweiten nur nach dem Entwurfe der Schweiz.

b) Über die Höhe der Gesamtstrafe bestimmt:

Norwegen: Sie muß höher sein als die höchste für eine einzelne unter den strafbaren Handlungen angedrohte Mindeststrafe und darf in keinem Falle das für eine derselben angedrohte Höchstmaß um mehr als die Hälfte übersteigen.

Schweiz: Die Strafe des schwersten Verbrechens ist angemessen zu erhöhen; sie kann über das Höchstmaß der angedrohten Strafe erhöht werden, jedoch höchstens um die Hälfte.

Österreich: Die Gesamtstrafe ist zwischen der um ein viertel erhöhten höchsten Untergrenze und der um ein viertel erhöhten höchsten Obergrenze der zusammentreffenden Strafdrohungen zu bemessen.

Geldstrafen unterliegen dem Reduktionsprinzip nur in Norwegen und Österreich; auch ist hier dem Richter freigestellt, beim Zusammentreffen von Geld- und Freiheitsstrafe statt der Kumulation die Freiheitsstrafe innerhalb des ordentlichen Strafrahmens zu erhöhen. — —

Daß auf diese Weise eine große Vereinfachung erzielt wird, liegt auf der Hand. Der *SchVE.* widmet der Konkurrenzlehre einen einzigen Paragraphen. Aber es ist zu fragen, ob damit nicht doch wesentlich Verschiedenes gleich behandelt wird. Auch wer in der Idealkonkurrenz Verbrechensmehrheit sieht, wird den fundamentalen Gegensatz nicht verkennen dürfen.

Zwar lassen sich Gestaltungen des Einzelfalles denken, bei denen sich der Wesensunterschied vollkommen verflüchtigt.

[1]) Norwegen §§ 62—64; Schweiz § 56; Österreich §§ 65—68.

Es ist in der Tat „dasselbe, ob ich drei Personen eine vergiftete Speise in einer gemeinschaftlichen Schüssel vorsetze oder jeder einzelnen ihre Portion auf einem besonderen Teller reiche“ [1]. Aber damit ist doch nur bewiesen, daß die Strafrahmen beider Konkurrenzformen übereinander greifen müssen, wie das schon nach geltendem Recht der Fall ist. Reicht doch heute schon der Strafrahmen für die Realkonkurrenz bis zu dem um eine Strafeinheit erhöhten höchsten Minimum der zusammentreffenden Strafrahmen herab. Und gerade mit Rücksicht auf derartige Gestaltungen des Einzelfalles, wie sie das Beispiel Schützes bietet, haben wir gefordert, daß der Strafrahmen für die Idealkonkurrenz wiederum über das Höchstmaß der schwersten Strafdrohung hinausreiche. Es dürfen aber derartige Grenzfälle nicht dazu dienen, aus ihnen die Wesensgleichheit der selbtätigen und der andertätigen Verbrechenskonkurrenz zu deduzieren.

Die innigere oder losere Verknüpfung der mehreren Verbrechen gibt überall für die Behandlung der Konkurrenz den Ausschlag. Nun aber finden die Normen für die Realkonkurrenz auf eine Mehrheit strafbarer Handlungen Anwendung, welche nichts anderes untereinander verbindet als die Person des Handelnden. Und es gibt auf der anderen Seite keine so innige Verknüpfung zweier Verbrechen als sie die Identität der Tat darstellt. Da nun hierin ein untrügliches und zuverlässiges Unterscheidungsmerkmal der Idealkonkurrenz enthalten ist, fehlt jeder Anlaß, den theoretischen Gegensatz deshalb fallen zu lassen, weil er nicht unter allen Umständen zu unterschiedlicher Strafbemessung den Anlaß gibt [2]. Es ist ebenso leicht, sich Beispiele zu konstruieren, welche die beiden Rechtsfiguren so weit auseinandertreten lassen, daß ihre Gleichsetzung unverständlich erscheint. Mit der (echten) Idealkonkurrenz befaßt sich der Gesetzgeber nur zu dem Ende, um anzuordnen, welcher gesetzliche Strafrahmen Anwendung findet, während er stillschweigend voraussetzt, daß von einer Strafenkonkurrenz gar nicht die Rede sein kann. Dahingegen sieht er das Problem bei der (echten) Realkonkurrenz darin, die Härten der Strafenkumulation zu mildern, während er stillschweigend voraussetzt, daß ohnedem nur solche Kumulation in Frage kommen kann. — Ein schärferer Gegensatz läßt sich kaum denken.

---

[1]) John (Archiv *III. 627*).

[2]) Wenn Binding (Handbuch S. 571) die Scheidung von Ideal- und Realkonkurrenz „eine der allerbedauerlichsten Taten in der neueren Rechtsgeschichte“ nennt, so beruht das auf seiner oben (S. 404) zurückgewiesenen Unterstellung eines juristischen Handlungsbegriffs.

B. Die Einordnung der Konkurrenznormen in das System des Strafgesetzbuchs.

Logische Akribie vermöchte das Konkurrenzproblem in eine Reihe methodisch durchaus getrennter Einzelfragen zu zerlegen und ihrer Beantwortung den jeweils korrekten Platz im System des materiellen und formellen Strafrechts zuzuweisen. Die Materie wäre danach etwa so zu ordnen:

1. In der Lehre von den Erscheinungsformen des Verbrechens wäre darzustellen:

a) der Gegensatz von Verbrechenseinheit und Verbrechensmehrheit;

b) der Gegensatz zwischen selbtätiger und andertätiger Verbrechenskonkurrenz;

c) der Gegensatz zwischen einer Mehrheit selbständiger und einer Mehrheit unselbständiger Tatbestandsverwirklichungen.

2. In der Strafzumessungslehre wären gegeneinander zu stellen:

a) der Strafrahmen der Idealkonkurrenz;

b) der Strafrahmen der realen Konkurrenz unselbständiger Verbrechen;

c) das Reduktionsprinzip für den Fall echter Realkonkurrenz.

3. In den Strafprozeß wären Belehrungen aufzunehmen:

a) darüber, was als einheitlicher, was als mehrheitlicher Gegenstand gerichtlicher Untersuchung zu gelten habe;

b) über die prozessuale Behandlung der Idealkonkurrenz[1]) und der unselbständigen Deliktswiederholung;

c) über die Methode nachträglicher Bildung einer Gesamtstrafe.

Eine solche Zerreißung einer einheitlichen Materie kann nun aber kaum dem Systematiker[2]), geschweige denn dem Gesetzgeber empfohlen werden; letzterem schon deshalb nicht, weil das Gesetz an die stillschweigend übernommenen theoretischen Unterscheidungen[3]) unmittelbar die praktische Nutzanwendung anschließt.

---

[1]) Vgl. dazu Kohlrausch: Zur prozessualen Behandlung der Idealkonkurrenz (Greifsw. Diss. 1899).

[2]) Liszt hat sie versucht; aber die rechtliche Behandlung der Verbrechenseinheit (§ 56) gehörte streng genommen in die Strafzumessungslehre (vor § 73); und die reinliche Scheidung der Probleme innerhalb der Realkonkurrenz (§§ 57 und 73) mußte notwendig scheitern.

[3]) „Alles was die Strafgesetzbücher über Begriff und Unterscheidungsmerkmale einer eintätigen und mehrtätigen Konkurrenz zutage gefördert haben, ist nicht das Papier wert, auf dem es gedruckt worden“: Schütze (S. 91). Jedenfalls ist dieses nicht die Aufgabe des Gesetzgebers.

Gerade deshalb aber wird man zugeben müssen, daß die Einreihung der Konkurrenznormen unter die Vorschriften über die Strafzumessung, wie sie der *SchVE.* vorgenommen hat, an sich das Korrektere sein würde. Indessen lassen sich gegen die Anreihung eines besonderen Abschnittes, wie ihn der *DVE.* in Übereinstimmung mit dem *OVE.* vorsieht, erhebliche Einwendungen kaum machen. Die Hinübernahme der ganzen Materie in den Strafprozeß [1]) läßt sich am allerwenigsten rechtfertigen. Es wird deshalb auch bei der nicht gerade erfreulichen Lossprengung des § 492 StPO. [§ 476 E. *II.* [2])] sein Bewenden haben müssen. Im übrigen darf auf die Frage der Lozierung kein übermäßiger Wert gelegt werden [3]), wenn auch im allgemeinen hier zum Schlusse bemerkt werden mag, daß eine etwas systematischere Anordnung der Probleme des *Allg. T.*, als wie sie der Entwurf getroffen hat, dem Gesetze nicht zum Schaden gereichen könnte.

---

[1]) Nach dem Vorbilde Frankreichs. So der Vorschlag Schützes a. a. O.

[2]) Vgl. die neue Bestimmung in § 475.

[3]) Sehr richtig Höpfner *II. 292.*

Druck von C. Schulze & Co., G. m. b. H., Gräfenhainichen.

Band II.

Thema 1. Hochverrat, Landesverrat, Verbrechen und Vergehen gegen die Unverletzlichkeit des Staatsoberhauptes, in Beziehung auf die Ausübung staatsbürgerlicher Rechte und gegen ausländische Staaten (§§ 100—125). Von Wirklichem Geheimen Rat Dr. O. Hamm Exzellenz, Bonn.

Thema 2. Widerstand gegen die Staatsgewalt, Verbrechen und Vergehen gegen die öffentliche Ordnung und Vergehen gegen die Wehrpflicht, das Heer und die Marine (§§ 126—154). Von Professor Dr. James Goldschmidt, Berlin.

Thema 3. Vergehen in Beziehung auf die Ausübung der Religion, Verbrechen und Vergehen gegen die Ordnung der Ehe und des Personenstandes und gegen die Sittlichkeit (§§ 155—158, 177—180 und 243—258). Von Staatsanwalt Dr. Erich Wulffen, Dresden.

Thema 4. Münzverbrechen und Münzvergehen, Verbrechen und Vergehen in Beziehung auf die Rechtspflege und Urkundenfälschung (§§ 159 bis 176 und 282 bis 288). Von Erstem Staatsanwalt K. Olbricht, Lüneburg.

Thema 5. Verbrechen und Vergehen gegen die Sicherheit des öffentlichen Verkehrs, gemeingefährliche Verbrechen und Vergehen und Verbrechen und Vergehen im Amte (§§ 177—211). Von Staatsanwaltschaftsrat Dr. Friedrich Preiser, Hilfsarbeiter bei der Reichsanwaltschaft, Leipzig.

Thema 6. Verbrechen und Vergehen gegen das Leben, Zweikampf, Körperverletzung (§§ 212—233). Von Geheimem Hofrat, Professor Dr. K. v. Lilienthal, Heidelberg.

Thema 7. Verbrechen und Vergehen gegen die persönliche Freiheit, Ehrverletzung und Verletzung fremder Geheimnisse (§§ 234—242 und 259—268). Von Geheimem Justizrat, Kammergerichtsrat Dr. E. Kronecker, Berlin.

Thema 8. Diebstahl und Unterschlagung, Raub und Erpressung (§§ 269—275). Von Professor Dr. W. Mittermaier, Gießen.

Thema 9. Betrug und Untreue, Begünstigung und Hehlerei (§§ 276—281). Von Senatspräsident beim Kammergericht, Geheimen Oberjustizrat Dr. Paul Koffka, Berlin.

Thema 10. Sach- und Vermögensbeschädigung, Glücksspiel und Wucher (§§ 289 bis 304). Von Rechtsanwalt Dr Siegfried Löwenstein, Berlin.

Thema 11. Übertretungen (§§ 305—310). Von Oberlandesgerichtsrat Werner Rosenberg, Colmar i. E.

Druck von C. Schulze & Co., G. m. b. H., Gräfenhainichen.

Kolibri 360 GmbH
Ferdinand-Jühlke-Straße 7
99095 Erfurt, Deutschland
produktsicherheit@kolibri360.de